*Aquele que segue a justiça e a bondade achará
a vida, a justiça e a honra.*
Provérbios 21.21

Direito Civil em Mapas Mentais

Marcelo Leite e Thiago Strauss

Direito Civil em Mapas Mentais

2ª edição

Editora Ponto | Editora Impetus

Niterói, RJ
2014

© 2012, Editora Impetus Ltda.

Editora Impetus Ltda.
Rua Alexandre Moura, 51 – Gragoatá – Niterói – RJ
CEP: 24210-200 – Telefax: (21) 2621-7007

Editoração Eletrônica: Dos Autores
Capa: Wilson Cotrim
Revisão Ortográfica: C&C Criações e Textos Ltda.
Impressão e Encadernação: Vozes Editora e Gráfica Ltda.

L554d

Leite, Marcelo.
　　　Direito civil em mapas mentais / Marcelo Leite e Thiago Strauss. – Niterói, RJ: Impetus, 2012.
116 p. ; 23 x 33 cm.

ISBN 978-85-7626-657-0

1. Direito civil – Brasil. 2. Método de estudo. 3. Estratégia de aprendizagem. I. Strauss, Thiago. II. Título.

CDD – 346.81

TODOS OS DIREITOS RESERVADOS – É proibida a reprodução, salvo pequenos trechos, mencionando-se a fonte. A violação dos direitos autorais (Lei nº 9.610/98) é crime (art. 184 do Código Penal). Depósito legal na Biblioteca Nacional, conforme Decreto nº 1.825, de 20/12/1907.

O autor é seu professor; respeite-o: não faça cópia ilegal.

A Editora Impetus informa que se responsabiliza pelos defeitos gráficos da obra. Quaisquer vícios do produto concernentes aos conceitos doutrinários, às concepções ideológicas, às referências, à originalidade e à atualização da obra são de total responsabilidade do autor/atualizador.

www.impetus.com.br

Dedicatória

*Aos meus pais, ALCIDES e LOURDES,
com a minha gratidão infinita
a quem sempre me incentivou
nos estudos e ofereceu
conforto físico e emocional
para o alcance dos
meus objetivos.
Ao amigo VICENTE PAULO,
pelas oportunidades oferecidas
e pelo reconhecimento que
as obras de sua vida já impactaram,
e muito, na minha vida.*

Marcelo Leite

*À minha mãe, FERNANDA,
pessoa que dedicou sua vida à minha educação,
e a quem eu sou eternamente grato.
Aos meus filhos, MARCELO e VÍTOR,
fontes maiores da minha inspiração.
À minha esposa, MAIRA,
que, sempre a meu lado,
demonstrou compreensão
nos momentos em
que estive ausente.*

Thiago Strauss

Os Autores

Marcelo Leite é Analista Legislativo – Técnica Legislativa – da Câmara dos Deputados. Formado em Direito pelo Centro Universitário de Brasília (UniCeub), Ciência da Computação pela Universidade de Brasília (UnB) e pós-graduado em Auditoria e Controle da Gestão Governamental, e Sistemas Orientados a Objetos. Exerceu o cargo de Auditor Federal de Controle Externo do Tribunal de Contas da União por 5 anos (2007-2012). Foi também aprovado nos concursos para Analista Legislativo – Técnica Legislativa – da Câmara dos Deputados (2012), Auditor Federal de Controle Externo do TCU (2007), Analista e Técnico de Controle Interno do Ministério Público Federal (2007) e técnico do Tribunal Regional Federal (2006).

Thiago Strauss é Auditor Federal de Controle Externo do Tribunal de Contas da União, formado em Engenharia Mecânica pela Universidade de Brasília e Professor de Direito Administrativo em cursos preparatórios para concursos públicos em Brasília. Foi também aprovado nos concursos para analista de finanças e controle da Controladoria-Geral da União e especialista em financiamento e execução de programas e projetos educacionais do Fundo Nacional de Desenvolvimento da Educação.

Apresentação

Ouse fazer e o poder lhe será dado. É com esse espírito que, após a excelente receptividade obtida na 1ª edição, resolvemos dar continuidade à série.

A ideia de adaptar a técnica de Mapas Mentais para concursos públicos surgiu quando, durante nossa preparação para o concurso do Tribunal de Contas da União, nos deparamos com a enorme quantidade de matérias cobradas e o vasto volume de informações a serem adquiridas. Naquela época, duas indagações fundamentais ocorreram: "como aprender todo o conteúdo em um prazo razoável?" e "como internalizar toda a matéria?". Criar mapas mentais foi a forma que encontramos para superar essa tarefa quase sobre-humana.

Os Mapas Mentais são esquemas que, elaborados na forma de organograma, abordam todo conteúdo da disciplina exigido em concursos públicos. Por facilitarem a organização mental da matéria estudada, representam um meio eficaz para a assimilação e a memorização do conhecimento.

Dentre as inúmeras vantagens que os Mapas Mentais proporcionam, destacamos a possibilidade de **organizar todo o conteúdo das disciplinas de forma estruturada**, partindo do gênero para as espécies, dos títulos para os subtítulos. Dessa forma, **você obtém a visão global da matéria, partindo da visão geral para os detalhes.**

Os mapas proporcionam, ainda, uma **comparação** entre as características das espécies de mesmo gênero, algo muito cobrado em provas de concursos, e possibilitam o encadeamento e a associação de ideias. Essa forma de esquematização permite realçar os principais conceitos da matéria e suas correlações com os demais institutos, buscando reforçar a memória associativa.

Além disso, o uso dos Mapas Mentais faz com que utilizemos os dois hemisférios do cérebro, inclusive partes que não costumamos usar com frequência nos estudos, como as que cuidam de nossa memória espacial, visual e da criatividade. **Isso faz com que as sinapses cerebrais sejam ainda mais fortalecidas,** consolidando a memória de longo prazo e multiplicando a capacidade de absorção.

Tendo em vista o enorme volume de matérias cobradas nos editais dos mais variados concursos públicos, percebemos que, para acessar esse vasto conhecimento na hora da prova, não é eficiente estudar de forma confusa e em muitos livros. A solução para aprender todo o conteúdo e, ao mesmo tempo, não esquecê-lo, vem com a **repetição** por meio da **revisão contínua e estruturada** da matéria.

Com os mapas, **você poderá revisar toda a disciplina em um período muito mais curto do que se você fosse fazê-lo por meio de um livro ou mesmo um texto-resumo.** Tal possibilidade é essencial para as últimas semanas que antecedem a prova, pois permitirá rever todo o conteúdo do edital em apenas alguns dias.

Ouse, arrisque e faça acontecer! Desejamos a todos vocês **MUITO SUCESSO** nessa jornada de preparação para concurso público, que é bastante trabalhosa, **mas também, ao fim, EXTREMAMENTE GRATIFICANTE!**

Um grande abraço e bons estudos!
Marcelo Leite e Thiago Strauss

"Se você pensa que pode ou sonha que pode, comece. Ousadia tem genialidade, poder e mágica.
<u>*Ouse fazer e o poder lhe será dado."*</u>
(Goethe)

Sumário

Visão Geral 1

1. **Lei de Introdução às Normas do Direito Brasileiro** 3
   Validade, vigência e eficácia das leis 5
   Obrigatoriedade das leis 5
   Revogação, antinomia, repristinação 6
   Conflito de leis no espaço e no tempo 6
   Aplicação e interpretação das normas jurídicas 7
   Integração das normas jurídicas 8

2. **Introdução ao Direito Civil** 9

PARTE GERAL

3. **Das Pessoas Naturais** 13
   Aquisição da personalidade 15
   Direitos da personalidade 15
   Individualização da personalidade 16
   Fim da personalidade 17
   Capacidade jurídica 17

4. **Das Pessoas Jurídicas** 19
   Constituição e dissolução de uma pessoa jurídica 22
   Desconsideração da pessoa jurídica 22
   Fundações particulares 23
   Associações 23
   Domicílio das pessoas jurídicas 23

5. **Dos Bens** 25
   Bens corpóreos e incorpóreos 27
   Bens considerados em si mesmos 28
   Bens reciprocamente considerados 30
   Bens quanto ao titular do domínio 30

6. **Negócio Jurídico** **31**
   Conceito, elementos e classificação dos fatos jurídicos 33
   Conceito, interpretação e classificação dos negócios jurídicos 36
   Planos de existência, validade e eficácia 39
   Defeitos do negócio jurídico 44
   Invalidade do negócio jurídico 51
7. **Atos ilícitos** **53**
8. **Prescrição e decadência** **57**

PARTE ESPECIAL
9. **Direito das Obrigações** **61**
   Classificação das obrigações 64
   Transmissão das obrigações 69
   Adimplemento e extinção das obrigações 71
   Inadimplemento das obrigações 78
   Enriquecimento sem causa 82
10. **Contratos** **83**
    Classificação dos contratos 87
    Formação dos contratos 89
    Vícios redibitórios 91
    Evicção 92
    Extinção dos contratos 93
Bibliografia **97**

DIREITO CIVIL - VISÃO GERAL

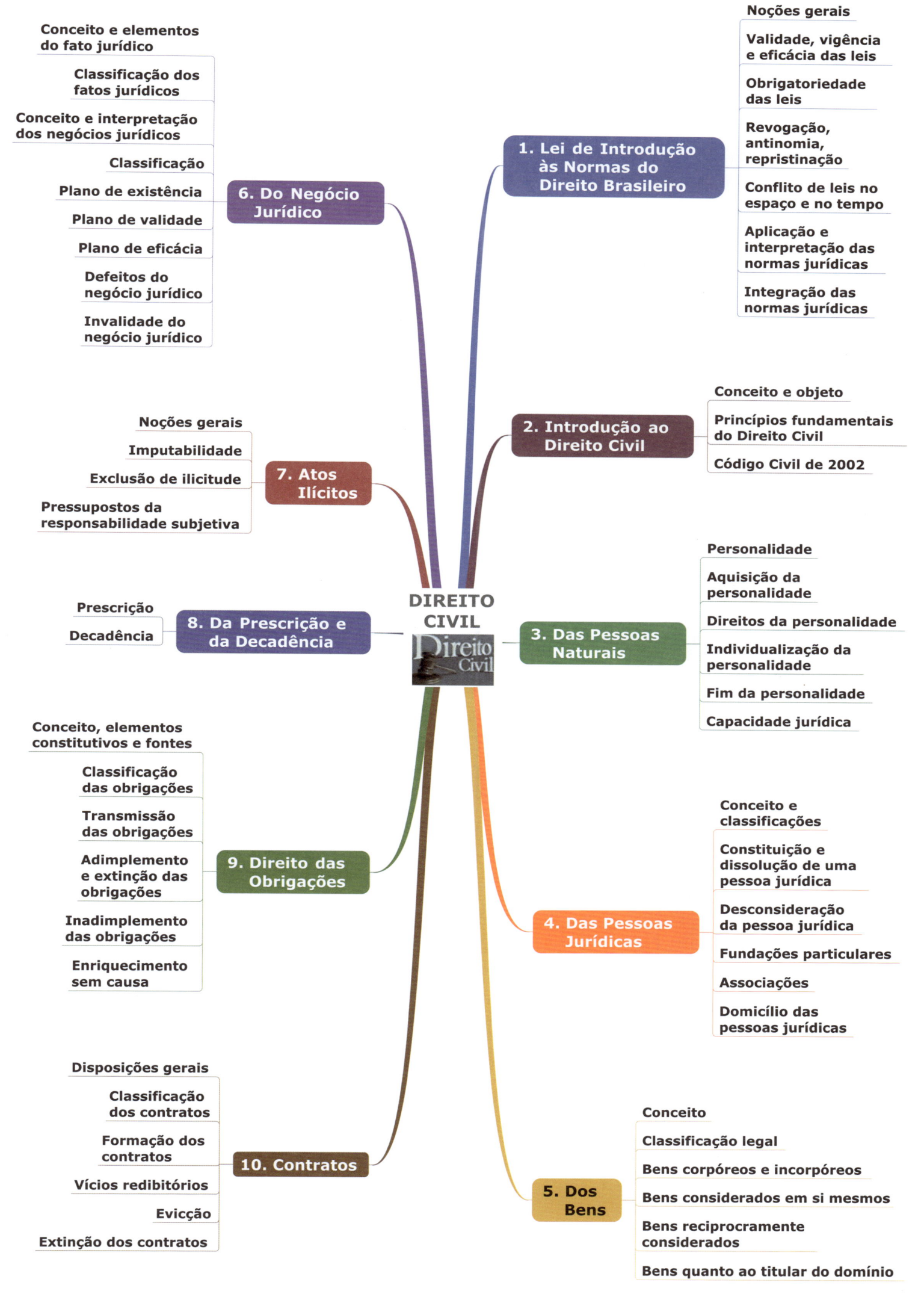

1. Lei de Introdução às Normas do Direito Brasileiro
- Noções gerais
- Validade, vigência e eficácia das leis
- Obrigatoriedade das leis
- Revogação, antinomia, repristinação
- Conflito de leis no espaço e no tempo
- Aplicação e interpretação das normas jurídicas
- Integração das normas jurídicas

2. Introdução ao Direito Civil
- Conceito e objeto
- Princípios fundamentais do Direito Civil
- Código Civil de 2002

3. Das Pessoas Naturais
- Personalidade
- Aquisição da personalidade
- Direitos da personalidade
- Individualização da personalidade
- Fim da personalidade
- Capacidade jurídica

4. Das Pessoas Jurídicas
- Conceito e classificações
- Constituição e dissolução de uma pessoa jurídica
- Desconsideração da pessoa jurídica
- Fundações particulares
- Associações
- Domicílio das pessoas jurídicas

5. Dos Bens
- Conceito
- Classificação legal
- Bens corpóreos e incorpóreos
- Bens considerados em si mesmos
- Bens reciprocamente considerados
- Bens quanto ao titular do domínio

6. Do Negócio Jurídico
- Conceito e elementos do fato jurídico
- Classificação dos fatos jurídicos
- Conceito e interpretação dos negócios jurídicos
- Classificação
- Plano de existência
- Plano de validade
- Plano de eficácia
- Defeitos do negócio jurídico
- Invalidade do negócio jurídico

7. Atos Ilícitos
- Noções gerais
- Imputabilidade
- Exclusão de ilicitude
- Pressupostos da responsabilidade subjetiva

8. Da Prescrição e da Decadência
- Prescrição
- Decadência

9. Direito das Obrigações
- Conceito, elementos constitutivos e fontes
- Classificação das obrigações
- Transmissão das obrigações
- Adimplemento e extinção das obrigações
- Inadimplemento das obrigações
- Enriquecimento sem causa

10. Contratos
- Disposições gerais
- Classificação dos contratos
- Formação dos contratos
- Vícios redibitórios
- Evicção
- Extinção dos contratos

Capítulo 1

Lei de Introdução às Normas do Direito Brasileiro

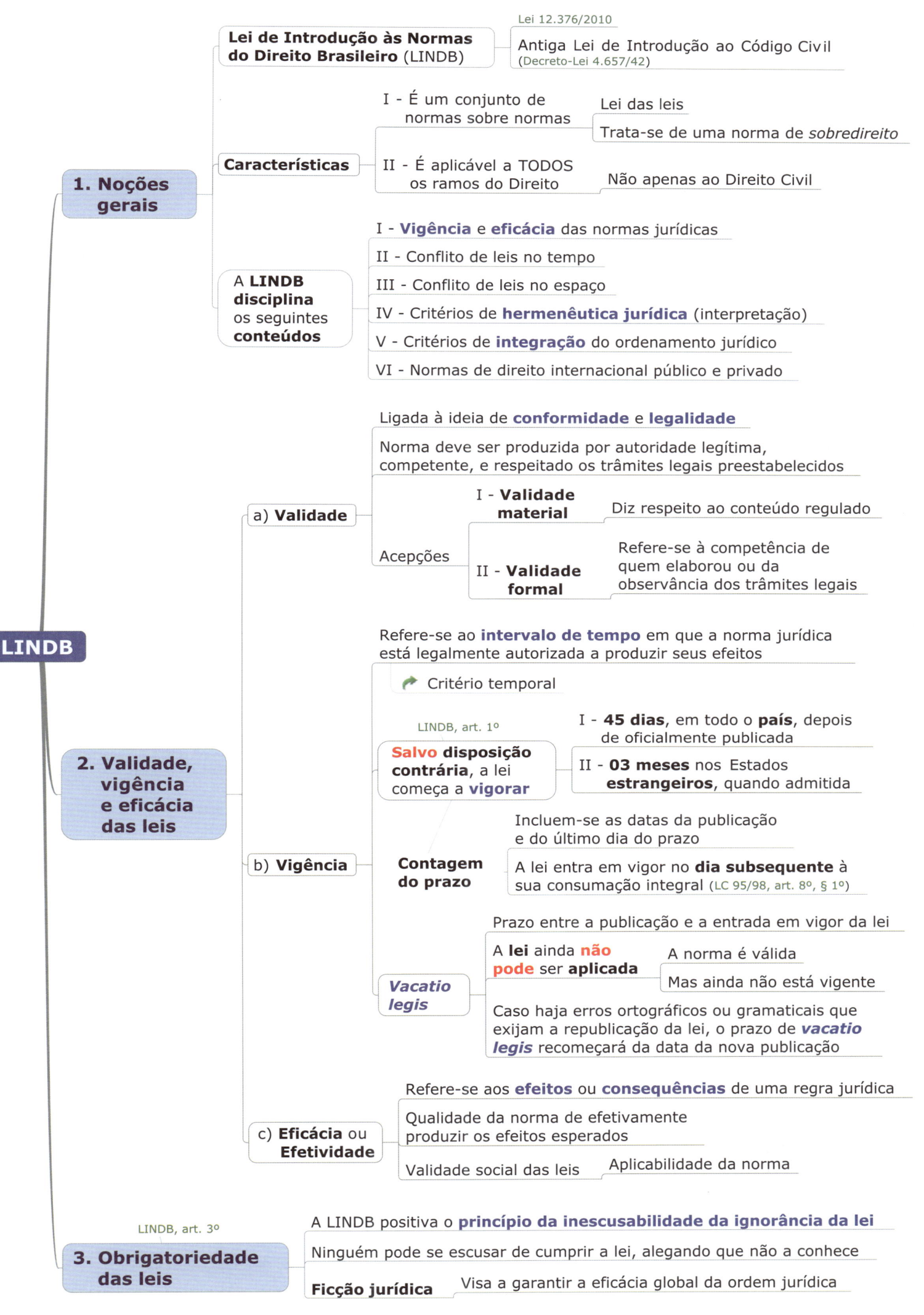

LEI DE INTRODUÇÃO ÀS NORMAS DO DIREITO BRASILEIRO I

LINDB

1. Noções gerais

- **Lei de Introdução às Normas do Direito Brasileiro (LINDB)** — Lei 12.376/2010
  - Antiga Lei de Introdução ao Código Civil (Decreto-Lei 4.657/42)

- **Características**
  - I - É um conjunto de normas sobre normas
    - Lei das leis
    - Trata-se de uma norma de *sobredireito*
  - II - É aplicável a TODOS os ramos do Direito
    - Não apenas ao Direito Civil

- **A LINDB disciplina os seguintes conteúdos**
  - I - **Vigência** e **eficácia** das normas jurídicas
  - II - Conflito de leis no tempo
  - III - Conflito de leis no espaço
  - IV - Critérios de **hermenêutica jurídica** (interpretação)
  - V - Critérios de **integração** do ordenamento jurídico
  - VI - Normas de direito internacional público e privado

2. Validade, vigência e eficácia das leis

a) Validade
- Ligada à ideia de **conformidade** e **legalidade**
- Norma deve ser produzida por autoridade legítima, competente, e respeitado os trâmites legais preestabelecidos
- Acepções:
  - I - **Validade material**: Diz respeito ao conteúdo regulado
  - II - **Validade formal**: Refere-se à competência de quem elaborou ou da observância dos trâmites legais

b) Vigência
- Refere-se ao **intervalo de tempo** em que a norma jurídica está legalmente autorizada a produzir seus efeitos
- ➔ Critério temporal
- **LINDB, art. 1º** — **Salvo disposição contrária**, a lei começa a **vigorar**:
  - I - **45 dias**, em todo o **país**, depois de oficialmente publicada
  - II - **03 meses** nos Estados **estrangeiros**, quando admitida
- **Contagem do prazo**
  - Incluem-se as datas da publicação e do último dia do prazo
  - A lei entra em vigor no **dia subsequente** à sua consumação integral (LC 95/98, art. 8º, § 1º)
- **Vacatio legis**
  - Prazo entre a publicação e a entrada em vigor da lei
  - A **lei** ainda **não pode** ser **aplicada**
    - A norma é válida
    - Mas ainda não está vigente
  - Caso haja erros ortográficos ou gramaticais que exijam a republicação da lei, o prazo de *vacatio legis* recomeçará da data da nova publicação

c) Eficácia ou Efetividade
- Refere-se aos **efeitos** ou **consequências** de uma regra jurídica
- Qualidade da norma de efetivamente produzir os efeitos esperados
- Validade social das leis — Aplicabilidade da norma

3. Obrigatoriedade das leis

LINDB, art. 3º
- A LINDB positiva o **princípio da inescusabilidade da ignorância da lei**
- Ninguém pode se escusar de cumprir a lei, alegando que não a conhece
- **Ficção jurídica**: Visa a garantir a eficácia global da ordem jurídica

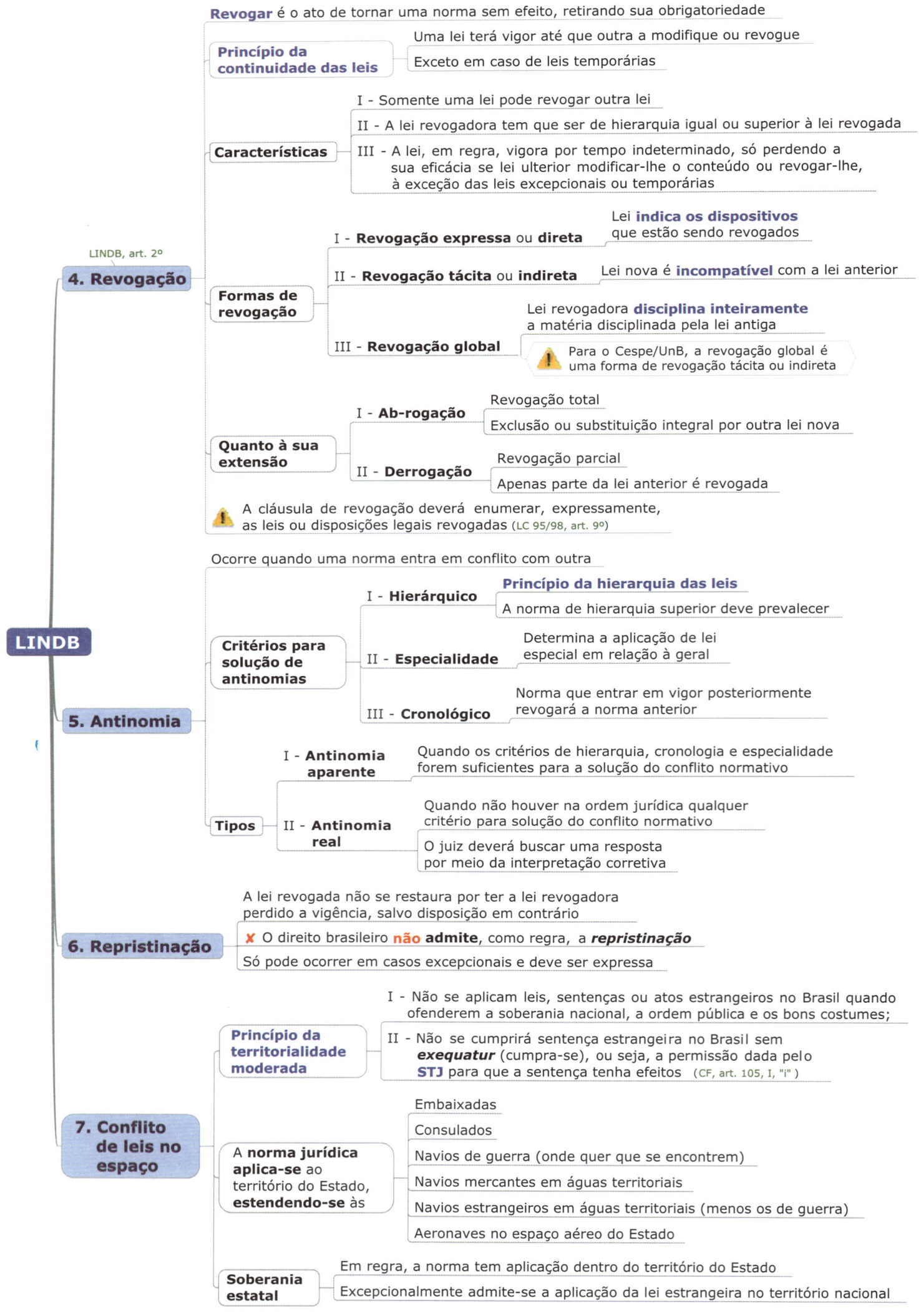

LEI DE INTRODUÇÃO ÀS NORMAS DO DIREITO BRASILEIRO II

LINDB

4. Revogação (LINDB, art. 2º)

Revogar é o ato de tornar uma norma sem efeito, retirando sua obrigatoriedade

Princípio da continuidade das leis
- Uma lei terá vigor até que outra a modifique ou revogue
- Exceto em caso de leis temporárias

Características
- I - Somente uma lei pode revogar outra lei
- II - A lei revogadora tem que ser de hierarquia igual ou superior à lei revogada
- III - A lei, em regra, vigora por tempo indeterminado, só perdendo a sua eficácia se lei ulterior modificar-lhe o conteúdo ou revogar-lhe, à exceção das leis excepcionais ou temporárias

Formas de revogação
- I - **Revogação expressa ou direta** — Lei indica os dispositivos que estão sendo revogados
- II - **Revogação tácita ou indireta** — Lei nova é incompatível com a lei anterior
- III - **Revogação global** — Lei revogadora disciplina inteiramente a matéria disciplinada pela lei antiga
  - ⚠ Para o Cespe/UnB, a revogação global é uma forma de revogação tácita ou indireta

Quanto à sua extensão
- I - **Ab-rogação**
  - Revogação total
  - Exclusão ou substituição integral por outra lei nova
- II - **Derrogação**
  - Revogação parcial
  - Apenas parte da lei anterior é revogada

⚠ A cláusula de revogação deverá enumerar, expressamente, as leis ou disposições legais revogadas (LC 95/98, art. 9º)

5. Antinomia

Ocorre quando uma norma entra em conflito com outra

Critérios para solução de antinomias
- I - **Hierárquico** — Princípio da hierarquia das leis — A norma de hierarquia superior deve prevalecer
- II - **Especialidade** — Determina a aplicação de lei especial em relação à geral
- III - **Cronológico** — Norma que entrar em vigor posteriormente revogará a norma anterior

Tipos
- I - **Antinomia aparente** — Quando os critérios de hierarquia, cronologia e especialidade forem suficientes para a solução do conflito normativo
- II - **Antinomia real**
  - Quando não houver na ordem jurídica qualquer critério para solução do conflito normativo
  - O juiz deverá buscar uma resposta por meio da interpretação corretiva

6. Repristinação

- A lei revogada não se restaura por ter a lei revogadora perdido a vigência, salvo disposição em contrário
- ✗ O direito brasileiro **não** admite, como regra, a **repristinação**
- Só pode ocorrer em casos excepcionais e deve ser expressa

7. Conflito de leis no espaço

Princípio da territorialidade moderada
- I - Não se aplicam leis, sentenças ou atos estrangeiros no Brasil quando ofenderem a soberania nacional, a ordem pública e os bons costumes;
- II - Não se cumprirá sentença estrangeira no Brasil sem *exequatur* (cumpra-se), ou seja, a permissão dada pelo STJ para que a sentença tenha efeitos (CF, art. 105, I, "i")

A norma jurídica aplica-se ao território do Estado, estendendo-se às
- Embaixadas
- Consulados
- Navios de guerra (onde quer que se encontrem)
- Navios mercantes em águas territoriais
- Navios estrangeiros em águas territoriais (menos os de guerra)
- Aeronaves no espaço aéreo do Estado

Soberania estatal
- Em regra, a norma tem aplicação dentro do território do Estado
- Excepcionalmente admite-se a aplicação da lei estrangeira no território nacional

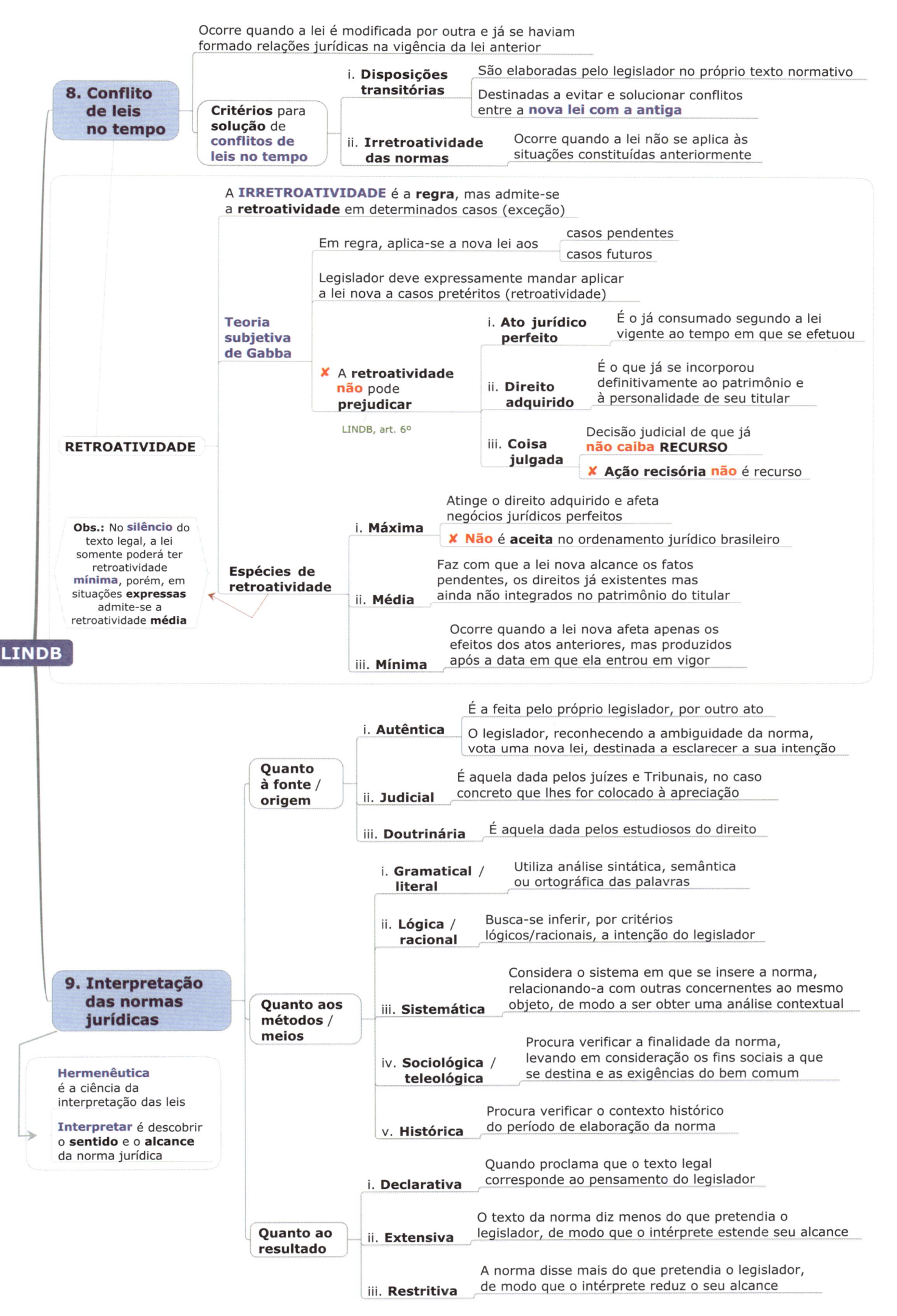

LEI DE INTRODUÇÃO ÀS NORMAS DO DIREITO BRASILEIRO III

LINDB

8. Conflito de leis no tempo

Ocorre quando a lei é modificada por outra e já se haviam formado relações jurídicas na vigência da lei anterior

Critérios para solução de conflitos de leis no tempo:

- **i. Disposições transitórias**
  - São elaboradas pelo legislador no próprio texto normativo
  - Destinadas a evitar e solucionar conflitos entre a **nova lei com a antiga**
- **ii. Irretroatividade das normas**
  - Ocorre quando a lei não se aplica às situações constituídas anteriormente

RETROATIVIDADE

A **IRRETROATIVIDADE** é a **regra**, mas admite-se a **retroatividade** em determinados casos (exceção)

Teoria subjetiva de Gabba:
- Em regra, aplica-se a nova lei aos casos pendentes / casos futuros
- Legislador deve expressamente mandar aplicar a lei nova a casos pretéritos (retroatividade)
- ✗ A **retroatividade não** pode prejudicar (LINDB, art. 6º):
  - **i. Ato jurídico perfeito** — É o já consumado segundo a lei vigente ao tempo em que se efetuou
  - **ii. Direito adquirido** — É o que já se incorporou definitivamente ao patrimônio e à personalidade de seu titular
  - **iii. Coisa julgada** — Decisão judicial de que já **não caiba RECURSO**
    - ✗ Ação rescisória **não** é recurso

Espécies de retroatividade:
- **i. Máxima** — Atinge o direito adquirido e afeta negócios jurídicos perfeitos
  - ✗ **Não** é **aceita** no ordenamento jurídico brasileiro
- **ii. Média** — Faz com que a lei nova alcance os fatos pendentes, os direitos já existentes mas ainda não integrados no patrimônio do titular
- **iii. Mínima** — Ocorre quando a lei nova afeta apenas os efeitos dos atos anteriores, mas produzidos após a data em que ela entrou em vigor

Obs.: No **silêncio** do texto legal, a lei somente poderá ter retroatividade **mínima**, porém, em situações **expressas** admite-se a retroatividade **média**

9. Interpretação das normas jurídicas

Hermenêutica é a ciência da interpretação das leis

Interpretar é descobrir o **sentido** e o **alcance** da norma jurídica

Quanto à fonte / origem:
- **i. Autêntica**
  - É a feita pelo próprio legislador, por outro ato
  - O legislador, reconhecendo a ambiguidade da norma, vota uma nova lei, destinada a esclarecer a sua intenção
- **ii. Judicial** — É aquela dada pelos juízes e Tribunais, no caso concreto que lhes for colocado à apreciação
- **iii. Doutrinária** — É aquela dada pelos estudiosos do direito

Quanto aos métodos / meios:
- **i. Gramatical / literal** — Utiliza análise sintática, semântica ou ortográfica das palavras
- **ii. Lógica / racional** — Busca-se inferir, por critérios lógicos/racionais, a intenção do legislador
- **iii. Sistemática** — Considera o sistema em que se insere a norma, relacionando-a com outras concernentes ao mesmo objeto, de modo a ser obter uma análise contextual
- **iv. Sociológica / teleológica** — Procura verificar a finalidade da norma, levando em consideração os fins sociais a que se destina e as exigências do bem comum
- **v. Histórica** — Procura verificar o contexto histórico do período de elaboração da norma

Quanto ao resultado:
- **i. Declarativa** — Quando proclama que o texto legal corresponde ao pensamento do legislador
- **ii. Extensiva** — O texto da norma diz menos do que pretendia o legislador, de modo que o intérprete estende seu alcance
- **iii. Restritiva** — A norma disse mais do que pretendia o legislador, de modo que o intérprete reduz o seu alcance

LEI DE INTRODUÇÃO ÀS NORMAS DO DIREITO BRASILEIRO IV

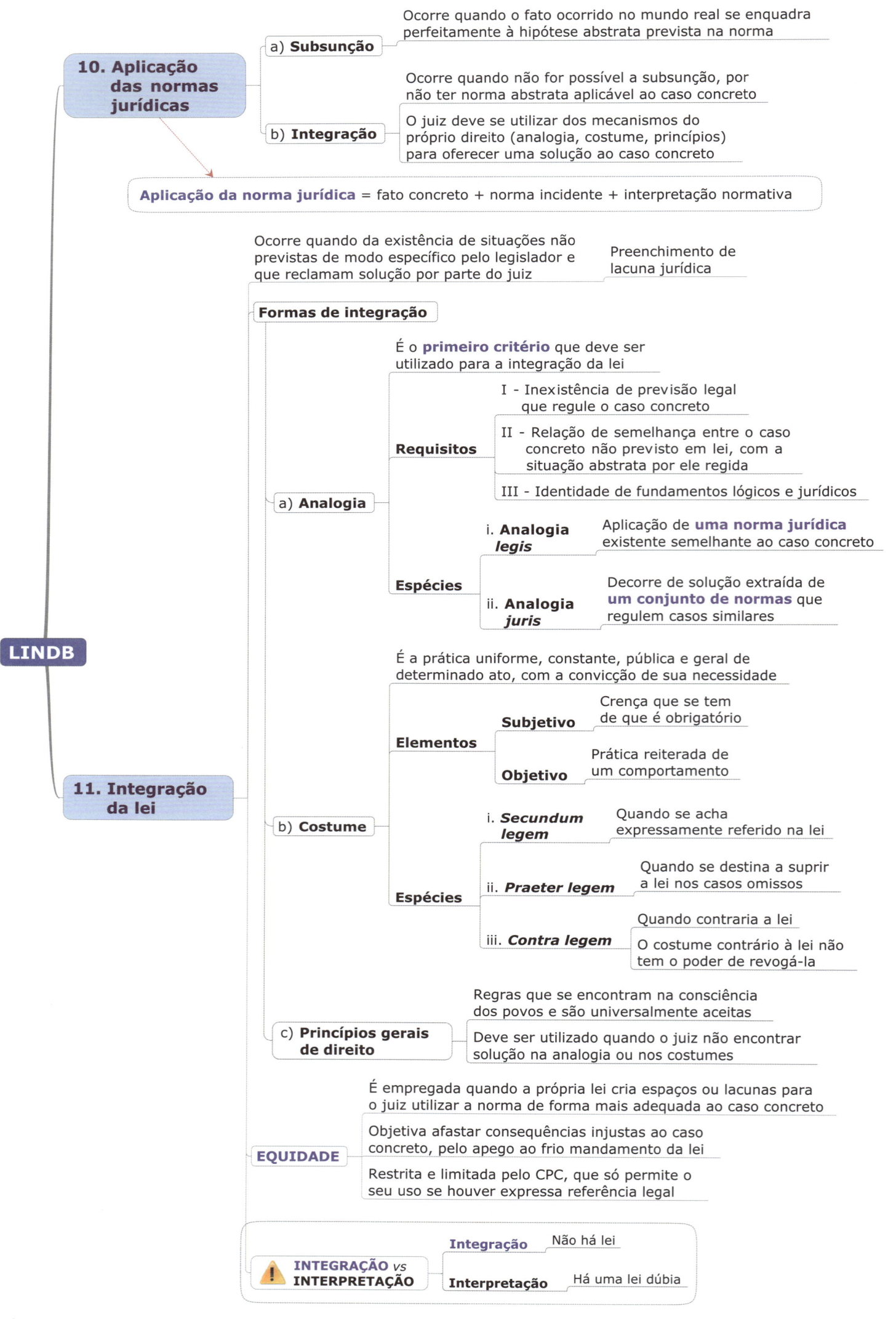

LINDB

10. Aplicação das normas jurídicas
- **a) Subsunção** — Ocorre quando o fato ocorrido no mundo real se enquadra perfeitamente à hipótese abstrata prevista na norma
- **b) Integração** — Ocorre quando não for possível a subsunção, por não ter norma abstrata aplicável ao caso concreto. O juiz deve se utilizar dos mecanismos do próprio direito (analogia, costume, princípios) para oferecer uma solução ao caso concreto

Aplicação da norma jurídica = fato concreto + norma incidente + interpretação normativa

11. Integração da lei

Ocorre quando da existência de situações não previstas de modo específico pelo legislador e que reclamam solução por parte do juiz — Preenchimento de lacuna jurídica

Formas de integração

a) Analogia — É o **primeiro critério** que deve ser utilizado para a integração da lei
- **Requisitos**
  - I - Inexistência de previsão legal que regule o caso concreto
  - II - Relação de semelhança entre o caso concreto não previsto em lei, com a situação abstrata por ele regida
  - III - Identidade de fundamentos lógicos e jurídicos
- **Espécies**
  - i. *Analogia legis* — Aplicação de **uma norma jurídica** existente semelhante ao caso concreto
  - ii. *Analogia juris* — Decorre de solução extraída de **um conjunto de normas** que regulem casos similares

b) Costume — É a prática uniforme, constante, pública e geral de determinado ato, com a convicção de sua necessidade
- **Elementos**
  - **Subjetivo** — Crença que se tem de que é obrigatório
  - **Objetivo** — Prática reiterada de um comportamento
- **Espécies**
  - i. *Secundum legem* — Quando se acha expressamente referido na lei
  - ii. *Praeter legem* — Quando se destina a suprir a lei nos casos omissos
  - iii. *Contra legem* — Quando contraria a lei. O costume contrário à lei não tem o poder de revogá-la

c) Princípios gerais de direito
- Regras que se encontram na consciência dos povos e são universalmente aceitas
- Deve ser utilizado quando o juiz não encontrar solução na analogia ou nos costumes

EQUIDADE
- É empregada quando a própria lei cria espaços ou lacunas para o juiz utilizar a norma de forma mais adequada ao caso concreto
- Objetiva afastar consequências injustas ao caso concreto, pelo apego ao frio mandamento da lei
- Restrita e limitada pelo CPC, que só permite o seu uso se houver expressa referência legal

⚠️ **INTEGRAÇÃO vs INTERPRETAÇÃO**
- **Integração** — Não há lei
- **Interpretação** — Há uma lei dúbia

Capítulo 2

Introdução ao Direito Civil

INTRODUÇÃO AO ESTUDO DO DIREITO CIVIL

Direito Civil

1. Conceito

Ramo do **direito privado** que disciplina as relações jurídicas existentes entre as **pessoas privadas**, sobretudo as de caráter **obrigacional, patrimonial, negocial** e **familiar**

Objeto: É a **tutela da personalidade humana**, disciplinando a personalidade jurídica, a família, o patrimônio e sua transmissão

2. Princípios fundamentais do Direito Civil

a) Dignidade da pessoa humana
- Proporciona ao Direito Civil, amparado na Constituição Federal, comprometer-se com a manutenção da **vida** e da **liberdade** do ser humano
- Trata o ser humano como sujeito de direito, e não como objeto de direito

b) Autonomia privada
- Sujeito de direito possui a liberdade para praticar ou se abster de praticar atos ou assumir e deixar de assumir obrigações, de acordo com sua vontade
- Ligado ao princípio da liberdade contratual, segundo o qual, **é lícito tudo o que não é proibido**

c) Função social do direito privado
- Considera a função social da propriedade e dos negócios jurídicos como modo de compatibilizar as pretensões entre os particulares e os anseios da coletividade

d) Boa-fé objetiva
- **Boa-fé Subjetiva**: É aquela que se situa na consciência do indivíduo
- **✔ Objetiva**:
  - Significa **padrão de conduta** e não é auferível de forma subjetiva
  - A boa-fé deixa de ser analisada de modo interpretativa, sendo alçada pela forma comportamental das partes

e) Responsabilidade
- Evidencia-se pela ideia de que quem causar dano a outrem fica obrigado a repará-lo

3. Código Civil de 2002

a) Estrutura e conteúdo

- **Parte Geral**
  - Das pessoas
  - Dos bens
  - Dos fatos jurídicos
- **Parte Especial**
  - Direito das obrigações
  - Direito da empresa
  - Direito das coisas
  - Direito de família
  - Direito das sucessões

b) Princípios básicos

i. Socialidade
- Prevalência dos **valores coletivos** sobre os individuais
- Afasta o individualismo que predominava no direito civil antigo, no qual a proteção era sempre voltada para os interesses individuais
- Estrutura voltada aos **interesses sociais**
- **Ex.:** Função social da propriedade

ii. Eticidade
- Prioriza a **equidade**, a **boa-fé**, a **justa causa** e demais critérios éticos, conferindo ao juiz maior poder para encontrar a solução mais justa e equitativa
- CC/02 prestigia valores como probidade e boa-fé, de modo a tornar as normas privadas mais brandas e facilmente adaptadas ao caso concreto

iii. Operabilidade
- Eliminação de institutos jurídicos que não apresentavam grau satisfatório de eficácia

Capítulo 3

Das Pessoas Naturais

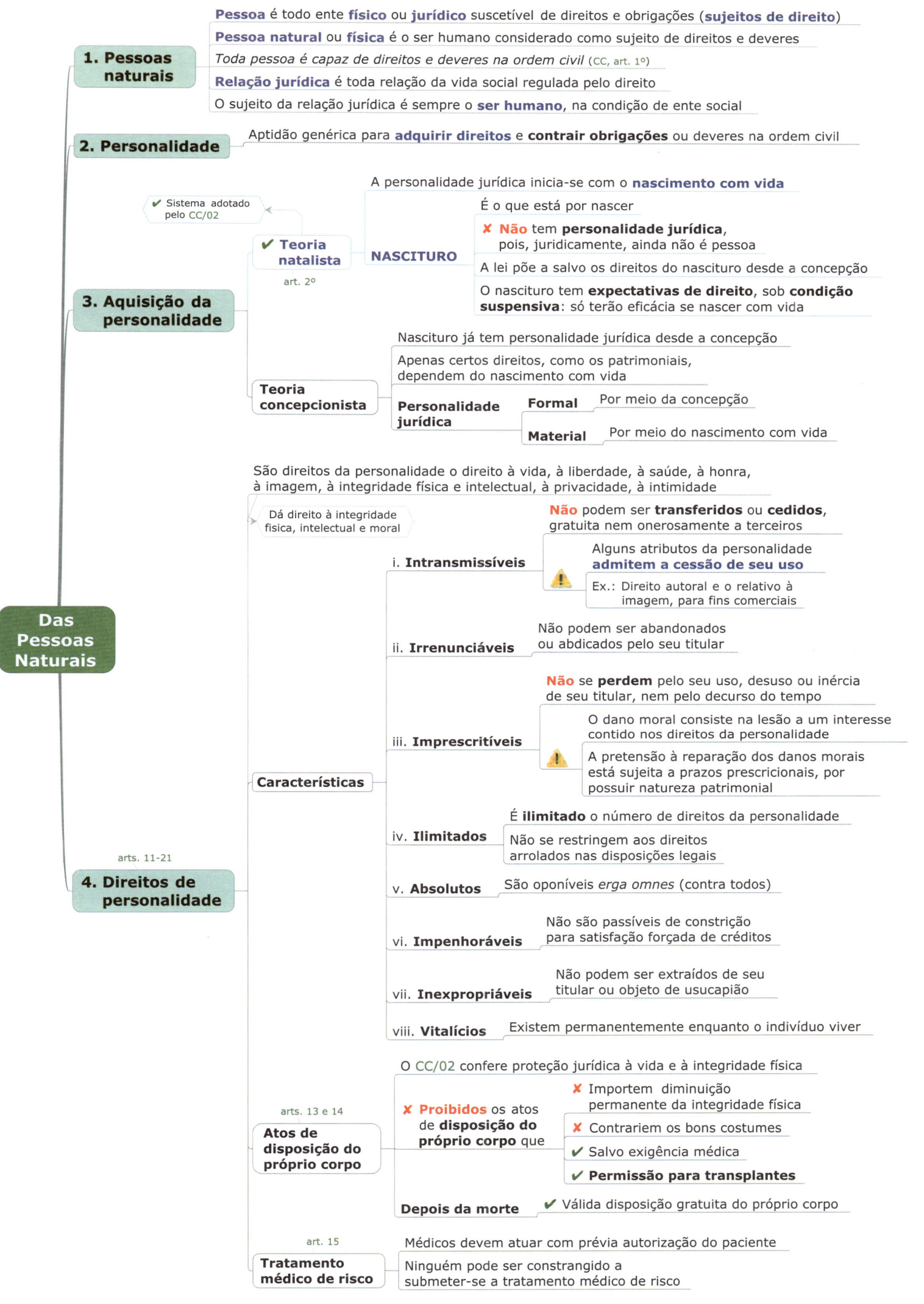

DAS PESSOAS NATURAIS I - PERSONALIDADE

Das Pessoas Naturais

1. Pessoas naturais
- **Pessoa** é todo ente **físico** ou **jurídico** suscetível de direitos e obrigações (**sujeitos de direito**)
- **Pessoa natural** ou **física** é o ser humano considerado como sujeito de direitos e deveres
- *Toda pessoa é capaz de direitos e deveres na ordem civil* (CC, art. 1º)
- **Relação jurídica** é toda relação da vida social regulada pelo direito
- O sujeito da relação jurídica é sempre o **ser humano**, na condição de ente social

2. Personalidade
- Aptidão genérica para **adquirir direitos** e **contrair obrigações** ou deveres na ordem civil

3. Aquisição da personalidade

✓ Teoria natalista (art. 2º) — ✓ Sistema adotado pelo CC/02
- A personalidade jurídica inicia-se com o **nascimento com vida**
- **NASCITURO**
  - É o que está por nascer
  - ✗ **Não** tem **personalidade jurídica**, pois, juridicamente, ainda não é pessoa
  - A lei põe a salvo os direitos do nascituro desde a concepção
  - O nascituro tem **expectativas de direito**, sob **condição suspensiva**: só terão eficácia se nascer com vida

Teoria concepcionista
- Nascituro já tem personalidade jurídica desde a concepção
- Apenas certos direitos, como os patrimoniais, dependem do nascimento com vida
- **Personalidade jurídica**
  - **Formal** — Por meio da concepção
  - **Material** — Por meio do nascimento com vida

4. Direitos de personalidade (arts. 11-21)

São direitos da personalidade o direito à vida, à liberdade, à saúde, à honra, à imagem, à integridade física e intelectual, à privacidade, à intimidade

Dá direito à integridade física, intelectual e moral

Características

i. **Intransmissíveis**
- **Não** podem ser **transferidos** ou **cedidos**, gratuita nem onerosamente a terceiros
- Alguns atributos da personalidade **admitem a cessão de seu uso**
- ⚠ Ex.: Direito autoral e o relativo à imagem, para fins comerciais

ii. **Irrenunciáveis**
- Não podem ser abandonados ou abdicados pelo seu titular

iii. **Imprescritíveis**
- **Não** se **perdem** pelo seu uso, desuso ou inércia de seu titular, nem pelo decurso do tempo
- O dano moral consiste na lesão a um interesse contido nos direitos da personalidade
- ⚠ A pretensão à reparação dos danos morais está sujeita a prazos prescricionais, por possuir natureza patrimonial

iv. **Ilimitados**
- É **ilimitado** o número de direitos da personalidade
- Não se restringem aos direitos arrolados nas disposições legais

v. **Absolutos**
- São oponíveis *erga omnes* (contra todos)

vi. **Impenhoráveis**
- Não são passíveis de constrição para satisfação forçada de créditos

vii. **Inexpropriáveis**
- Não podem ser extraídos de seu titular ou objeto de usucapião

viii. **Vitalícios**
- Existem permanentemente enquanto o indivíduo viver

Atos de disposição do próprio corpo (arts. 13 e 14)
- O CC/02 confere proteção jurídica à vida e à integridade física
- ✗ **Proibidos** os atos de **disposição do próprio corpo** que
  - ✗ Importem diminuição permanente da integridade física
  - ✗ Contrariem os bons costumes
  - ✓ Salvo exigência médica
  - ✓ **Permissão para transplantes**
- **Depois da morte** — ✓ Válida disposição gratuita do próprio corpo

Tratamento médico de risco (art. 15)
- Médicos devem atuar com prévia autorização do paciente
- Ninguém pode ser constrangido a submeter-se a tratamento médico de risco

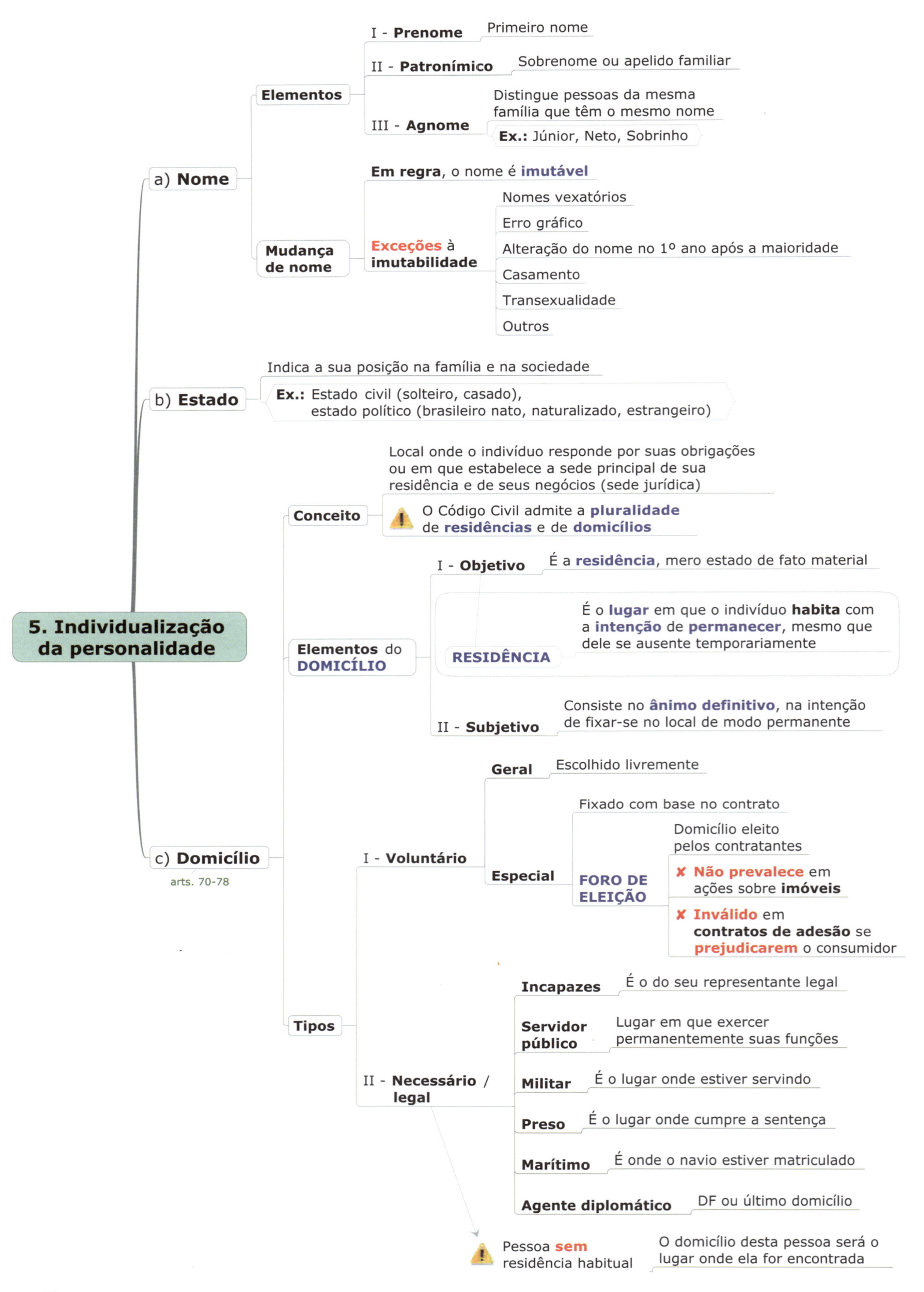

DAS PESSOAS NATURAIS II - INDIVIDUALIZAÇÃO DA PERSONALIDADE

5. Individualização da personalidade

a) Nome

- **Elementos**
  - **I - Prenome** — Primeiro nome
  - **II - Patronímico** — Sobrenome ou apelido familiar
  - **III - Agnome** — Distingue pessoas da mesma família que têm o mesmo nome
    - Ex.: Júnior, Neto, Sobrinho

- **Mudança de nome**
  - **Em regra**, o nome é **imutável**
  - **Exceções** à **imutabilidade**:
    - Nomes vexatórios
    - Erro gráfico
    - Alteração do nome no 1º ano após a maioridade
    - Casamento
    - Transexualidade
    - Outros

b) Estado

- Indica a sua posição na família e na sociedade
- Ex.: Estado civil (solteiro, casado), estado político (brasileiro nato, naturalizado, estrangeiro)

c) Domicílio (arts. 70-78)

- **Conceito**: Local onde o indivíduo responde por suas obrigações ou em que estabelece a sede principal de sua residência e de seus negócios (sede jurídica)
  - ⚠ O Código Civil admite a **pluralidade** de **residências** e de **domicílios**

- **Elementos do DOMICÍLIO**
  - **I - Objetivo** — É a **residência**, mero estado de fato material
    - **RESIDÊNCIA**: É o **lugar** em que o indivíduo **habita** com a **intenção** de **permanecer**, mesmo que dele se ausente temporariamente
  - **II - Subjetivo** — Consiste no **ânimo definitivo**, na intenção de fixar-se no local de modo permanente

- **Tipos**
  - **I - Voluntário**
    - **Geral** — Escolhido livremente
    - **Especial** — Fixado com base no contrato
      - Domicílio eleito pelos contratantes
      - **FORO DE ELEIÇÃO**
        - ✗ **Não prevalece** em ações sobre **imóveis**
        - ✗ **Inválido** em **contratos de adesão** se **prejudicarem** o consumidor
  - **II - Necessário / legal**
    - **Incapazes** — É o do seu representante legal
    - **Servidor público** — Lugar em que exercer permanentemente suas funções
    - **Militar** — É o lugar onde estiver servindo
    - **Preso** — É o lugar onde cumpre a sentença
    - **Marítimo** — É onde o navio estiver matriculado
    - **Agente diplomático** — DF ou último domicílio
    - ⚠ **Pessoa sem** residência habitual — O domicílio desta pessoa será o lugar onde ela for encontrada

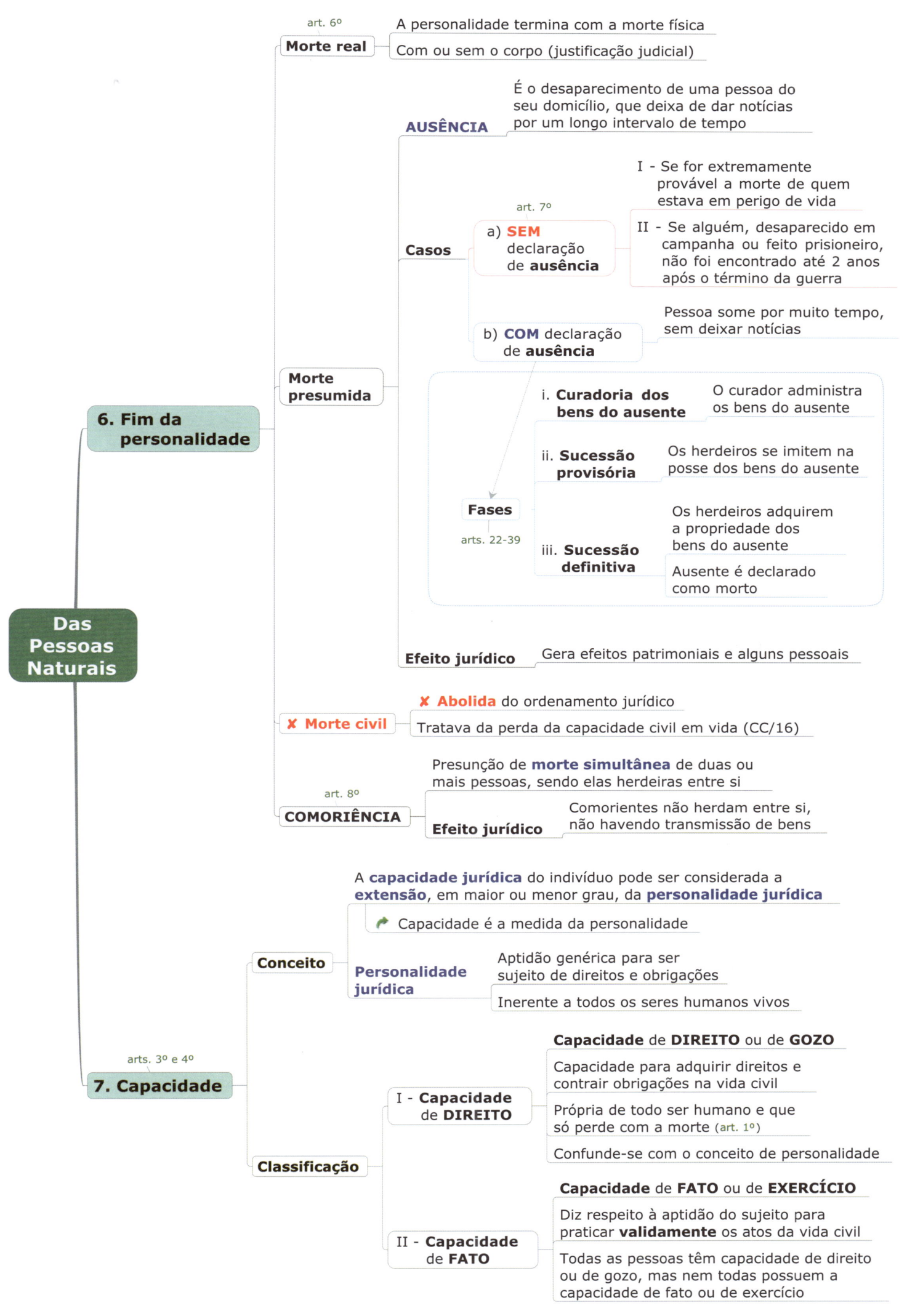

DAS PESSOAS NATURAIS III

Das Pessoas Naturais

6. Fim da personalidade

- **Morte real** (art. 6º)
  - A personalidade termina com a morte física
  - Com ou sem o corpo (justificação judicial)

- **Morte presumida**
  - **AUSÊNCIA**: É o desaparecimento de uma pessoa do seu domicílio, que deixa de dar notícias por um longo intervalo de tempo
  - **Casos** (art. 7º):
    - **a) SEM declaração de ausência**
      - I - Se for extremamente provável a morte de quem estava em perigo de vida
      - II - Se alguém, desaparecido em campanha ou feito prisioneiro, não foi encontrado até 2 anos após o término da guerra
    - **b) COM declaração de ausência**
      - Pessoa some por muito tempo, sem deixar notícias
      - **Fases** (arts. 22-39):
        - i. **Curadoria dos bens do ausente**: O curador administra os bens do ausente
        - ii. **Sucessão provisória**: Os herdeiros se imitem na posse dos bens do ausente
        - iii. **Sucessão definitiva**: Os herdeiros adquirem a propriedade dos bens do ausente / Ausente é declarado como morto
  - **Efeito jurídico**: Gera efeitos patrimoniais e alguns pessoais

- **✗ Morte civil**
  - ✗ Abolida do ordenamento jurídico
  - Tratava da perda da capacidade civil em vida (CC/16)

- **COMORIÊNCIA** (art. 8º)
  - Presunção de **morte simultânea** de duas ou mais pessoas, sendo elas herdeiras entre si
  - **Efeito jurídico**: Comorientes não herdam entre si, não havendo transmissão de bens

7. Capacidade (arts. 3º e 4º)

- **Conceito**
  - A **capacidade jurídica** do indivíduo pode ser considerada a **extensão**, em maior ou menor grau, da **personalidade jurídica**
  - ➜ Capacidade é a medida da personalidade
  - **Personalidade jurídica**:
    - Aptidão genérica para ser sujeito de direitos e obrigações
    - Inerente a todos os seres humanos vivos

- **Classificação**
  - **I - Capacidade de DIREITO**
    - Capacidade de **DIREITO** ou de **GOZO**
    - Capacidade para adquirir direitos e contrair obrigações na vida civil
    - Própria de todo ser humano e que só perde com a morte (art. 1º)
    - Confunde-se com o conceito de personalidade
  - **II - Capacidade de FATO**
    - Capacidade de **FATO** ou de **EXERCÍCIO**
    - Diz respeito à aptidão do sujeito para praticar **validamente** os atos da vida civil
    - Todas as pessoas têm capacidade de direito ou de gozo, mas nem todas possuem a capacidade de fato ou de exercício

DAS PESSOAS NATURAIS IV - INCAPACIDADE

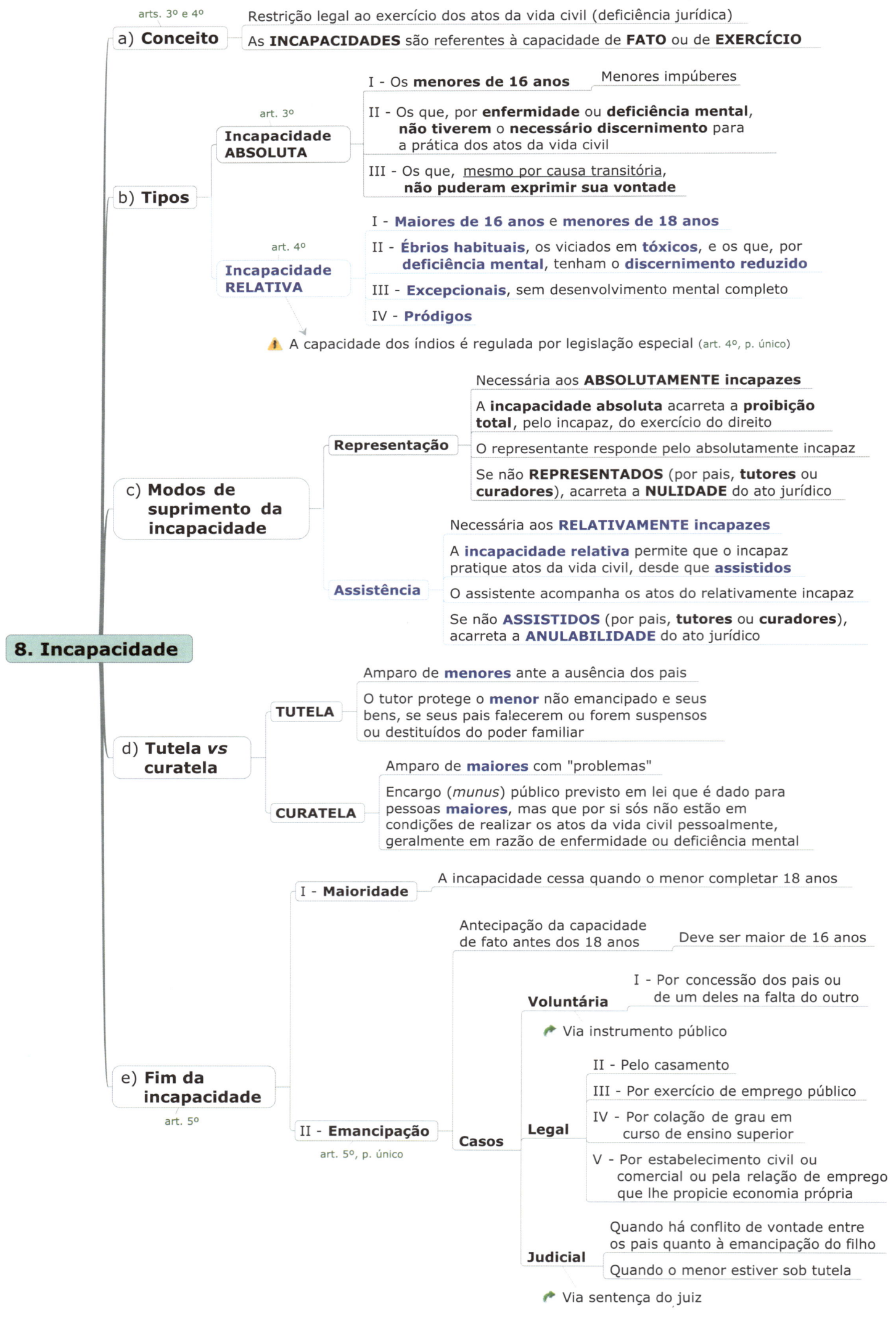

8. Incapacidade

a) Conceito (arts. 3º e 4º)
- Restrição legal ao exercício dos atos da vida civil (deficiência jurídica)
- As **INCAPACIDADES** são referentes à capacidade de **FATO** ou de **EXERCÍCIO**

b) Tipos

Incapacidade ABSOLUTA (art. 3º)
- I - Os **menores de 16 anos** — Menores impúberes
- II - Os que, por **enfermidade** ou **deficiência mental**, **não tiverem** o **necessário discernimento** para a prática dos atos da vida civil
- III - Os que, mesmo por causa transitória, **não puderam exprimir sua vontade**

Incapacidade RELATIVA (art. 4º)
- I - **Maiores de 16 anos** e **menores de 18 anos**
- II - **Ébrios habituais**, os viciados em **tóxicos**, e os que, por **deficiência mental**, tenham o **discernimento reduzido**
- III - **Excepcionais**, sem desenvolvimento mental completo
- IV - **Pródigos**

⚠ A capacidade dos índios é regulada por legislação especial (art. 4º, p. único)

c) Modos de suprimento da incapacidade

Representação
- Necessária aos **ABSOLUTAMENTE incapazes**
- A **incapacidade absoluta** acarreta a **proibição total**, pelo incapaz, do exercício do direito
- O representante responde pelo absolutamente incapaz
- Se não **REPRESENTADOS** (por pais, **tutores** ou **curadores**), acarreta a **NULIDADE** do ato jurídico

Assistência
- Necessária aos **RELATIVAMENTE incapazes**
- A **incapacidade relativa** permite que o incapaz pratique atos da vida civil, desde que **assistidos**
- O assistente acompanha os atos do relativamente incapaz
- Se não **ASSISTIDOS** (por pais, **tutores** ou **curadores**), acarreta a **ANULABILIDADE** do ato jurídico

d) Tutela vs curatela

TUTELA
- Amparo de **menores** ante a ausência dos pais
- O tutor protege o **menor** não emancipado e seus bens, se seus pais falecerem ou forem suspensos ou destituídos do poder familiar

CURATELA
- Amparo de **maiores** com "problemas"
- Encargo (*munus*) público previsto em lei que é dado para pessoas **maiores**, mas que por si sós não estão em condições de realizar os atos da vida civil pessoalmente, geralmente em razão de enfermidade ou deficiência mental

e) Fim da incapacidade (art. 5º)

I - Maioridade
- A incapacidade cessa quando o menor completar 18 anos

II - Emancipação (art. 5º, p. único)
- Antecipação da capacidade de fato antes dos 18 anos — Deve ser maior de 16 anos

Casos:

Voluntária
- I - Por concessão dos pais ou de um deles na falta do outro
- ➤ Via instrumento público

Legal
- II - Pelo casamento
- III - Por exercício de emprego público
- IV - Por colação de grau em curso de ensino superior
- V - Por estabelecimento civil ou comercial ou pela relação de emprego que lhe propicie economia própria

Judicial
- Quando há conflito de vontade entre os pais quanto à emancipação do filho
- Quando o menor estiver sob tutela
- ➤ Via sentença do juiz

Capítulo 4

Das Pessoas Jurídicas

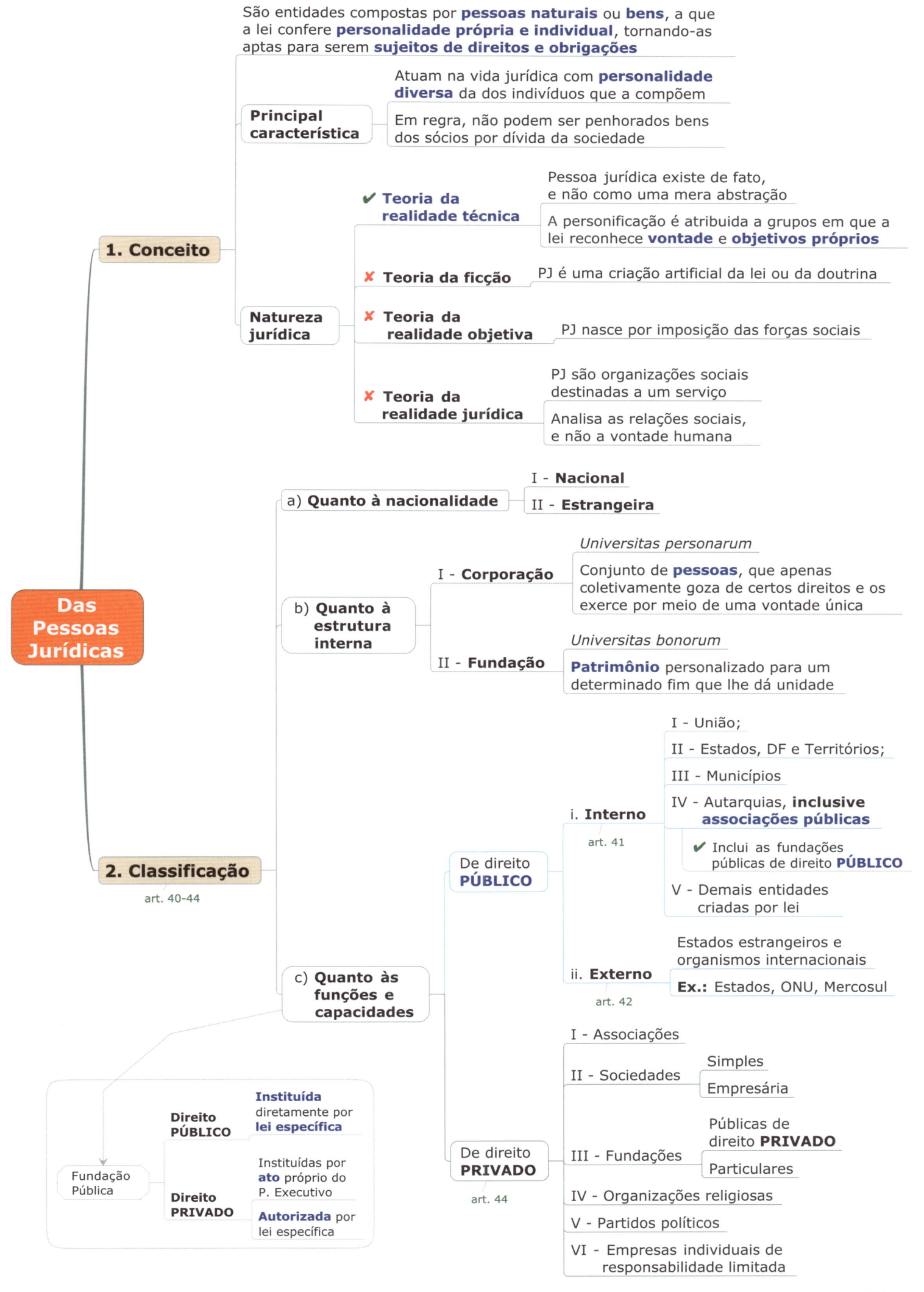

DAS PESSOAS JURÍDICAS I

Das Pessoas Jurídicas

1. Conceito

São entidades compostas por **pessoas naturais** ou **bens**, a que a lei confere **personalidade própria e individual**, tornando-as aptas para serem **sujeitos de direitos e obrigações**

Principal característica
- Atuam na vida jurídica com **personalidade diversa** da dos indivíduos que a compõem
- Em regra, não podem ser penhorados bens dos sócios por dívida da sociedade

Natureza jurídica

- ✔ **Teoria da realidade técnica**
  - Pessoa jurídica existe de fato, e não como uma mera abstração
  - A personificação é atribuida a grupos em que a lei reconhece **vontade** e **objetivos próprios**
- ✘ **Teoria da ficção** — PJ é uma criação artificial da lei ou da doutrina
- ✘ **Teoria da realidade objetiva** — PJ nasce por imposição das forças sociais
- ✘ **Teoria da realidade jurídica**
  - PJ são organizações sociais destinadas a um serviço
  - Analisa as relações sociais, e não a vontade humana

2. Classificação
art. 40-44

a) Quanto à nacionalidade
- I - **Nacional**
- II - **Estrangeira**

b) Quanto à estrutura interna

- I - **Corporação**
  - *Universitas personarum*
  - Conjunto de **pessoas**, que apenas coletivamente goza de certos direitos e os exerce por meio de uma vontade única
- II - **Fundação**
  - *Universitas bonorum*
  - **Patrimônio** personalizado para um determinado fim que lhe dá unidade

c) Quanto às funções e capacidades

De direito PÚBLICO

- i. **Interno** (art. 41)
  - I - União;
  - II - Estados, DF e Territórios;
  - III - Municípios
  - IV - Autarquias, **inclusive associações públicas**
    - ✔ Inclui as fundações públicas de direito **PÚBLICO**
  - V - Demais entidades criadas por lei

- ii. **Externo** (art. 42)
  - Estados estrangeiros e organismos internacionais
  - **Ex.:** Estados, ONU, Mercosul

De direito PRIVADO (art. 44)

- I - Associações
- II - Sociedades
  - Simples
  - Empresária
- III - Fundações
  - Públicas de direito **PRIVADO**
  - Particulares
- IV - Organizações religiosas
- V - Partidos políticos
- VI - Empresas individuais de responsabilidade limitada

Fundação Pública

- **Direito PÚBLICO**
  - **Instituída** diretamente por **lei específica**
- **Direito PRIVADO**
  - Instituídas por **ato** próprio do P. Executivo
  - **Autorizada** por lei específica

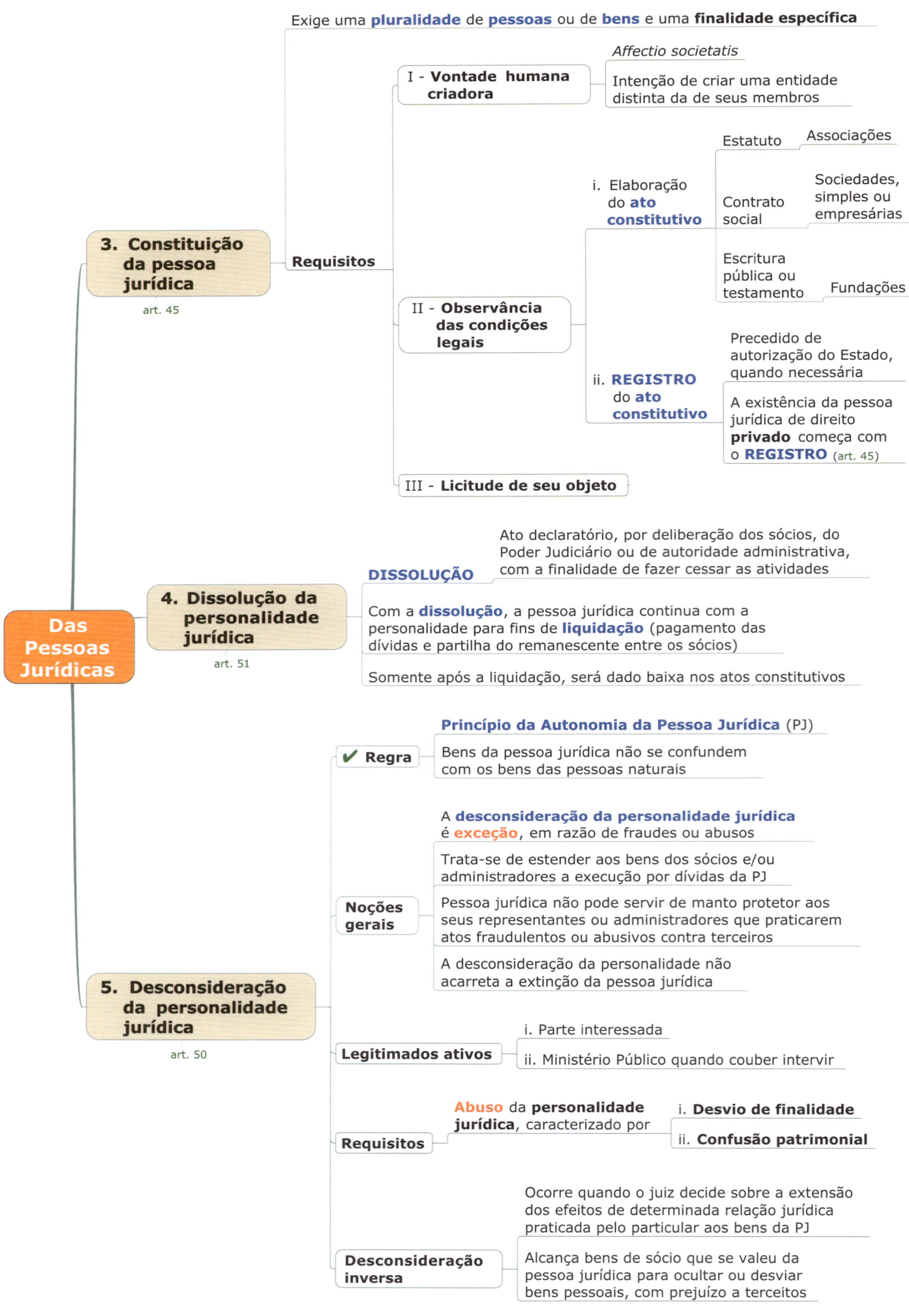

DAS PESSOAS JURÍDICAS II

Das Pessoas Jurídicas

3. Constituição da pessoa jurídica (art. 45)

Exige uma **pluralidade** de **pessoas** ou de **bens** e uma **finalidade específica**

Requisitos:

I - Vontade humana criadora
- *Affectio societatis*
- Intenção de criar uma entidade distinta da de seus membros

II - Observância das condições legais

i. Elaboração do **ato constitutivo**
  - Estatuto → Associações
  - Contrato social → Sociedades, simples ou empresárias
  - Escritura pública ou testamento → Fundações

ii. **REGISTRO** do **ato constitutivo**
  - Precedido de autorização do Estado, quando necessária
  - A existência da pessoa jurídica de direito **privado** começa com o **REGISTRO** (art. 45)

III - Licitude de seu objeto

4. Dissolução da personalidade jurídica (art. 51)

DISSOLUÇÃO
- Ato declaratório, por deliberação dos sócios, do Poder Judiciário ou de autoridade administrativa, com a finalidade de fazer cessar as atividades
- Com a **dissolução**, a pessoa jurídica continua com a personalidade para fins de **liquidação** (pagamento das dívidas e partilha do remanescente entre os sócios)
- Somente após a liquidação, será dado baixa nos atos constitutivos

5. Desconsideração da personalidade jurídica (art. 50)

✔ **Regra**
- **Princípio da Autonomia da Pessoa Jurídica** (PJ)
- Bens da pessoa jurídica não se confundem com os bens das pessoas naturais

Noções gerais
- A **desconsideração da personalidade jurídica** é **exceção**, em razão de fraudes ou abusos
- Trata-se de estender aos bens dos sócios e/ou administradores a execução por dívidas da PJ
- Pessoa jurídica não pode servir de manto protetor aos seus representantes ou administradores que praticarem atos fraudulentos ou abusivos contra terceiros
- A desconsideração da personalidade não acarreta a extinção da pessoa jurídica

Legitimados ativos
i. Parte interessada
ii. Ministério Público quando couber intervir

Requisitos
- **Abuso** da **personalidade jurídica**, caracterizado por:
  i. **Desvio de finalidade**
  ii. **Confusão patrimonial**

Desconsideração inversa
- Ocorre quando o juiz decide sobre a extensão dos efeitos de determinada relação jurídica praticada pelo particular aos bens da PJ
- Alcança bens de sócio que se valeu da pessoa jurídica para ocultar ou desviar bens pessoais, com prejuízo a terceiros

DAS PESSOAS JURÍDICAS III

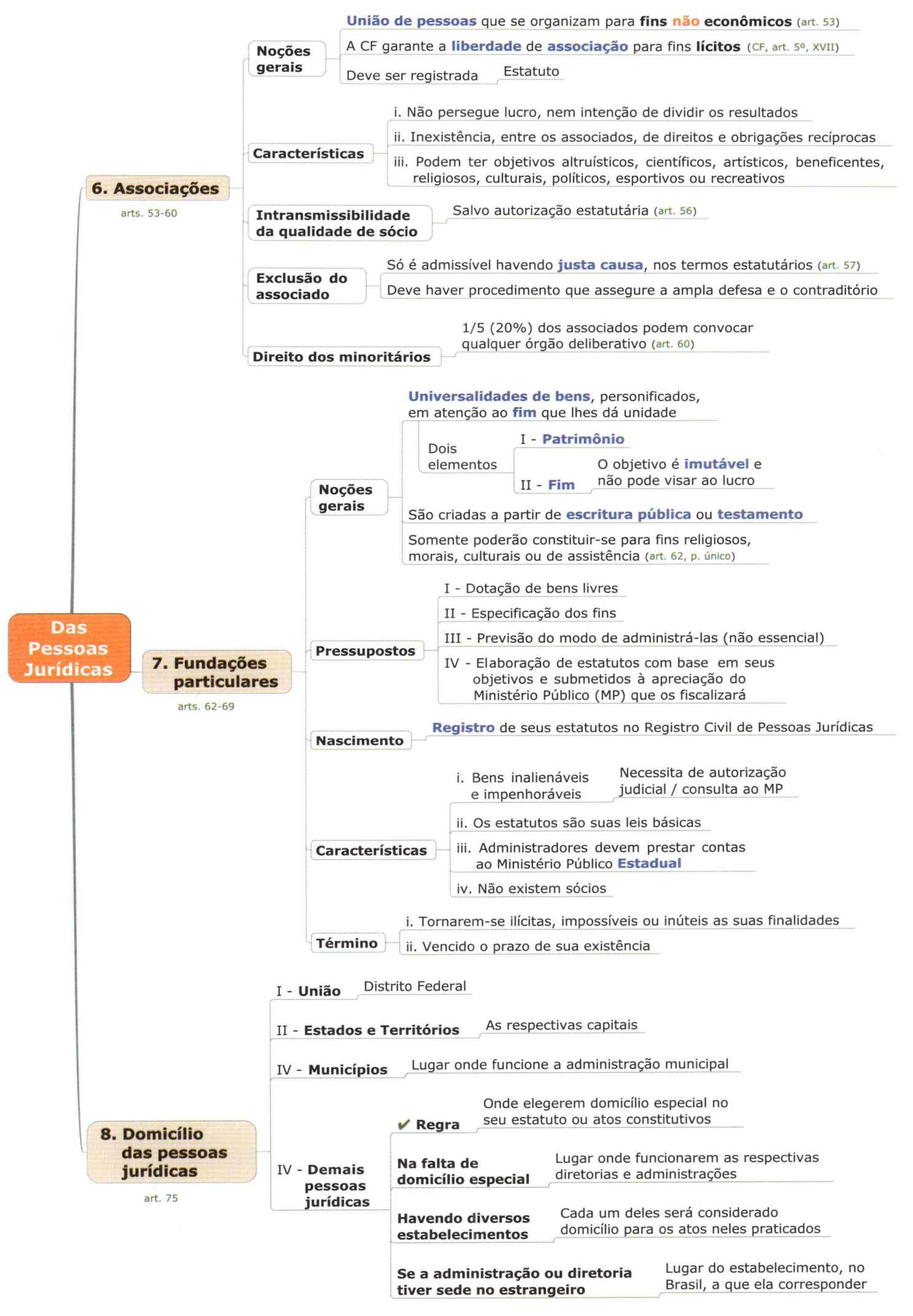

Das Pessoas Jurídicas

6. Associações
arts. 53-60

- **Noções gerais**
  - União de pessoas que se organizam para fins não econômicos (art. 53)
  - A CF garante a liberdade de associação para fins lícitos (CF, art. 5º, XVII)
  - Deve ser registrada — Estatuto

- **Características**
  - i. Não persegue lucro, nem intenção de dividir os resultados
  - ii. Inexistência, entre os associados, de direitos e obrigações recíprocas
  - iii. Podem ter objetivos altruísticos, científicos, artísticos, beneficentes, religiosos, culturais, políticos, esportivos ou recreativos

- **Intransmissibilidade da qualidade de sócio**
  - Salvo autorização estatutária (art. 56)

- **Exclusão do associado**
  - Só é admissível havendo justa causa, nos termos estatutários (art. 57)
  - Deve haver procedimento que assegure a ampla defesa e o contraditório

- **Direito dos minoritários**
  - 1/5 (20%) dos associados podem convocar qualquer órgão deliberativo (art. 60)

7. Fundações particulares
arts. 62-69

- **Noções gerais**
  - Universalidades de bens, personificados, em atenção ao fim que lhes dá unidade
  - Dois elementos:
    - I - Patrimônio
    - II - Fim — O objetivo é imutável e não pode visar ao lucro
  - São criadas a partir de escritura pública ou testamento
  - Somente poderão constituir-se para fins religiosos, morais, culturais ou de assistência (art. 62, p. único)

- **Pressupostos**
  - I - Dotação de bens livres
  - II - Especificação dos fins
  - III - Previsão do modo de administrá-las (não essencial)
  - IV - Elaboração de estatutos com base em seus objetivos e submetidos à apreciação do Ministério Público (MP) que os fiscalizará

- **Nascimento**
  - Registro de seus estatutos no Registro Civil de Pessoas Jurídicas

- **Características**
  - i. Bens inalienáveis e impenhoráveis — Necessita de autorização judicial / consulta ao MP
  - ii. Os estatutos são suas leis básicas
  - iii. Administradores devem prestar contas ao Ministério Público Estadual
  - iv. Não existem sócios

- **Término**
  - i. Tornarem-se ilícitas, impossíveis ou inúteis as suas finalidades
  - ii. Vencido o prazo de sua existência

8. Domicílio das pessoas jurídicas
art. 75

- I - **União** — Distrito Federal
- II - **Estados e Territórios** — As respectivas capitais
- IV - **Municípios** — Lugar onde funcione a administração municipal
- IV - **Demais pessoas jurídicas**
  - ✓ **Regra** — Onde elegerem domicílio especial no seu estatuto ou atos constitutivos
  - **Na falta de domicílio especial** — Lugar onde funcionarem as respectivas diretorias e administrações
  - **Havendo diversos estabelecimentos** — Cada um deles será considerado domicílio para os atos neles praticados
  - **Se a administração ou diretoria tiver sede no estrangeiro** — Lugar do estabelecimento, no Brasil, a que ela corresponder

Capítulo 5

Dos Bens

DOS BENS I

Dos Bens

1. Conceito

- **Coisa** é tudo o que pode satisfazer uma necessidade do homem
- **Bens** são valores materiais ou imateriais que podem ser **objeto** de uma **relação de direito**
- **Bens** são **coisas** úteis e de expressão econômica, suscetíveis de apropriação
- Toda **relação jurídica** entre dois sujeitos tem por **objeto** um **bem** sobre o qual recaem direitos e obrigações

⚠ **Obs.:**
- **PESSOAS** — São os **SUJEITOS** de uma relação de direito
- **BENS** — São os **OBJETOS** de uma relação de direito

2. Classificação legal dos bens

A classificação dos bens é feita segundo critérios de importância científica

a) Considerados em si mesmos
- i. Bens móveis e imóveis
- ii. Bens fungíveis e infungíveis
- iii. Bens consumíveis e inconsumíveis
- iv. Bens divisíveis e indivisíveis
- v. Bens singulares e coletivos

b) Reciprocamente considerados
- i. Bens principais
- ii. Bens acessórios
  - Frutos
  - Produtos
  - Pertenças
  - Benfeitorias

c) Quanto à titularidade do domínio
- i. Públicos
  - De uso comum do povo
  - De uso especial
  - Dominicais
- ii. Particulares

3. Bens corpóreos e incorpóreos

CORPÓREOS
- Os que têm existência física, material
- **Ex.:** Joias, carros, dinheiro

INCORPÓREOS
- Os que têm existência abstrata, mas possuem valor econômico
- **Ex.:** Crédito, propriedade intelectual, propriedade industrial

DOS BENS II

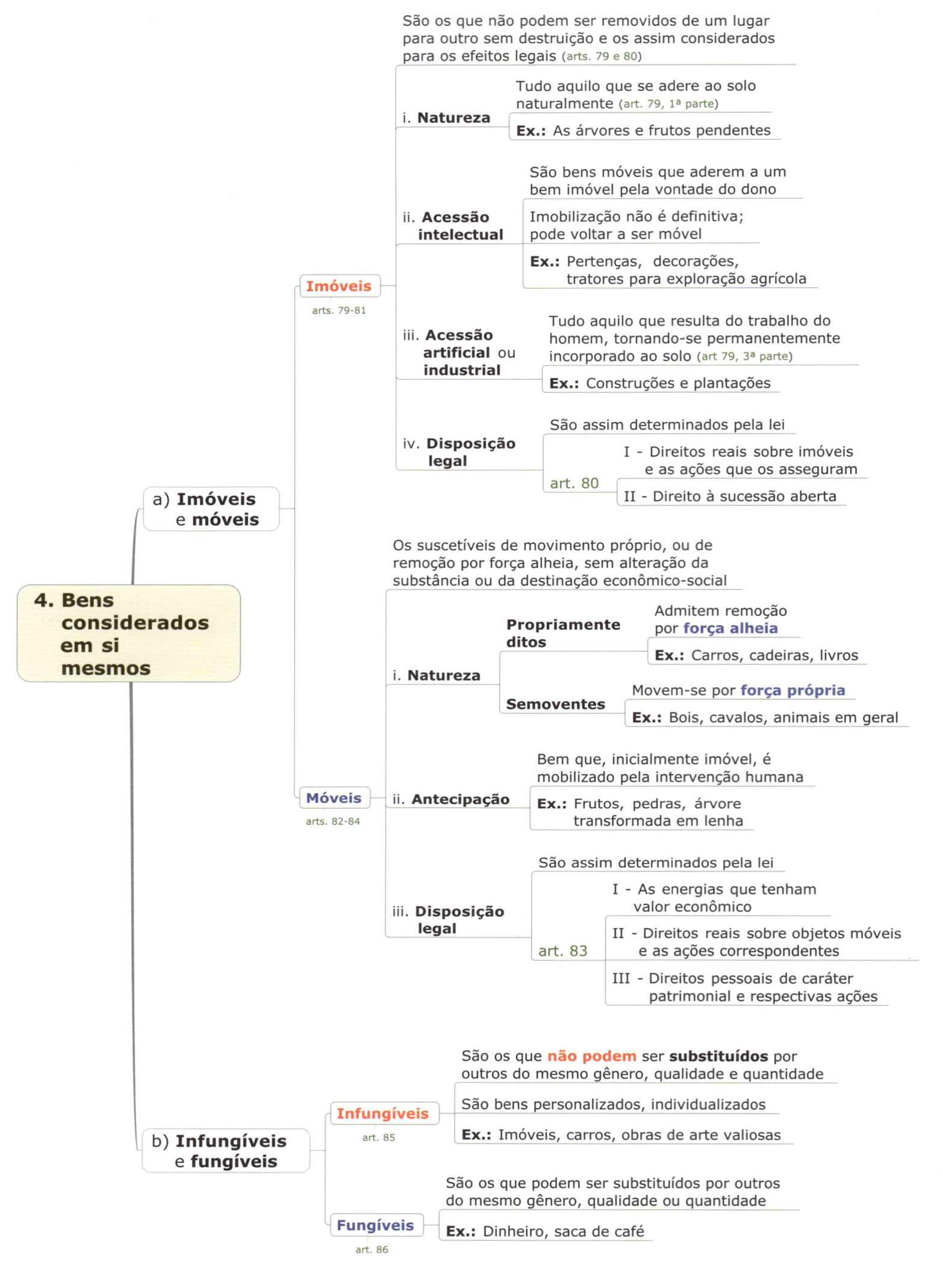

4. Bens considerados em si mesmos

a) Imóveis e móveis

Imóveis (arts. 79-81)

São os que não podem ser removidos de um lugar para outro sem destruição e os assim considerados para os efeitos legais (arts. 79 e 80)

- **i. Natureza**
  - Tudo aquilo que se adere ao solo naturalmente (art. 79, 1ª parte)
  - **Ex.:** As árvores e frutos pendentes

- **ii. Acessão intelectual**
  - São bens móveis que aderem a um bem imóvel pela vontade do dono
  - Imobilização não é definitiva; pode voltar a ser móvel
  - **Ex.:** Pertenças, decorações, tratores para exploração agrícola

- **iii. Acessão artificial ou industrial**
  - Tudo aquilo que resulta do trabalho do homem, tornando-se permanentemente incorporado ao solo (art 79, 3ª parte)
  - **Ex.:** Construções e plantações

- **iv. Disposição legal** (art. 80)
  - São assim determinados pela lei
  - I - Direitos reais sobre imóveis e as ações que os asseguram
  - II - Direito à sucessão aberta

Móveis (arts. 82-84)

Os suscetíveis de movimento próprio, ou de remoção por força alheia, sem alteração da substância ou da destinação econômico-social

- **i. Natureza**
  - **Propriamente ditos**
    - Admitem remoção por **força alheia**
    - **Ex.:** Carros, cadeiras, livros
  - **Semoventes**
    - Movem-se por **força própria**
    - **Ex.:** Bois, cavalos, animais em geral

- **ii. Antecipação**
  - Bem que, inicialmente imóvel, é mobilizado pela intervenção humana
  - **Ex.:** Frutos, pedras, árvore transformada em lenha

- **iii. Disposição legal** (art. 83)
  - São assim determinados pela lei
  - I - As energias que tenham valor econômico
  - II - Direitos reais sobre objetos móveis e as ações correspondentes
  - III - Direitos pessoais de caráter patrimonial e respectivas ações

b) Infungíveis e fungíveis

Infungíveis (art. 85)

- São os que **não podem** ser **substituídos** por outros do mesmo gênero, qualidade e quantidade
- São bens personalizados, individualizados
- **Ex.:** Imóveis, carros, obras de arte valiosas

Fungíveis (art. 86)

- São os que podem ser substituídos por outros do mesmo gênero, qualidade ou quantidade
- **Ex.:** Dinheiro, saca de café

DOS BENS III

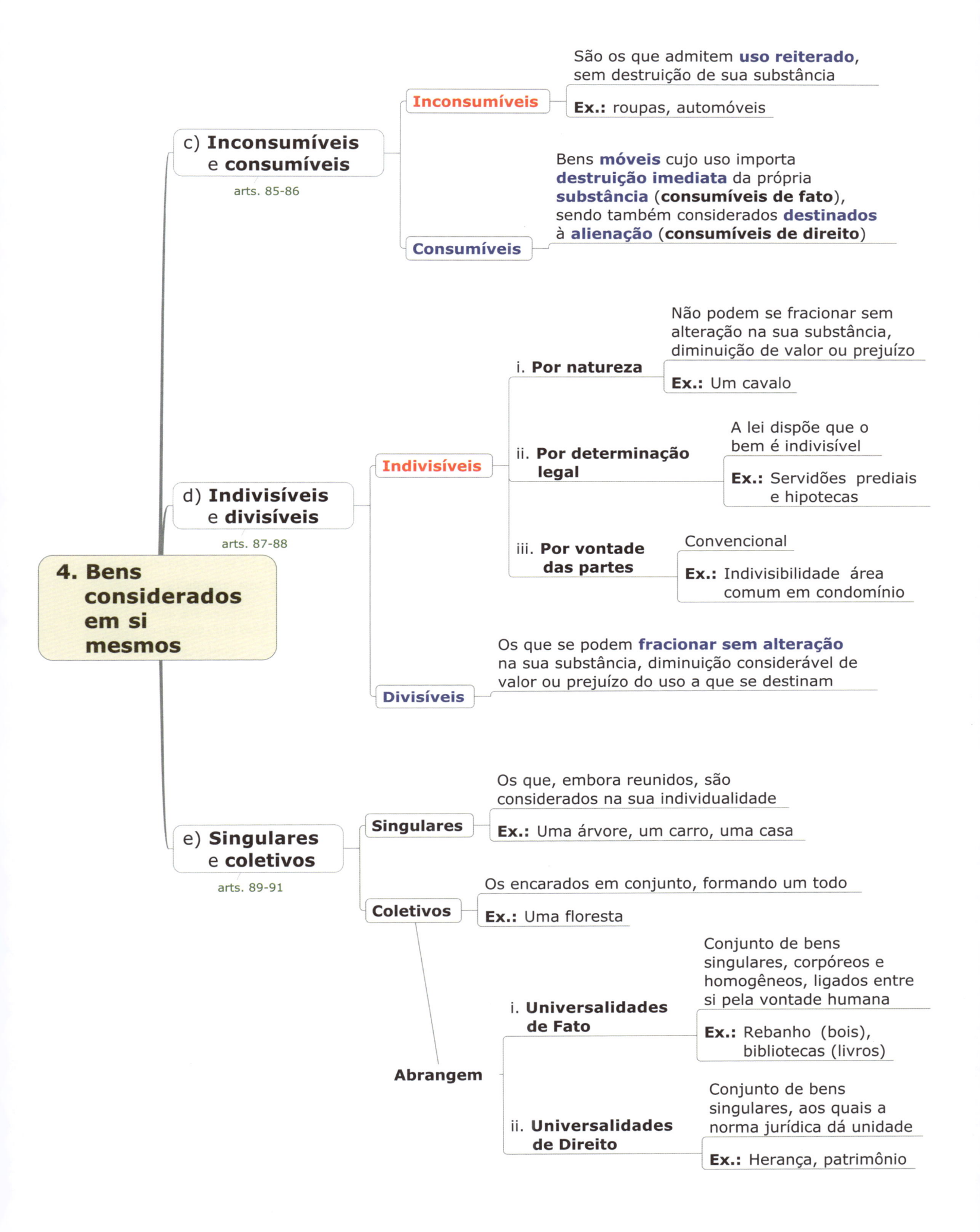

4. Bens considerados em si mesmos

- **c) Inconsumíveis e consumíveis**
  arts. 85-86
  - **Inconsumíveis**: São os que admitem **uso reiterado**, sem destruição de sua substância
    - **Ex.:** roupas, automóveis
  - **Consumíveis**: Bens **móveis** cujo uso importa **destruição imediata** da própria **substância** (**consumíveis de fato**), sendo também considerados **destinados** à **alienação** (**consumíveis de direito**)

- **d) Indivisíveis e divisíveis**
  arts. 87-88
  - **Indivisíveis**
    - **i. Por natureza**: Não podem se fracionar sem alteração na sua substância, diminuição de valor ou prejuízo
      - **Ex.:** Um cavalo
    - **ii. Por determinação legal**: A lei dispõe que o bem é indivisível
      - **Ex.:** Servidões prediais e hipotecas
    - **iii. Por vontade das partes**: Convencional
      - **Ex.:** Indivisibilidade área comum em condomínio
  - **Divisíveis**: Os que se podem **fracionar sem alteração** na sua substância, diminuição considerável de valor ou prejuízo do uso a que se destinam

- **e) Singulares e coletivos**
  arts. 89-91
  - **Singulares**: Os que, embora reunidos, são considerados na sua individualidade
    - **Ex.:** Uma árvore, um carro, uma casa
  - **Coletivos**: Os encarados em conjunto, formando um todo
    - **Ex.:** Uma floresta
  - **Abrangem**:
    - **i. Universalidades de Fato**: Conjunto de bens singulares, corpóreos e homogêneos, ligados entre si pela vontade humana
      - **Ex.:** Rebanho (bois), bibliotecas (livros)
    - **ii. Universalidades de Direito**: Conjunto de bens singulares, aos quais a norma jurídica dá unidade
      - **Ex.:** Herança, patrimônio

DOS BENS IV

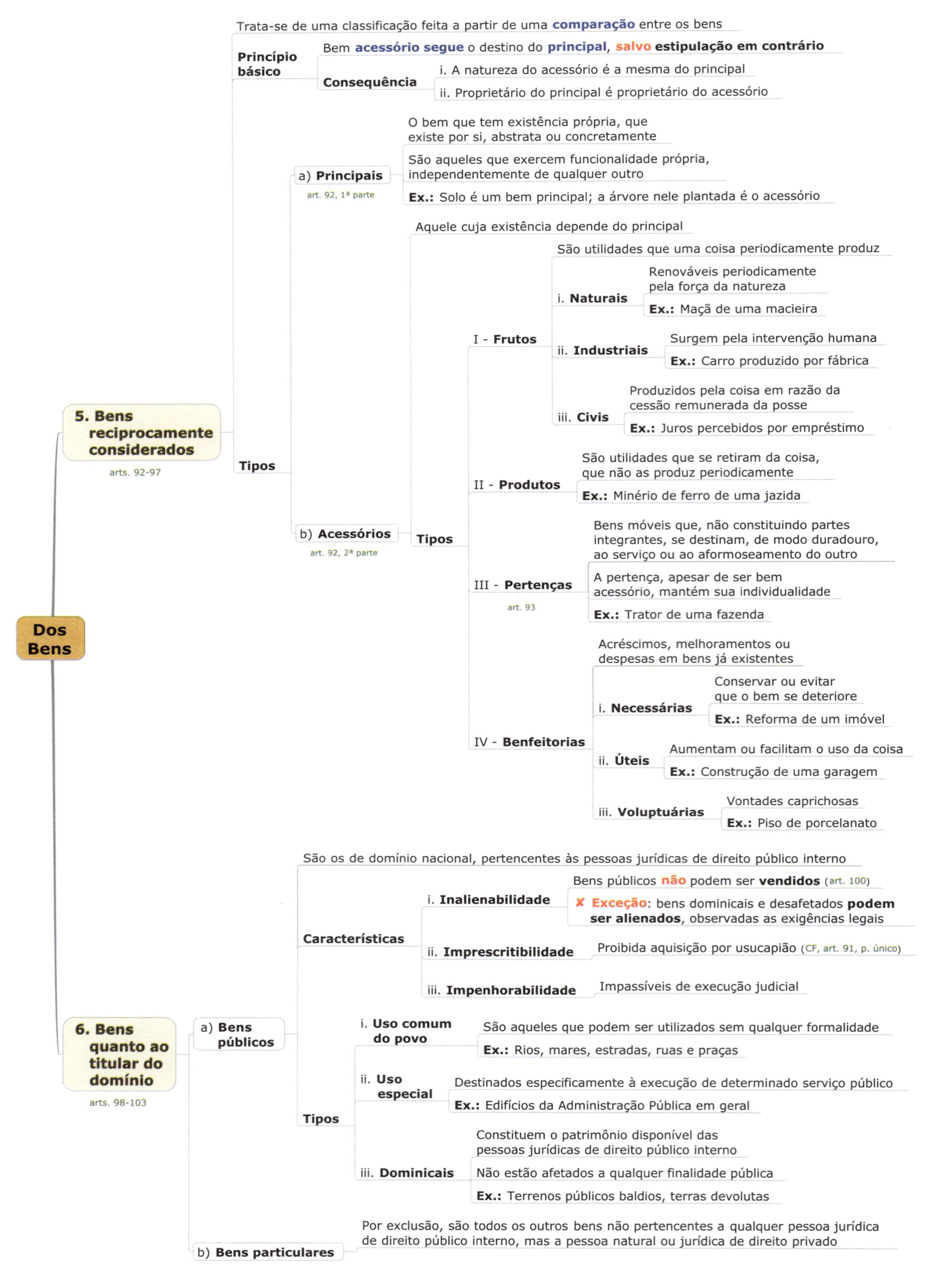

Dos Bens

5. Bens reciprocamente considerados
arts. 92-97

Trata-se de uma classificação feita a partir de uma **comparação** entre os bens

Princípio básico: Bem **acessório segue** o destino do **principal**, **salvo** estipulação em contrário

- **Consequência**:
  - i. A natureza do acessório é a mesma do principal
  - ii. Proprietário do principal é proprietário do acessório

Tipos:

a) Principais
art. 92, 1ª parte

- O bem que tem existência própria, que existe por si, abstrata ou concretamente
- São aqueles que exercem funcionalidade própria, independentemente de qualquer outro
- **Ex.:** Solo é um bem principal; a árvore nele plantada é o acessório

b) Acessórios
art. 92, 2ª parte

Aquele cuja existência depende do principal

Tipos:

I - Frutos: São utilidades que uma coisa periodicamente produz
- i. **Naturais**: Renováveis periodicamente pela força da natureza
  - **Ex.:** Maçã de uma macieira
- ii. **Industriais**: Surgem pela intervenção humana
  - **Ex.:** Carro produzido por fábrica
- iii. **Civis**: Produzidos pela coisa em razão da cessão remunerada da posse
  - **Ex.:** Juros percebidos por empréstimo

II - Produtos: São utilidades que se retiram da coisa, que não as produz periodicamente
- **Ex.:** Minério de ferro de uma jazida

III - Pertenças *art. 93*: Bens móveis que, não constituindo partes integrantes, se destinam, de modo duradouro, ao serviço ou ao aformoseamento do outro
- A pertença, apesar de ser bem acessório, mantém sua individualidade
- **Ex.:** Trator de uma fazenda

IV - Benfeitorias: Acréscimos, melhoramentos ou despesas em bens já existentes
- i. **Necessárias**: Conservar ou evitar que o bem se deteriore
  - **Ex.:** Reforma de um imóvel
- ii. **Úteis**: Aumentam ou facilitam o uso da coisa
  - **Ex.:** Construção de uma garagem
- iii. **Voluptuárias**: Vontades caprichosas
  - **Ex.:** Piso de porcelanato

6. Bens quanto ao titular do domínio
arts. 98-103

a) Bens públicos
São os de domínio nacional, pertencentes às pessoas jurídicas de direito público interno

Características:
- i. **Inalienabilidade**: Bens públicos **não** podem ser **vendidos** (art. 100)
  - ✗ **Exceção**: bens dominicais e desafetados **podem ser alienados**, observadas as exigências legais
- ii. **Imprescritibilidade**: Proibida aquisição por usucapião (CF, art. 91, p. único)
- iii. **Impenhorabilidade**: Impassíveis de execução judicial

Tipos:
- i. **Uso comum do povo**: São aqueles que podem ser utilizados sem qualquer formalidade
  - **Ex.:** Rios, mares, estradas, ruas e praças
- ii. **Uso especial**: Destinados especificamente à execução de determinado serviço público
  - **Ex.:** Edifícios da Administração Pública em geral
- iii. **Dominicais**: Constituem o patrimônio disponível das pessoas jurídicas de direito público interno. Não estão afetados a qualquer finalidade pública
  - **Ex.:** Terrenos públicos baldios, terras devolutas

b) Bens particulares
Por exclusão, são todos os outros bens não pertencentes a qualquer pessoa jurídica de direito público interno, mas a pessoa natural ou jurídica de direito privado

Capítulo 6

Negócio Jurídico

FATOS JURÍDICOS - NOÇÕES INTRODUTÓRIAS

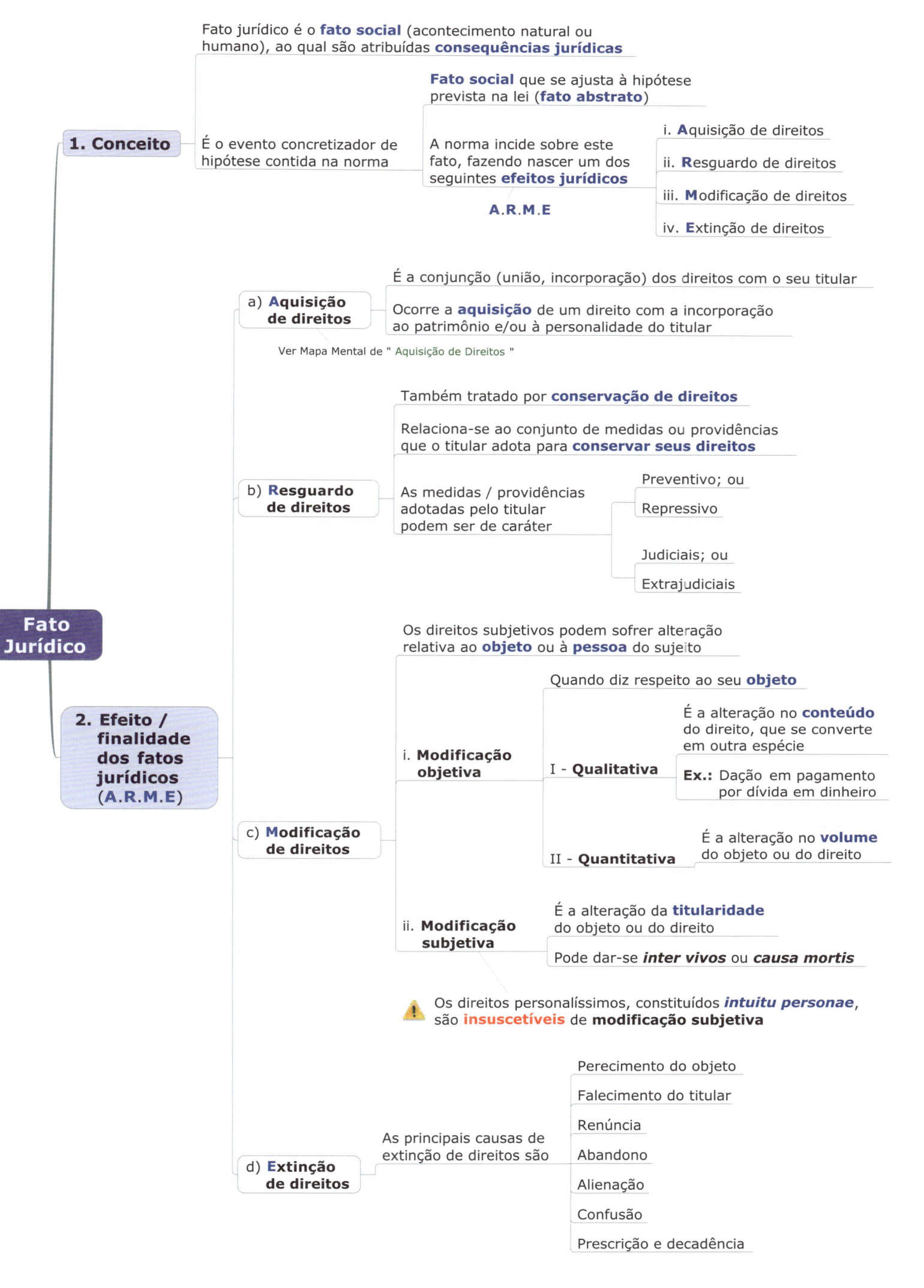

Fato Jurídico

1. Conceito

Fato jurídico é o **fato social** (acontecimento natural ou humano), ao qual são atribuídas **consequências jurídicas**

É o evento concretizador de hipótese contida na norma

- **Fato social** que se ajusta à hipótese prevista na lei (**fato abstrato**)
- A norma incide sobre este fato, fazendo nascer um dos seguintes **efeitos jurídicos** — A.R.M.E
  - i. **A**quisição de direitos
  - ii. **R**esguardo de direitos
  - iii. **M**odificação de direitos
  - iv. **E**xtinção de direitos

2. Efeito / finalidade dos fatos jurídicos (A.R.M.E)

a) Aquisição de direitos

- É a conjunção (união, incorporação) dos direitos com o seu titular
- Ocorre a **aquisição** de um direito com a incorporação ao patrimônio e/ou à personalidade do titular

Ver Mapa Mental de "Aquisição de Direitos"

b) Resguardo de direitos

- Também tratado por **conservação de direitos**
- Relaciona-se ao conjunto de medidas ou providências que o titular adota para **conservar seus direitos**
- As medidas / providências adotadas pelo titular podem ser de caráter:
  - Preventivo; ou
  - Repressivo
  - Judiciais; ou
  - Extrajudiciais

c) Modificação de direitos

Os direitos subjetivos podem sofrer alteração relativa ao **objeto** ou à **pessoa** do sujeito

- **i. Modificação objetiva** — Quando diz respeito ao seu **objeto**
  - **I - Qualitativa**: É a alteração no **conteúdo** do direito, que se converte em outra espécie
    - **Ex.:** Dação em pagamento por dívida em dinheiro
  - **II - Quantitativa**: É a alteração no **volume** do objeto ou do direito

- **ii. Modificação subjetiva**
  - É a alteração da **titularidade** do objeto ou do direito
  - Pode dar-se *inter vivos* ou *causa mortis*

⚠️ Os direitos personalíssimos, constituídos *intuitu personae*, são **insuscetíveis** de **modificação subjetiva**

d) Extinção de direitos

As principais causas de extinção de direitos são:
- Perecimento do objeto
- Falecimento do titular
- Renúncia
- Abandono
- Alienação
- Confusão
- Prescrição e decadência

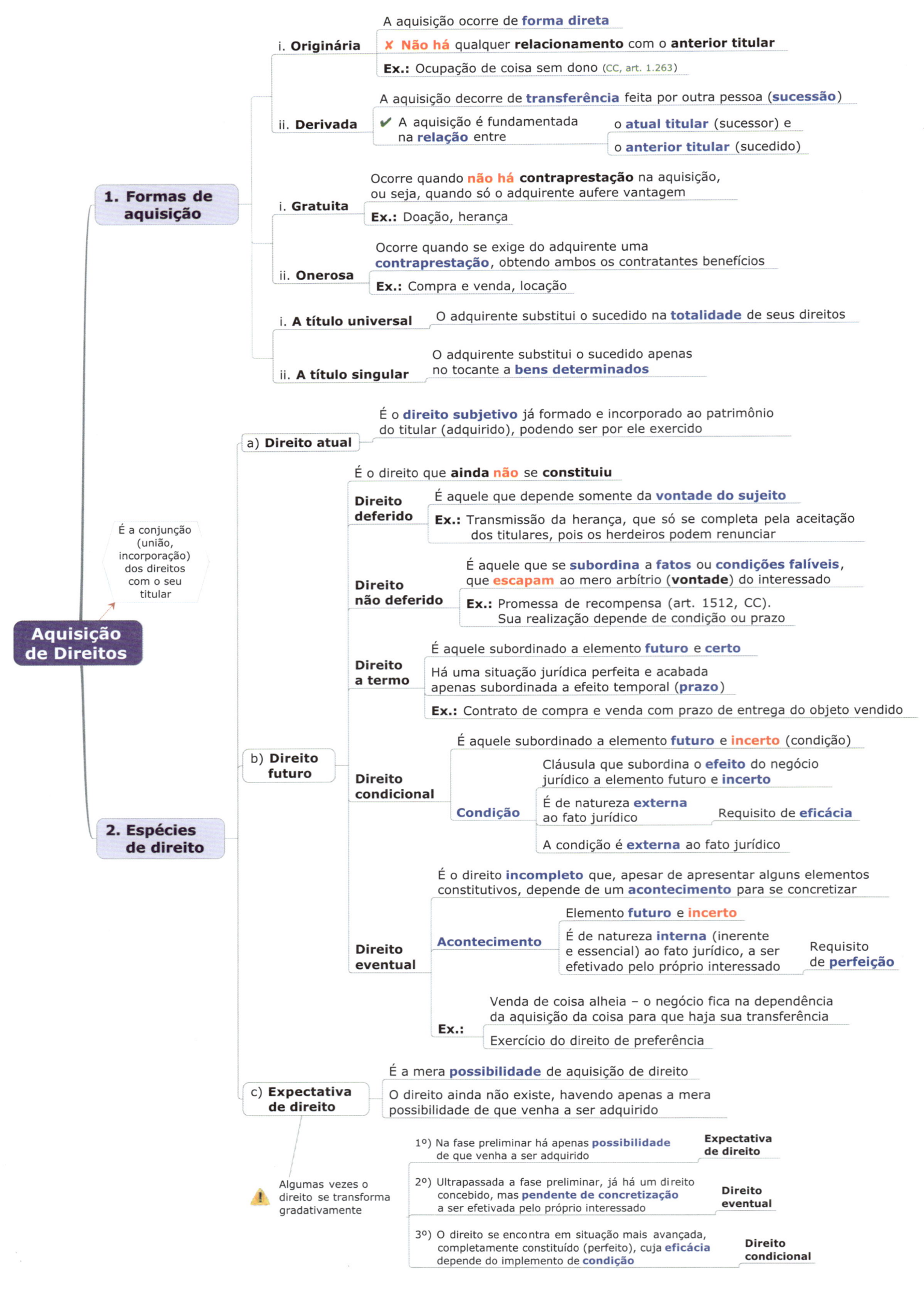

FATOS JURÍDICOS - AQUISIÇÃO DE DIREITOS

Aquisição de Direitos — É a conjunção (união, incorporação) dos direitos com o seu titular

1. Formas de aquisição

i. Originária
- A aquisição ocorre de **forma direta**
- ✗ **Não há** qualquer **relacionamento** com o **anterior titular**
- **Ex.:** Ocupação de coisa sem dono (CC, art. 1.263)

ii. Derivada
- A aquisição decorre de **transferência** feita por outra pessoa (**sucessão**)
- ✔ A aquisição é fundamentada na **relação** entre o **atual titular** (sucessor) e o **anterior titular** (sucedido)

i. Gratuita
- Ocorre quando **não há contraprestação** na aquisição, ou seja, quando só o adquirente aufere vantagem
- **Ex.:** Doação, herança

ii. Onerosa
- Ocorre quando se exige do adquirente uma **contraprestação**, obtendo ambos os contratantes benefícios
- **Ex.:** Compra e venda, locação

i. A título universal
- O adquirente substitui o sucedido na **totalidade** de seus direitos

ii. A título singular
- O adquirente substitui o sucedido apenas no tocante a **bens determinados**

2. Espécies de direito

a) Direito atual
- É o **direito subjetivo** já formado e incorporado ao patrimônio do titular (adquirido), podendo ser por ele exercido

b) Direito futuro
- É o direito que **ainda não** se **constituiu**

Direito deferido
- É aquele que depende somente da **vontade do sujeito**
- **Ex.:** Transmissão da herança, que só se completa pela aceitação dos titulares, pois os herdeiros podem renunciar

Direito não deferido
- É aquele que se **subordina** a **fatos** ou **condições falíveis**, que **escapam** ao mero arbítrio (**vontade**) do interessado
- **Ex.:** Promessa de recompensa (art. 1512, CC). Sua realização depende de condição ou prazo

Direito a termo
- É aquele subordinado a elemento **futuro** e **certo**
- Há uma situação jurídica perfeita e acabada apenas subordinada a efeito temporal (**prazo**)
- **Ex.:** Contrato de compra e venda com prazo de entrega do objeto vendido

Direito condicional
- É aquele subordinado a elemento **futuro** e **incerto** (condição)
- Cláusula que subordina o **efeito** do negócio jurídico a elemento futuro e **incerto**
- **Condição**: É de natureza **externa** ao fato jurídico — Requisito de **eficácia**
- A condição é **externa** ao fato jurídico

Direito eventual
- É o direito **incompleto** que, apesar de apresentar alguns elementos constitutivos, depende de um **acontecimento** para se concretizar
- **Acontecimento**: Elemento **futuro** e **incerto**. É de natureza **interna** (inerente e essencial) ao fato jurídico, a ser efetivado pelo próprio interessado — Requisito de **perfeição**
- **Ex.:** Venda de coisa alheia – o negócio fica na dependência da aquisição da coisa para que haja sua transferência; Exercício do direito de preferência

c) Expectativa de direito
- É a mera **possibilidade** de aquisição de direito
- O direito ainda não existe, havendo apenas a mera possibilidade de que venha a ser adquirido

⚠ Algumas vezes o direito se transforma gradativamente:
- 1º) Na fase preliminar há apenas **possibilidade** de que venha a ser adquirido — **Expectativa de direito**
- 2º) Ultrapassada a fase preliminar, já há um direito concebido, mas **pendente de concretização** a ser efetivada pelo próprio interessado — **Direito eventual**
- 3º) O direito se encontra em situação mais avançada, completamente constituído (perfeito), cuja **eficácia** depende do implemento de **condição** — **Direito condicional**

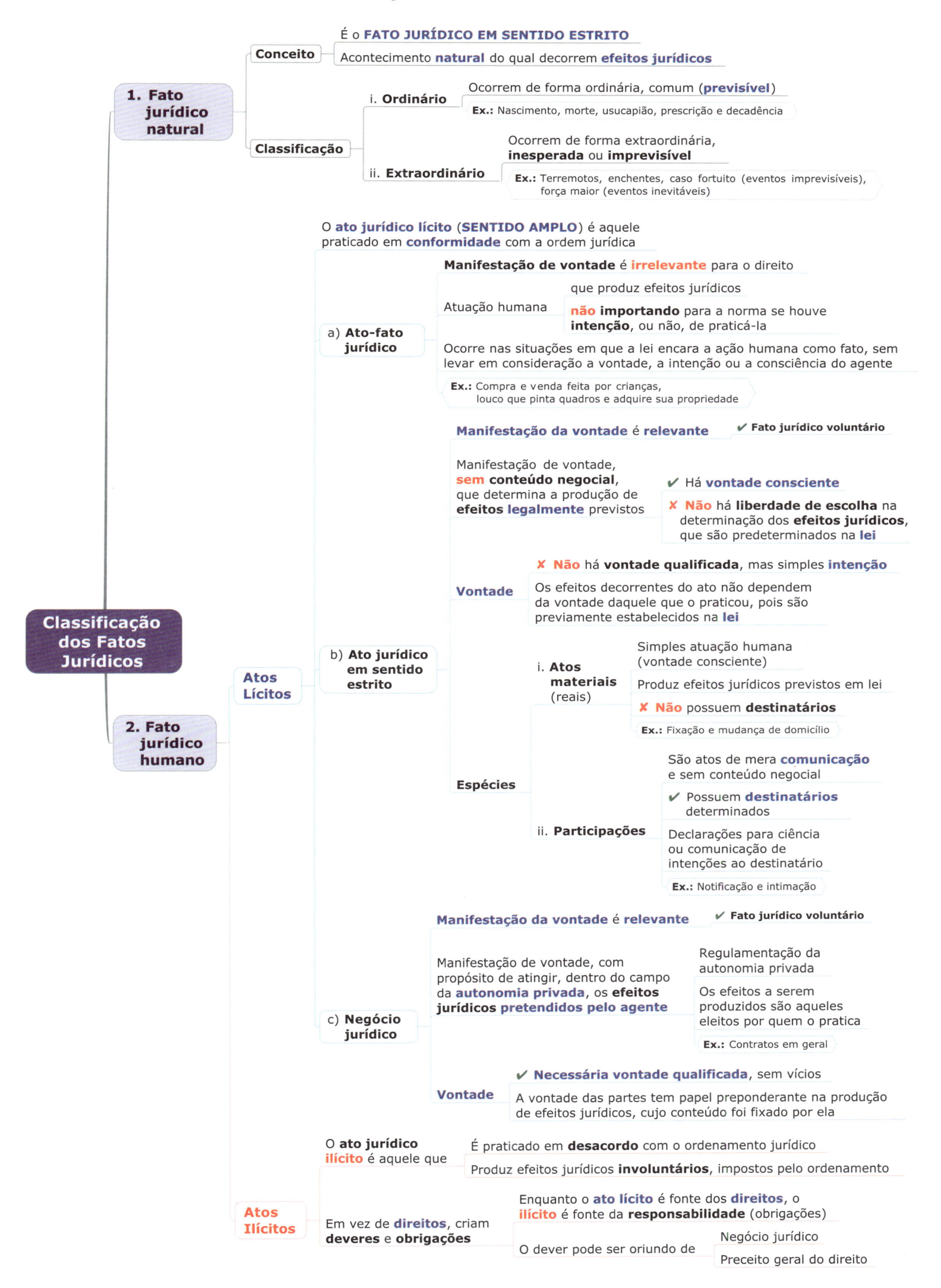

CLASSIFICAÇÃO DOS FATOS JURÍDICOS

Classificação dos Fatos Jurídicos

1. Fato jurídico natural

- **Conceito**: É o **FATO JURÍDICO EM SENTIDO ESTRITO** — Acontecimento **natural** do qual decorrem **efeitos jurídicos**

- **Classificação**:
  - **i. Ordinário**: Ocorrem de forma ordinária, comum (**previsível**)
    - *Ex.:* Nascimento, morte, usucapião, prescrição e decadência
  - **ii. Extraordinário**: Ocorrem de forma extraordinária, **inesperada** ou **imprevisível**
    - *Ex.:* Terremotos, enchentes, caso fortuito (eventos imprevisíveis), força maior (eventos inevitáveis)

2. Fato jurídico humano

Atos Lícitos

O **ato jurídico lícito** (**SENTIDO AMPLO**) é aquele praticado em **conformidade** com a ordem jurídica

a) Ato-fato jurídico
- **Manifestação de vontade** é **irrelevante** para o direito
- Atuação humana que produz efeitos jurídicos **não importando** para a norma se houve **intenção**, ou não, de praticá-la
- Ocorre nas situações em que a lei encara a ação humana como fato, sem levar em consideração a vontade, a intenção ou a consciência do agente
- *Ex.:* Compra e venda feita por crianças, louco que pinta quadros e adquire sua propriedade

b) Ato jurídico em sentido estrito
- **Manifestação da vontade** é **relevante** ✓ Fato jurídico voluntário
- Manifestação de vontade, **sem conteúdo negocial**, que determina a produção de **efeitos legalmente** previstos
  - ✓ Há **vontade consciente**
  - ✗ **Não** há **liberdade de escolha** na determinação dos **efeitos jurídicos**, que são predeterminados na **lei**
- **Vontade**:
  - ✗ **Não** há **vontade qualificada**, mas simples **intenção**
  - Os efeitos decorrentes do ato não dependem da vontade daquele que o praticou, pois são previamente estabelecidos na **lei**
- **Espécies**:
  - **i. Atos materiais (reais)**:
    - Simples atuação humana (vontade consciente)
    - Produz efeitos jurídicos previstos em lei
    - ✗ **Não** possuem **destinatários**
    - *Ex.:* Fixação e mudança de domicílio
  - **ii. Participações**:
    - São atos de mera **comunicação** e sem conteúdo negocial
    - ✓ Possuem **destinatários** determinados
    - Declarações para ciência ou comunicação de intenções ao destinatário
    - *Ex.:* Notificação e intimação

c) Negócio jurídico
- **Manifestação da vontade** é **relevante** ✓ Fato jurídico voluntário
- Manifestação de vontade, com propósito de atingir, dentro do campo da **autonomia privada**, os **efeitos jurídicos pretendidos pelo agente**
  - Regulamentação da autonomia privada
  - Os efeitos a serem produzidos são aqueles eleitos por quem o pratica
  - *Ex.:* Contratos em geral
- **Vontade**:
  - ✓ **Necessária vontade qualificada**, sem vícios
  - A vontade das partes tem papel preponderante na produção de efeitos jurídicos, cujo conteúdo foi fixado por ela

Atos Ilícitos

O **ato jurídico ilícito** é aquele que:
- É praticado em **desacordo** com o ordenamento jurídico
- Produz efeitos jurídicos **involuntários**, impostos pelo ordenamento

Em vez de **direitos**, criam **deveres** e **obrigações**
- Enquanto o **ato lícito** é fonte dos **direitos**, o **ilícito** é fonte da **responsabilidade** (obrigações)
- O dever pode ser oriundo de:
  - Negócio jurídico
  - Preceito geral do direito

NEGÓCIOS JURÍDICOS - CONCEITO E INTERPRETAÇÃO

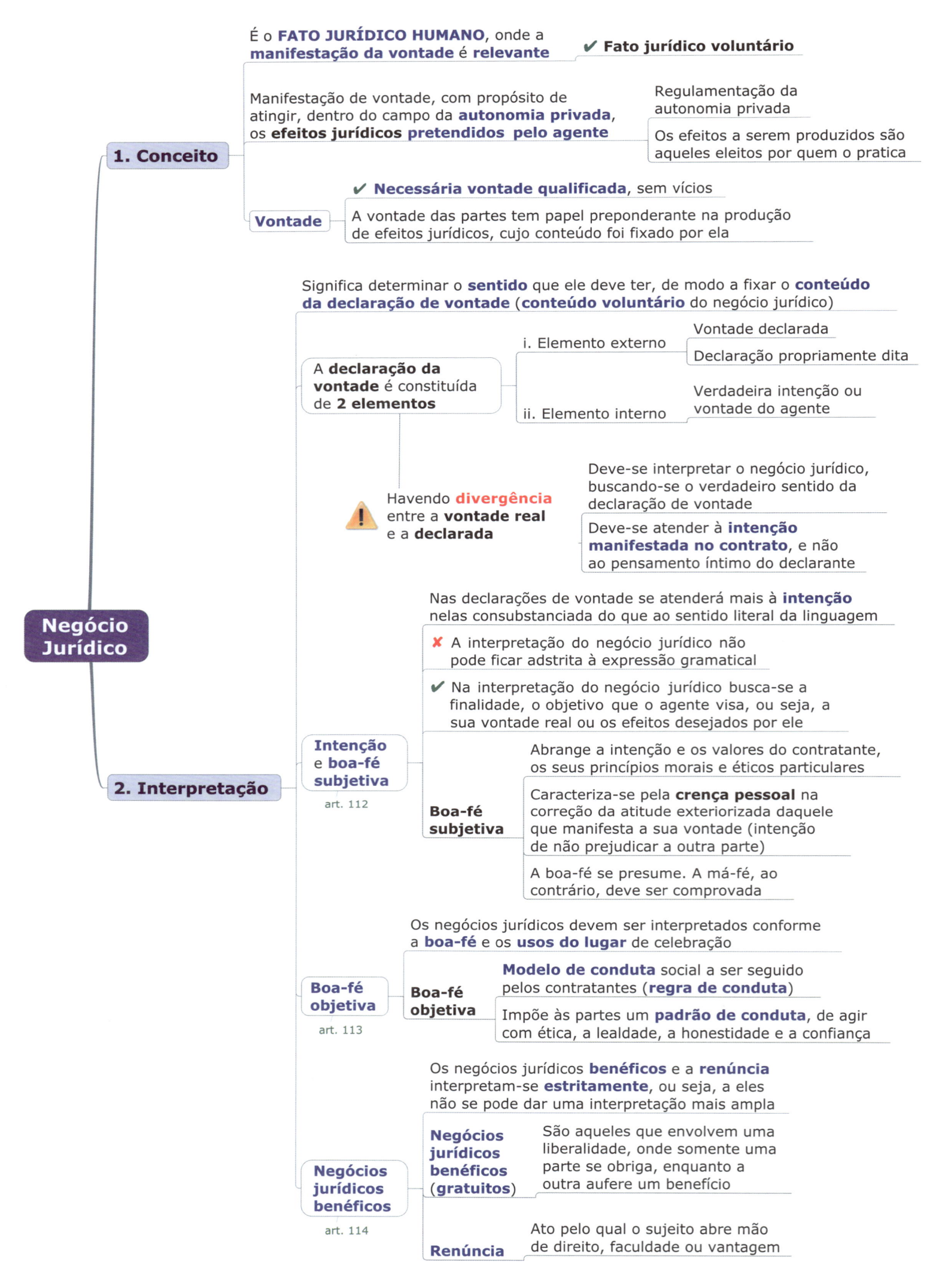

Negócio Jurídico

1. Conceito

É o **FATO JURÍDICO HUMANO**, onde a **manifestação da vontade** é **relevante**
- ✔ **Fato jurídico voluntário**

Manifestação de vontade, com propósito de atingir, dentro do campo da **autonomia privada**, os **efeitos jurídicos pretendidos pelo agente**
- Regulamentação da autonomia privada
- Os efeitos a serem produzidos são aqueles eleitos por quem o pratica

Vontade
- ✔ **Necessária vontade qualificada**, sem vícios
- A vontade das partes tem papel preponderante na produção de efeitos jurídicos, cujo conteúdo foi fixado por ela

2. Interpretação

Significa determinar o **sentido** que ele deve ter, de modo a fixar o **conteúdo da declaração de vontade** (**conteúdo voluntário** do negócio jurídico)

A **declaração da vontade** é constituída de **2 elementos**
- i. Elemento externo
  - Vontade declarada
  - Declaração propriamente dita
- ii. Elemento interno
  - Verdadeira intenção ou vontade do agente

⚠ Havendo **divergência** entre a **vontade real** e a **declarada**
- Deve-se interpretar o negócio jurídico, buscando-se o verdadeiro sentido da declaração de vontade
- Deve-se atender à **intenção manifestada no contrato**, e não ao pensamento íntimo do declarante

Intenção e boa-fé subjetiva
art. 112

Nas declarações de vontade se atenderá mais à **intenção** nelas consubstanciada do que ao sentido literal da linguagem
- ✘ A interpretação do negócio jurídico não pode ficar adstrita à expressão gramatical
- ✔ Na interpretação do negócio jurídico busca-se a finalidade, o objetivo que o agente visa, ou seja, a sua vontade real ou os efeitos desejados por ele

Boa-fé subjetiva
- Abrange a intenção e os valores do contratante, os seus princípios morais e éticos particulares
- Caracteriza-se pela **crença pessoal** na correção da atitude exteriorizada daquele que manifesta a sua vontade (intenção de não prejudicar a outra parte)
- A boa-fé se presume. A má-fé, ao contrário, deve ser comprovada

Boa-fé objetiva
art. 113

Os negócios jurídicos devem ser interpretados conforme a **boa-fé** e os **usos do lugar** de celebração

Boa-fé objetiva
- **Modelo de conduta** social a ser seguido pelos contratantes (**regra de conduta**)
- Impõe às partes um **padrão de conduta**, de agir com ética, a lealdade, a honestidade e a confiança

Negócios jurídicos benéficos
art. 114

Os negócios jurídicos **benéficos** e a **renúncia** interpretam-se **estritamente**, ou seja, a eles não se pode dar uma interpretação mais ampla

Negócios jurídicos benéficos (gratuitos)
- São aqueles que envolvem uma liberalidade, onde somente uma parte se obriga, enquanto a outra aufere um benefício

Renúncia
- Ato pelo qual o sujeito abre mão de direito, faculdade ou vantagem

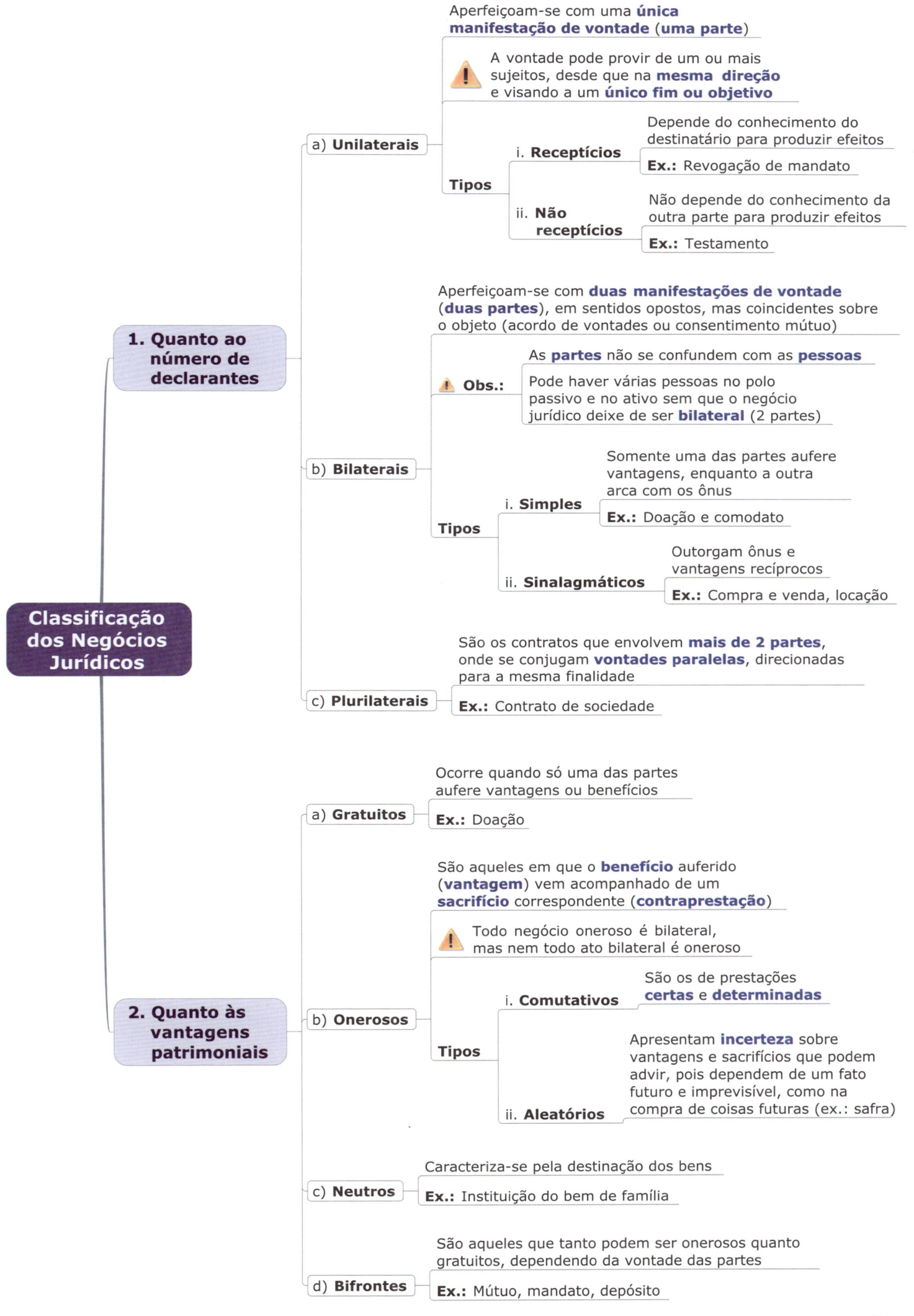

CLASSIFICAÇÃO DOS NEGÓCIOS JURÍDICOS I

Classificação dos Negócios Jurídicos

1. Quanto ao número de declarantes

a) Unilaterais
Aperfeiçoam-se com uma **única manifestação de vontade** (**uma parte**)

⚠️ A vontade pode provir de um ou mais sujeitos, desde que na **mesma direção** e visando a um **único fim ou objetivo**

Tipos:
- **i. Receptícios** — Depende do conhecimento do destinatário para produzir efeitos
  - **Ex.:** Revogação de mandato
- **ii. Não receptícios** — Não depende do conhecimento da outra parte para produzir efeitos
  - **Ex.:** Testamento

b) Bilaterais
Aperfeiçoam-se com **duas manifestações de vontade** (**duas partes**), em sentidos opostos, mas coincidentes sobre o objeto (acordo de vontades ou consentimento mútuo)

⚠️ **Obs.:** As **partes** não se confundem com as **pessoas**. Pode haver várias pessoas no polo passivo e no ativo sem que o negócio jurídico deixe de ser **bilateral** (2 partes)

Tipos:
- **i. Simples** — Somente uma das partes aufere vantagens, enquanto a outra arca com os ônus
  - **Ex.:** Doação e comodato
- **ii. Sinalagmáticos** — Outorgam ônus e vantagens recíprocos
  - **Ex.:** Compra e venda, locação

c) Plurilaterais
São os contratos que envolvem **mais de 2 partes**, onde se conjugam **vontades paralelas**, direcionadas para a mesma finalidade
- **Ex.:** Contrato de sociedade

2. Quanto às vantagens patrimoniais

a) Gratuitos
Ocorre quando só uma das partes aufere vantagens ou benefícios
- **Ex.:** Doação

b) Onerosos
São aqueles em que o **benefício** auferido (**vantagem**) vem acompanhado de um **sacrifício** correspondente (**contraprestação**)

⚠️ Todo negócio oneroso é bilateral, mas nem todo ato bilateral é oneroso

Tipos:
- **i. Comutativos** — São os de prestações **certas** e **determinadas**
- **ii. Aleatórios** — Apresentam **incerteza** sobre vantagens e sacrifícios que podem advir, pois dependem de um fato futuro e imprevisível, como na compra de coisas futuras (ex.: safra)

c) Neutros
Caracteriza-se pela destinação dos bens
- **Ex.:** Instituição do bem de família

d) Bifrontes
São aqueles que tanto podem ser onerosos quanto gratuitos, dependendo da vontade das partes
- **Ex.:** Mútuo, mandato, depósito

CLASSIFICAÇÃO DOS NEGÓCIOS JURÍDICOS II

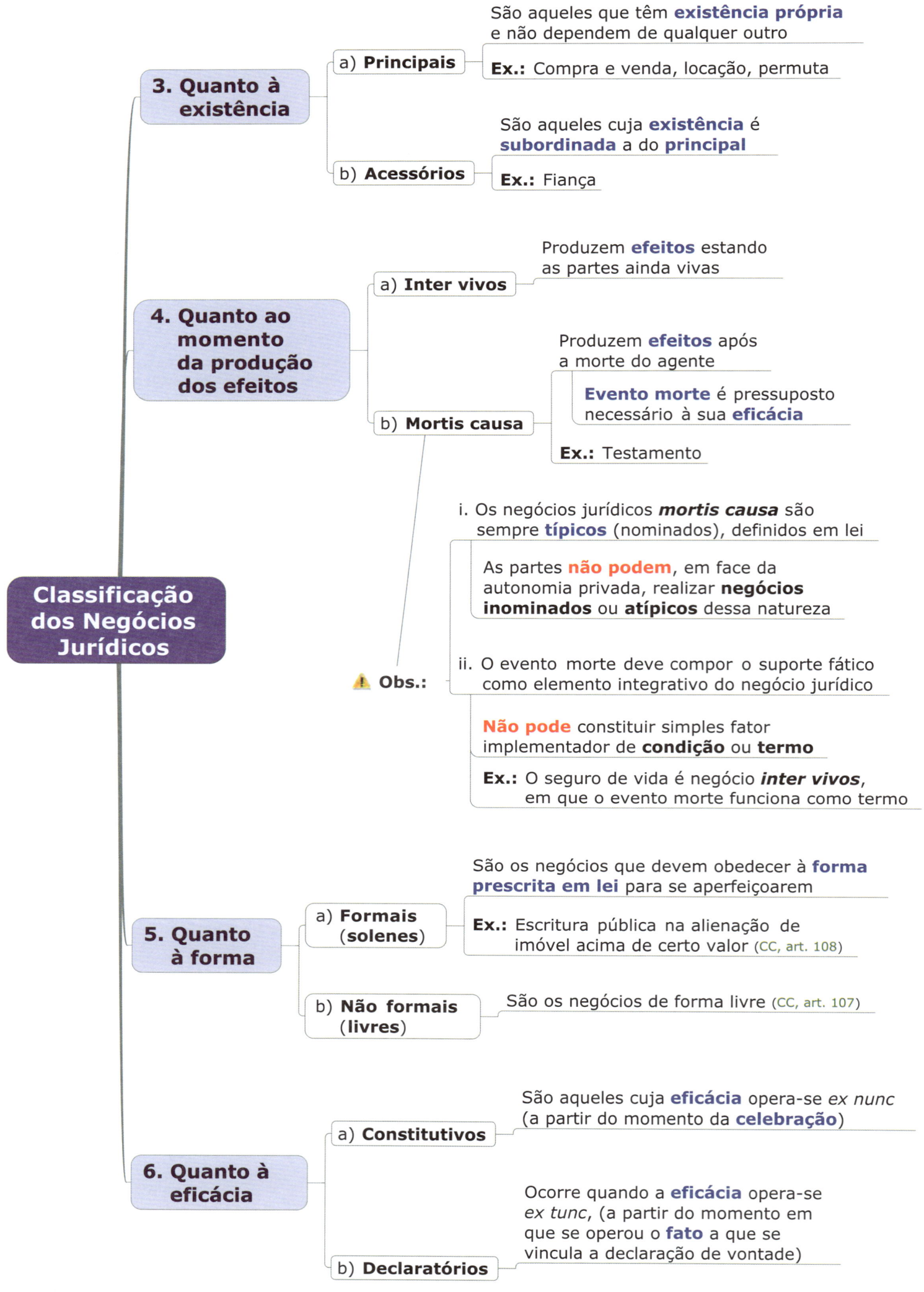

Classificação dos Negócios Jurídicos

3. Quanto à existência
- **a) Principais**
  - São aqueles que têm **existência própria** e não dependem de qualquer outro
  - **Ex.:** Compra e venda, locação, permuta
- **b) Acessórios**
  - São aqueles cuja **existência** é **subordinada** a do **principal**
  - **Ex.:** Fiança

4. Quanto ao momento da produção dos efeitos
- **a) Inter vivos**
  - Produzem **efeitos** estando as partes ainda vivas
- **b) Mortis causa**
  - Produzem **efeitos** após a morte do agente
  - **Evento morte** é pressuposto necessário à sua **eficácia**
  - **Ex.:** Testamento
- ⚠ **Obs.:**
  - i. Os negócios jurídicos *mortis causa* são sempre **típicos** (nominados), definidos em lei
    - As partes **não podem**, em face da autonomia privada, realizar **negócios inominados** ou **atípicos** dessa natureza
  - ii. O evento morte deve compor o suporte fático como elemento integrativo do negócio jurídico
    - **Não pode** constituir simples fator implementador de **condição** ou **termo**
    - **Ex.:** O seguro de vida é negócio *inter vivos*, em que o evento morte funciona como termo

5. Quanto à forma
- **a) Formais (solenes)**
  - São os negócios que devem obedecer à **forma prescrita em lei** para se aperfeiçoarem
  - **Ex.:** Escritura pública na alienação de imóvel acima de certo valor (CC, art. 108)
- **b) Não formais (livres)**
  - São os negócios de forma livre (CC, art. 107)

6. Quanto à eficácia
- **a) Constitutivos**
  - São aqueles cuja **eficácia** opera-se *ex nunc* (a partir do momento da **celebração**)
- **b) Declaratórios**
  - Ocorre quando a **eficácia** opera-se *ex tunc*, (a partir do momento em que se operou o **fato** a que se vincula a declaração de vontade)

PLANO DE EXISTÊNCIA DO NEGÓCIO JURÍDICO

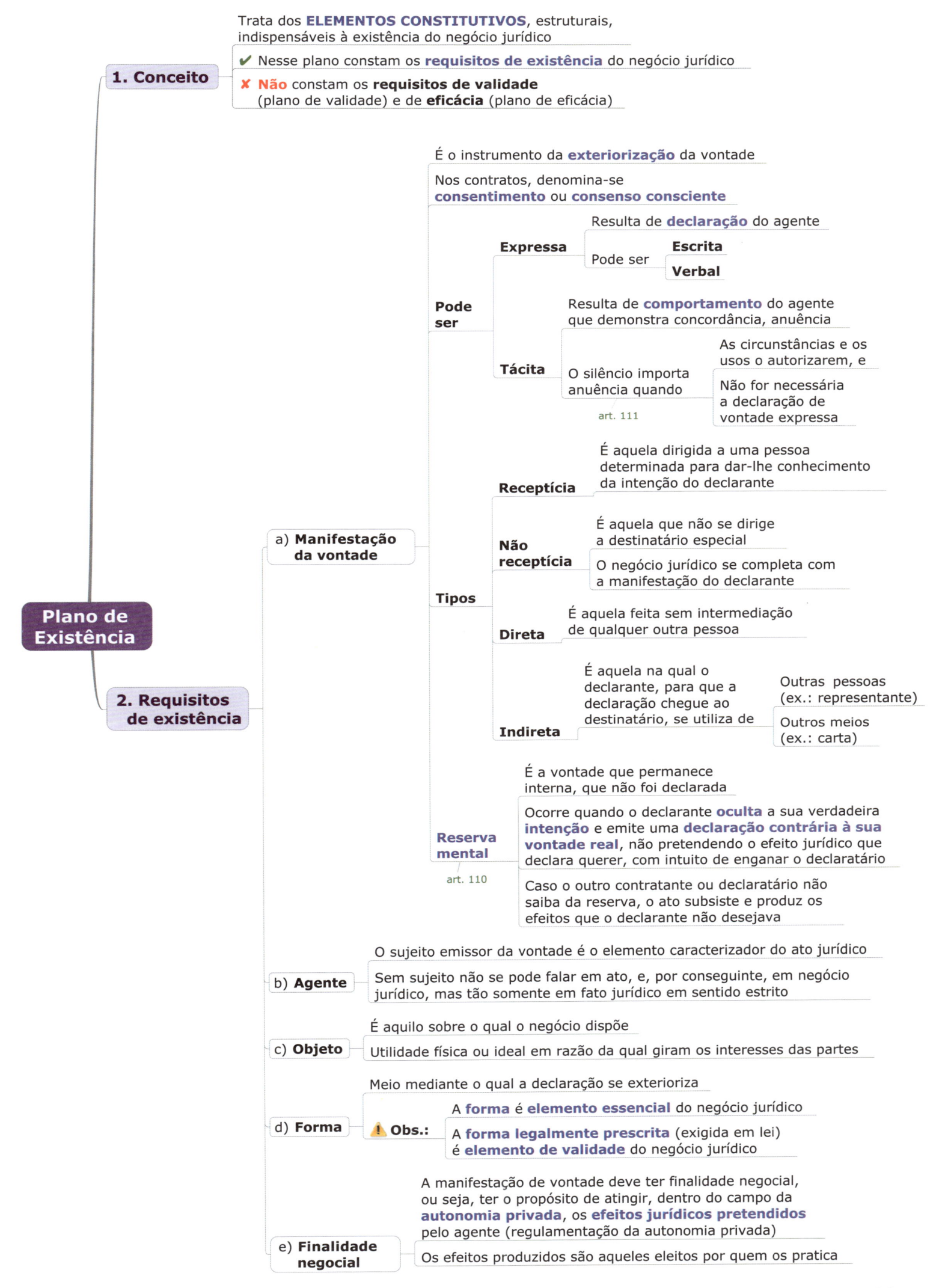

Plano de Existência

1. Conceito

Trata dos **ELEMENTOS CONSTITUTIVOS**, estruturais, indispensáveis à existência do negócio jurídico

- ✔ Nesse plano constam os **requisitos de existência** do negócio jurídico
- ✘ **Não** constam os **requisitos de validade** (plano de validade) e de **eficácia** (plano de eficácia)

2. Requisitos de existência

a) Manifestação da vontade

- É o instrumento da **exteriorização** da vontade
- Nos contratos, denomina-se **consentimento** ou **consenso consciente**

Pode ser:

- **Expressa**
  - Resulta de **declaração** do agente
  - Pode ser:
    - **Escrita**
    - **Verbal**

- **Tácita**
  - Resulta de **comportamento** do agente que demonstra concordância, anuência
  - O silêncio importa anuência quando (art. 111):
    - As circunstâncias e os usos o autorizarem, e
    - Não for necessária a declaração de vontade expressa

Tipos:

- **Receptícia**: É aquela dirigida a uma pessoa determinada para dar-lhe conhecimento da intenção do declarante
- **Não receptícia**:
  - É aquela que não se dirige a destinatário especial
  - O negócio jurídico se completa com a manifestação do declarante
- **Direta**: É aquela feita sem intermediação de qualquer outra pessoa
- **Indireta**: É aquela na qual o declarante, para que a declaração chegue ao destinatário, se utiliza de:
  - Outras pessoas (ex.: representante)
  - Outros meios (ex.: carta)

Reserva mental (art. 110):
- É a vontade que permanece interna, que não foi declarada
- Ocorre quando o declarante **oculta** a sua verdadeira **intenção** e emite uma **declaração contrária à sua vontade real**, não pretendendo o efeito jurídico que declara querer, com intuito de enganar o declaratário
- Caso o outro contratante ou declaratário não saiba da reserva, o ato subsiste e produz os efeitos que o declarante não desejava

b) Agente

- O sujeito emissor da vontade é o elemento caracterizador do ato jurídico
- Sem sujeito não se pode falar em ato, e, por conseguinte, em negócio jurídico, mas tão somente em fato jurídico em sentido estrito

c) Objeto

- É aquilo sobre o qual o negócio dispõe
- Utilidade física ou ideal em razão da qual giram os interesses das partes

d) Forma

- Meio mediante o qual a declaração se exterioriza
- ⚠ **Obs.:**
  - A **forma** é **elemento essencial** do negócio jurídico
  - A **forma legalmente prescrita** (exigida em lei) é **elemento de validade** do negócio jurídico

e) Finalidade negocial

- A manifestação de vontade deve ter finalidade negocial, ou seja, ter o propósito de atingir, dentro do campo da **autonomia privada**, os **efeitos jurídicos pretendidos** pelo agente (regulamentação da autonomia privada)
- Os efeitos produzidos são aqueles eleitos por quem os pratica

PLANO DE VALIDADE DO NEGÓCIO JURÍDICO

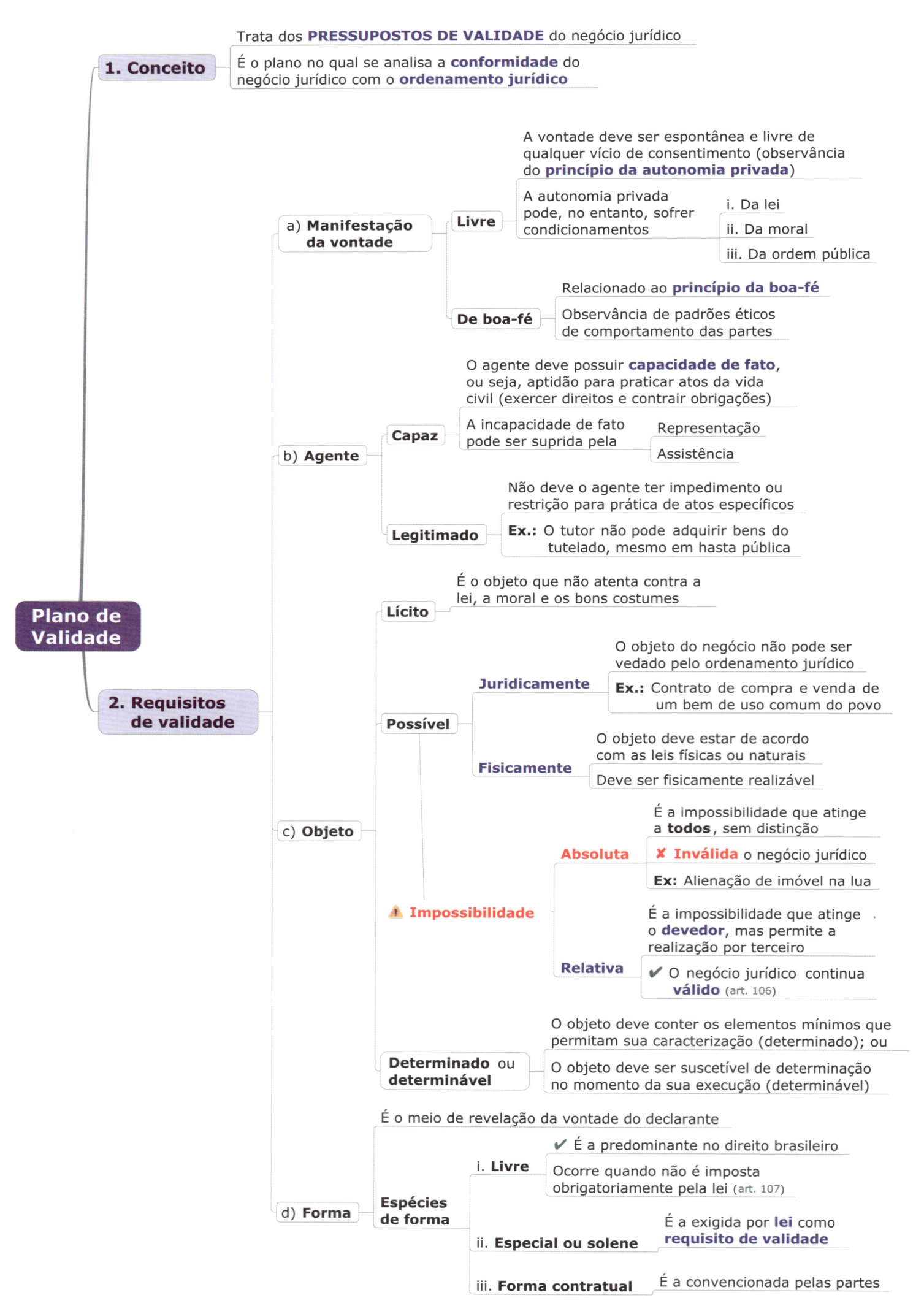

Plano de Validade

1. Conceito

- Trata dos **PRESSUPOSTOS DE VALIDADE** do negócio jurídico
- É o plano no qual se analisa a **conformidade** do negócio jurídico com o **ordenamento jurídico**

2. Requisitos de validade

a) Manifestação da vontade

- **Livre**
  - A vontade deve ser espontânea e livre de qualquer vício de consentimento (observância do **princípio da autonomia privada**)
  - A autonomia privada pode, no entanto, sofrer condicionamentos:
    - i. Da lei
    - ii. Da moral
    - iii. Da ordem pública
- **De boa-fé**
  - Relacionado ao **princípio da boa-fé**
  - Observância de padrões éticos de comportamento das partes

b) Agente

- **Capaz**
  - O agente deve possuir **capacidade de fato**, ou seja, aptidão para praticar atos da vida civil (exercer direitos e contrair obrigações)
  - A incapacidade de fato pode ser suprida pela:
    - Representação
    - Assistência
- **Legitimado**
  - Não deve o agente ter impedimento ou restrição para prática de atos específicos
  - **Ex.:** O tutor não pode adquirir bens do tutelado, mesmo em hasta pública

c) Objeto

- **Lícito**
  - É o objeto que não atenta contra a lei, a moral e os bons costumes
- **Possível**
  - **Juridicamente**
    - O objeto do negócio não pode ser vedado pelo ordenamento jurídico
    - **Ex.:** Contrato de compra e venda de um bem de uso comum do povo
  - **Fisicamente**
    - O objeto deve estar de acordo com as leis físicas ou naturais
    - Deve ser fisicamente realizável
  - ⚠ **Impossibilidade**
    - **Absoluta**
      - É a impossibilidade que atinge a **todos**, sem distinção
      - ✗ **Inválida** o negócio jurídico
      - **Ex:** Alienação de imóvel na lua
    - **Relativa**
      - É a impossibilidade que atinge o **devedor**, mas permite a realização por terceiro
      - ✔ O negócio jurídico continua **válido** (art. 106)
- **Determinado ou determinável**
  - O objeto deve conter os elementos mínimos que permitam sua caracterização (determinado); ou
  - O objeto deve ser suscetível de determinação no momento da sua execução (determinável)

d) Forma

- É o meio de revelação da vontade do declarante
- **Espécies de forma**
  - i. **Livre**
    - ✔ É a predominante no direito brasileiro
    - Ocorre quando não é imposta obrigatoriamente pela lei (art. 107)
  - ii. **Especial ou solene**
    - É a exigida por **lei** como **requisito de validade**
  - iii. **Forma contratual**
    - É a convencionada pelas partes

PLANO DE EFICÁCIA DO NEGÓCIO JURÍDICO

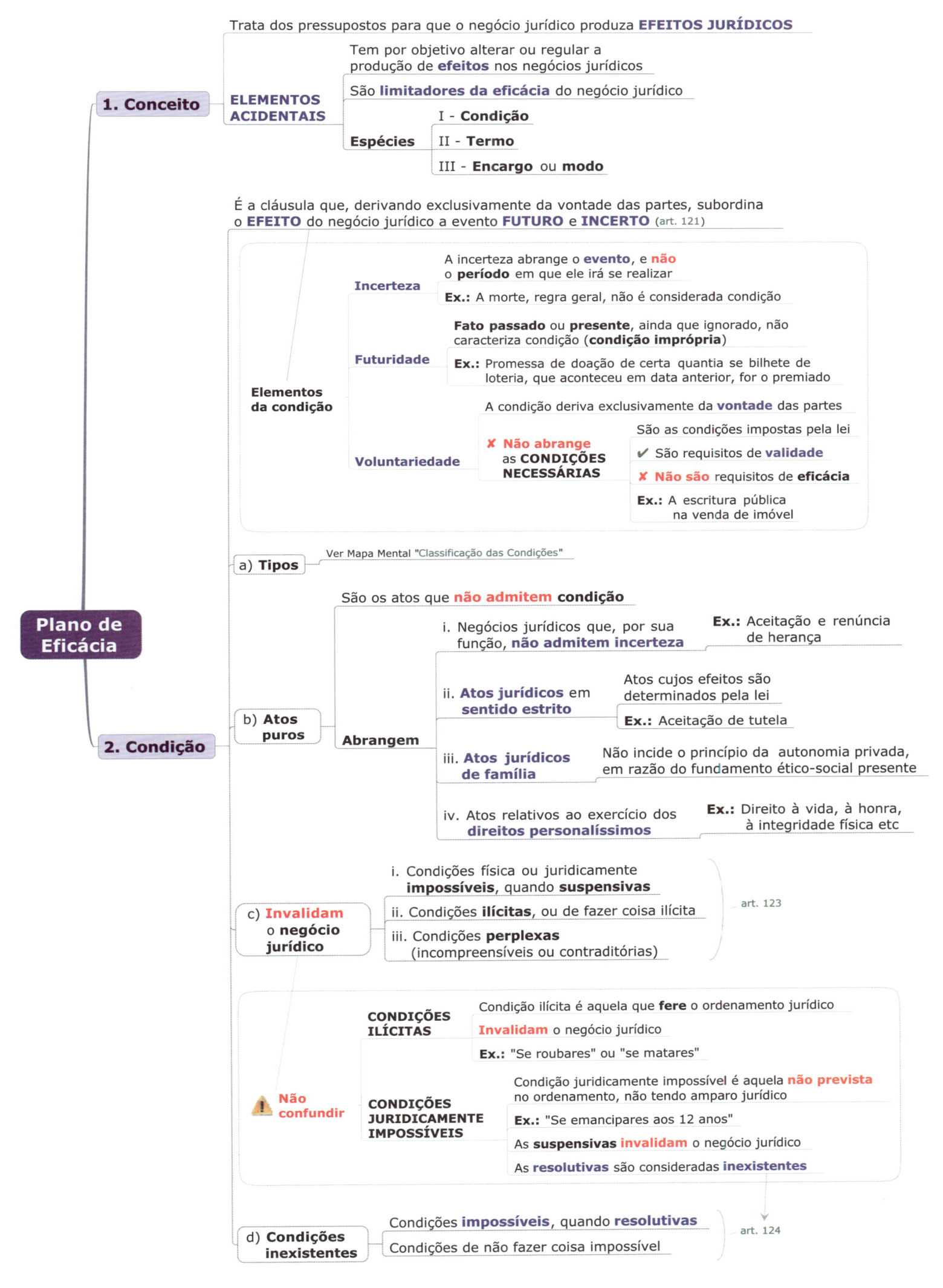

Plano de Eficácia

1. Conceito

Trata dos pressupostos para que o negócio jurídico produza **EFEITOS JURÍDICOS**

ELEMENTOS ACIDENTAIS
- Tem por objetivo alterar ou regular a produção de **efeitos** nos negócios jurídicos
- São **limitadores da eficácia** do negócio jurídico
- **Espécies**:
  - I - **Condição**
  - II - **Termo**
  - III - **Encargo** ou **modo**

2. Condição

É a cláusula que, derivando exclusivamente da vontade das partes, subordina o **EFEITO** do negócio jurídico a evento **FUTURO** e **INCERTO** (art. 121)

Elementos da condição

- **Incerteza**
  - A incerteza abrange o **evento**, e **não** o **período** em que ele irá se realizar
  - **Ex.:** A morte, regra geral, não é considerada condição

- **Futuridade**
  - **Fato passado** ou **presente**, ainda que ignorado, não caracteriza condição (**condição imprópria**)
  - **Ex.:** Promessa de doação de certa quantia se bilhete de loteria, que aconteceu em data anterior, for o premiado

- **Voluntariedade**
  - A condição deriva exclusivamente da **vontade** das partes
  - ✗ **Não abrange** as **CONDIÇÕES NECESSÁRIAS**
    - São as condições impostas pela lei
    - ✓ São requisitos de **validade**
    - ✗ **Não são** requisitos de **eficácia**
    - **Ex.:** A escritura pública na venda de imóvel

a) Tipos — Ver Mapa Mental "Classificação das Condições"

b) Atos puros

São os atos que **não admitem** condição

Abrangem:
- i. Negócios jurídicos que, por sua função, **não admitem incerteza** — **Ex.:** Aceitação e renúncia de herança
- ii. **Atos jurídicos** em **sentido estrito** — Atos cujos efeitos são determinados pela lei — **Ex.:** Aceitação de tutela
- iii. **Atos jurídicos de família** — Não incide o princípio da autonomia privada, em razão do fundamento ético-social presente
- iv. Atos relativos ao exercício dos **direitos personalíssimos** — **Ex.:** Direito à vida, à honra, à integridade física etc

c) Invalidam o negócio jurídico (art. 123)
- i. Condições física ou juridicamente **impossíveis**, quando **suspensivas**
- ii. Condições **ilícitas**, ou de fazer coisa ilícita
- iii. Condições **perplexas** (incompreensíveis ou contraditórias)

⚠ **Não confundir**

CONDIÇÕES ILÍCITAS
- Condição ilícita é aquela que **fere** o ordenamento jurídico
- **Invalidam** o negócio jurídico
- **Ex.:** "Se roubares" ou "se matares"

CONDIÇÕES JURIDICAMENTE IMPOSSÍVEIS
- Condição juridicamente impossível é aquela **não prevista** no ordenamento, não tendo amparo jurídico
- **Ex.:** "Se emancipares aos 12 anos"
- As **suspensivas** invalidam o negócio jurídico
- As **resolutivas** são consideradas **inexistentes**

d) Condições inexistentes (art. 124)
- Condições **impossíveis**, quando **resolutivas**
- Condições de não fazer coisa impossível

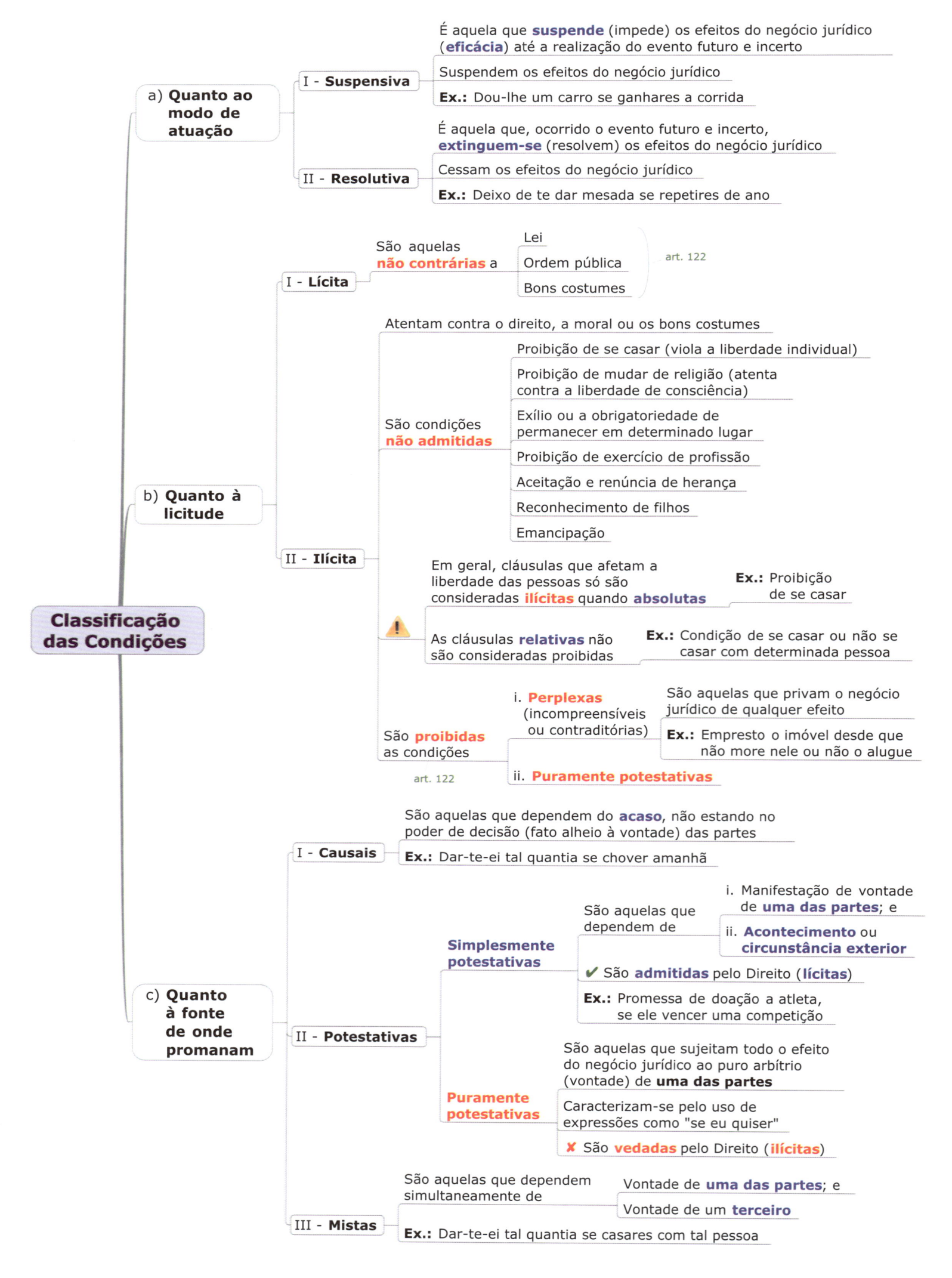

CLASSIFICAÇÃO DAS CONDIÇÕES

Classificação das Condições

a) Quanto ao modo de atuação

- **I - Suspensiva**
  - É aquela que **suspende** (impede) os efeitos do negócio jurídico (**eficácia**) até a realização do evento futuro e incerto
  - Suspendem os efeitos do negócio jurídico
  - **Ex.:** Dou-lhe um carro se ganhares a corrida

- **II - Resolutiva**
  - É aquela que, ocorrido o evento futuro e incerto, **extinguem-se** (resolvem) os efeitos do negócio jurídico
  - Cessam os efeitos do negócio jurídico
  - **Ex.:** Deixo de te dar mesada se repetires de ano

b) Quanto à licitude

- **I - Lícita**
  - São aquelas **não contrárias** a:
    - Lei
    - Ordem pública
    - Bons costumes
  - art. 122

- **II - Ilícita**
  - Atentam contra o direito, a moral ou os bons costumes
  - São condições **não admitidas**:
    - Proibição de se casar (viola a liberdade individual)
    - Proibição de mudar de religião (atenta contra a liberdade de consciência)
    - Exílio ou a obrigatoriedade de permanecer em determinado lugar
    - Proibição de exercício de profissão
    - Aceitação e renúncia de herança
    - Reconhecimento de filhos
    - Emancipação
  - ⚠ Em geral, cláusulas que afetam a liberdade das pessoas só são consideradas **ilícitas** quando **absolutas** — **Ex.:** Proibição de se casar
  - As cláusulas **relativas** não são consideradas proibidas — **Ex.:** Condição de se casar ou não se casar com determinada pessoa
  - São **proibidas** as condições (art. 122):
    - i. **Perplexas** (incompreensíveis ou contraditórias) — São aquelas que privam o negócio jurídico de qualquer efeito
      - **Ex.:** Empresto o imóvel desde que não more nele ou não o alugue
    - ii. **Puramente potestativas**

c) Quanto à fonte de onde promanam

- **I - Causais**
  - São aquelas que dependem do **acaso**, não estando no poder de decisão (fato alheio à vontade) das partes
  - **Ex.:** Dar-te-ei tal quantia se chover amanhã

- **II - Potestativas**
  - **Simplesmente potestativas** — São aquelas que dependem de:
    - i. Manifestação de vontade de **uma das partes**; e
    - ii. **Acontecimento** ou **circunstância exterior**
    - ✔ São **admitidas** pelo Direito (**lícitas**)
    - **Ex.:** Promessa de doação a atleta, se ele vencer uma competição
  - **Puramente potestativas** — São aquelas que sujeitam todo o efeito do negócio jurídico ao puro arbítrio (vontade) de **uma das partes**
    - Caracterizam-se pelo uso de expressões como "se eu quiser"
    - ✘ São **vedadas** pelo Direito (**ilícitas**)

- **III - Mistas**
  - São aquelas que dependem simultaneamente de:
    - Vontade de **uma das partes**; e
    - Vontade de um **terceiro**
  - **Ex.:** Dar-te-ei tal quantia se casares com tal pessoa

PLANO DE EFICÁCIA - TERMO E ENCARGO

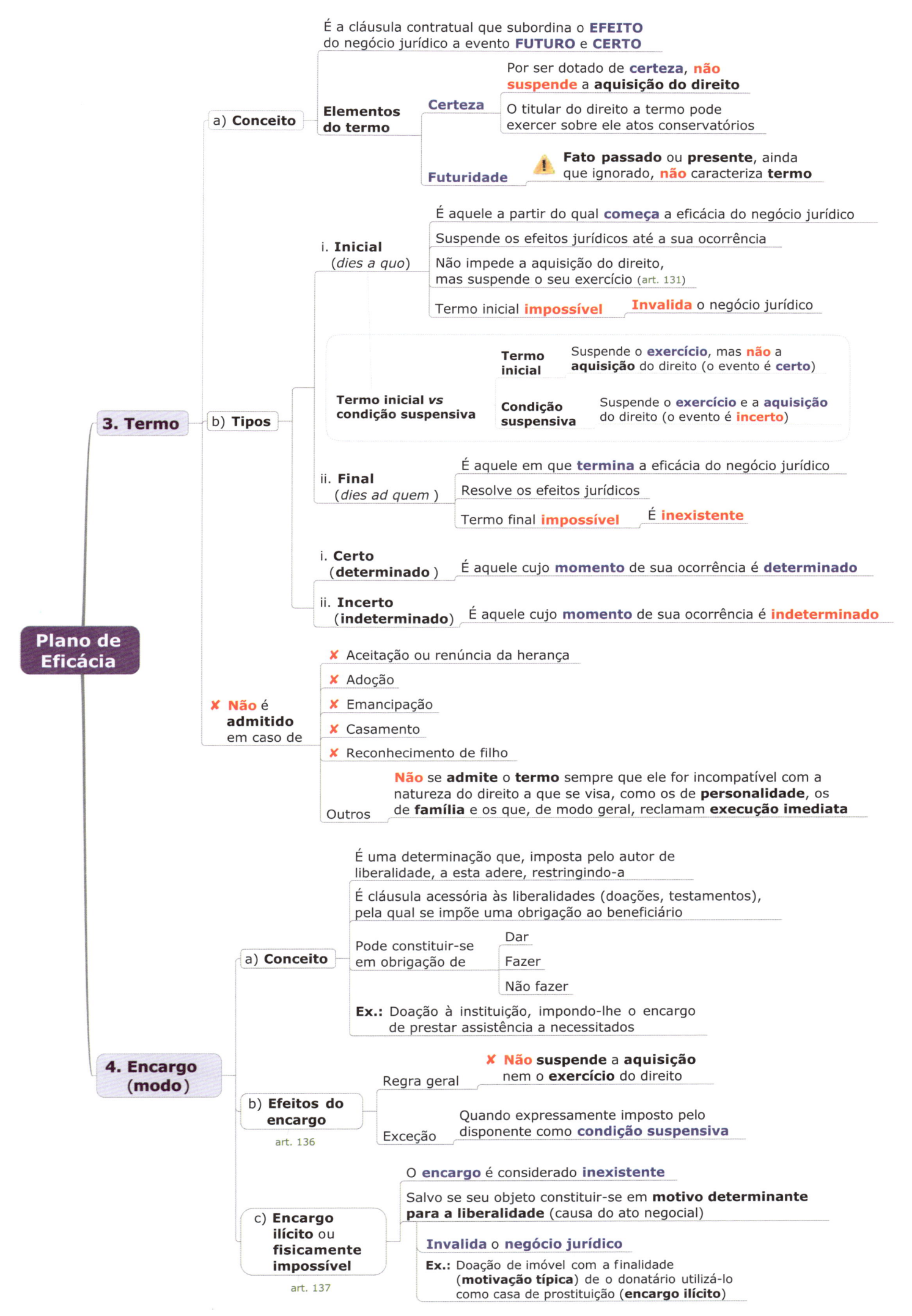

Plano de Eficácia

3. Termo

a) Conceito

É a cláusula contratual que subordina o **EFEITO** do negócio jurídico a evento **FUTURO** e **CERTO**

Elementos do termo
- **Certeza**
  - Por ser dotado de **certeza**, **não suspende** a **aquisição do direito**
  - O titular do direito a termo pode exercer sobre ele atos conservatórios
- **Futuridade**
  - ⚠ **Fato passado** ou **presente**, ainda que ignorado, **não** caracteriza **termo**

b) Tipos

i. Inicial (*dies a quo*)
- É aquele a partir do qual **começa** a eficácia do negócio jurídico
- Suspende os efeitos jurídicos até a sua ocorrência
- Não impede a aquisição do direito, mas suspende o seu exercício (art. 131)
- Termo inicial **impossível** → **Invalida** o negócio jurídico

Termo inicial vs condição suspensiva
- **Termo inicial**: Suspende o **exercício**, mas **não** a **aquisição** do direito (o evento é **certo**)
- **Condição suspensiva**: Suspende o **exercício** e a **aquisição** do direito (o evento é **incerto**)

ii. Final (*dies ad quem*)
- É aquele em que **termina** a eficácia do negócio jurídico
- Resolve os efeitos jurídicos
- Termo final **impossível** → **É inexistente**

i. Certo (determinado) — É aquele cujo **momento** de sua ocorrência é **determinado**

ii. Incerto (indeterminado) — É aquele cujo **momento** de sua ocorrência é **indeterminado**

✗ Não é admitido em caso de
- ✗ Aceitação ou renúncia da herança
- ✗ Adoção
- ✗ Emancipação
- ✗ Casamento
- ✗ Reconhecimento de filho
- **Outros**: **Não** se **admite** o **termo** sempre que ele for incompatível com a natureza do direito a que se visa, como os de **personalidade**, os de **família** e os que, de modo geral, reclamam **execução imediata**

4. Encargo (modo)

a) Conceito
- É uma determinação que, imposta pelo autor de liberalidade, a esta adere, restringindo-a
- É cláusula acessória às liberalidades (doações, testamentos), pela qual se impõe uma obrigação ao beneficiário
- Pode constituir-se em obrigação de:
  - Dar
  - Fazer
  - Não fazer
- **Ex.**: Doação à instituição, impondo-lhe o encargo de prestar assistência a necessitados

b) Efeitos do encargo (art. 136)
- **Regra geral**: ✗ **Não suspende** a **aquisição** nem o **exercício** do direito
- **Exceção**: Quando expressamente imposto pelo disponente como **condição suspensiva**

c) Encargo ilícito ou fisicamente impossível (art. 137)
- O **encargo** é considerado **inexistente**
- Salvo se seu objeto constituir-se em **motivo determinante para a liberalidade** (causa do ato negocial)
  - **Invalida** o **negócio jurídico**
  - **Ex.**: Doação de imóvel com a finalidade (**motivação típica**) de o donatário utilizá-lo como casa de prostituição (**encargo ilícito**)

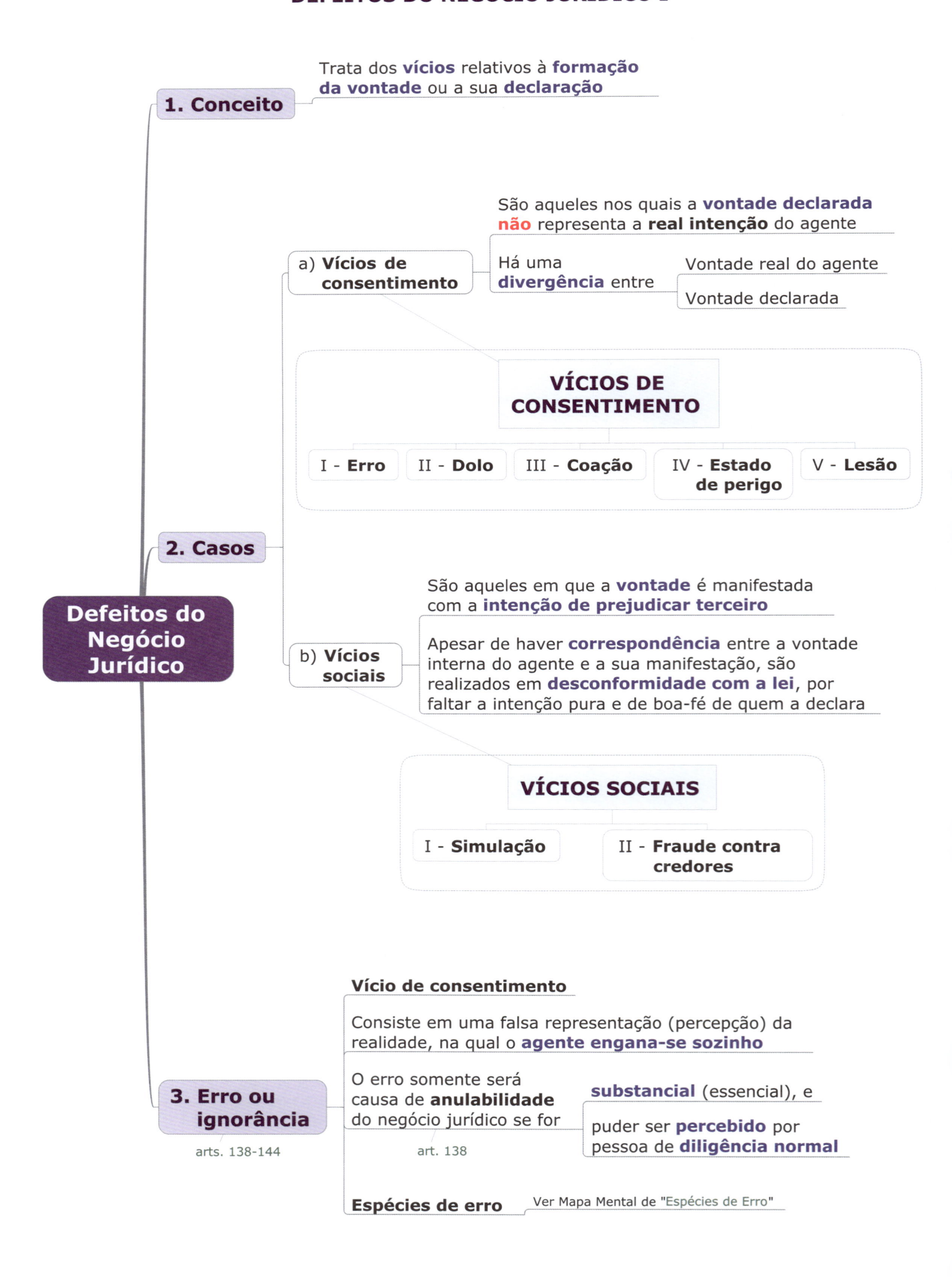

DEFEITOS DO NEGÓCIO JURÍDICO I

Defeitos do Negócio Jurídico

1. Conceito
Trata dos **vícios** relativos à **formação da vontade** ou a sua **declaração**

2. Casos

a) Vícios de consentimento
São aqueles nos quais a **vontade declarada não** representa a **real intenção** do agente

Há uma **divergência** entre:
- Vontade real do agente
- Vontade declarada

VÍCIOS DE CONSENTIMENTO
- I - **Erro**
- II - **Dolo**
- III - **Coação**
- IV - **Estado de perigo**
- V - **Lesão**

b) Vícios sociais
São aqueles em que a **vontade** é manifestada com a **intenção de prejudicar terceiro**

Apesar de haver **correspondência** entre a vontade interna do agente e a sua manifestação, são realizados em **desconformidade com a lei**, por faltar a intenção pura e de boa-fé de quem a declara

VÍCIOS SOCIAIS
- I - **Simulação**
- II - **Fraude contra credores**

3. Erro ou ignorância
arts. 138-144

Vício de consentimento

Consiste em uma falsa representação (percepção) da realidade, na qual o **agente engana-se sozinho**

O erro somente será causa de **anulabilidade** do negócio jurídico se for (*art. 138*):
- **substancial** (essencial), e
- puder ser **percebido** por pessoa de **diligência normal**

Espécies de erro — Ver Mapa Mental de "Espécies de Erro"

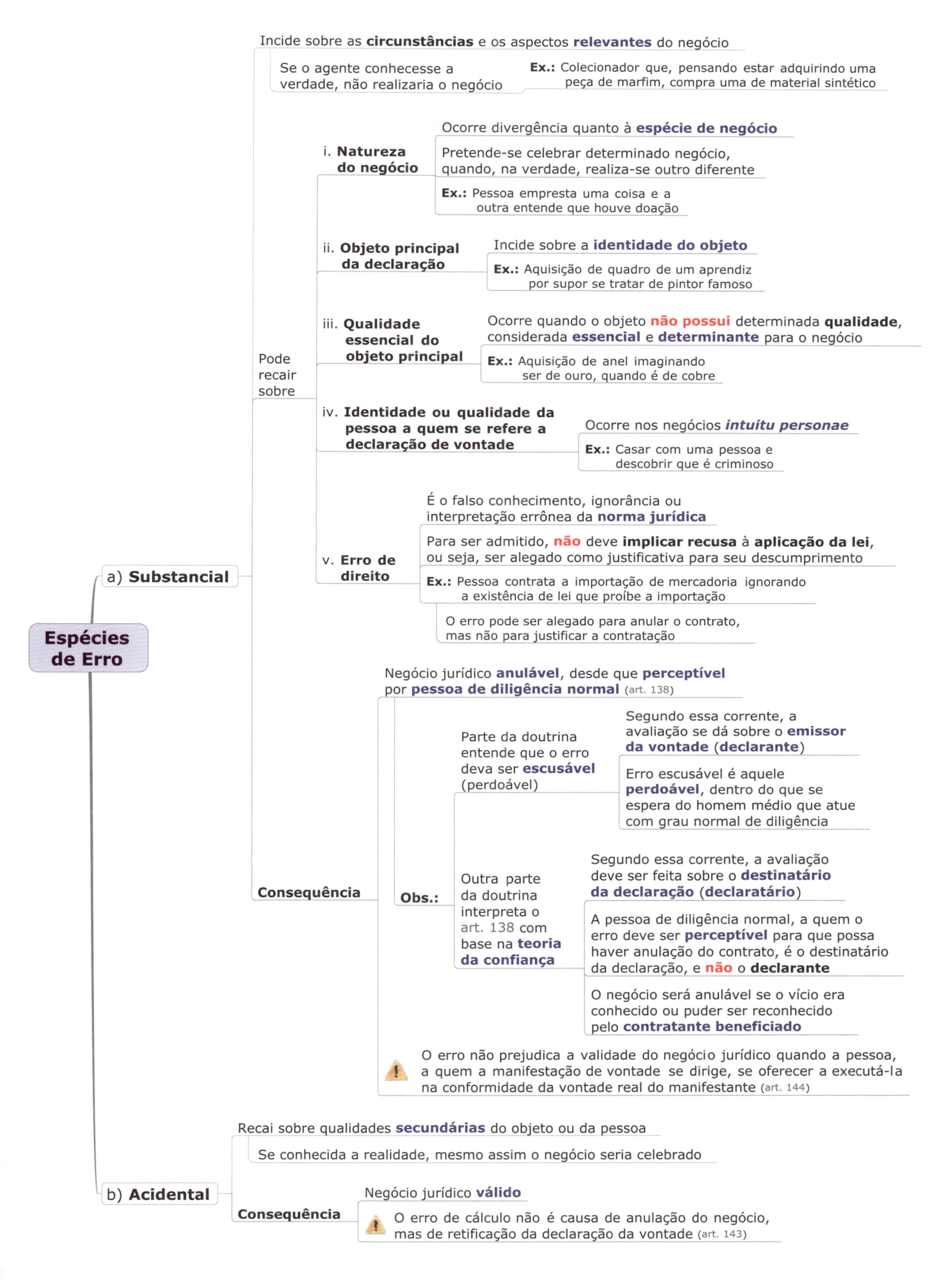

DEFEITOS DO NEGÓCIO JURÍDICO II - ESPÉCIES DE ERRO

Espécies de Erro

a) Substancial

Incide sobre as **circunstâncias** e os aspectos **relevantes** do negócio

Se o agente conhecesse a verdade, não realizaria o negócio

Ex.: Colecionador que, pensando estar adquirindo uma peça de marfim, compra uma de material sintético

Pode recair sobre

i. Natureza do negócio
- Ocorre divergência quanto à **espécie de negócio**
- Pretende-se celebrar determinado negócio, quando, na verdade, realiza-se outro diferente
- **Ex.:** Pessoa empresta uma coisa e a outra entende que houve doação

ii. Objeto principal da declaração
- Incide sobre a **identidade do objeto**
- **Ex.:** Aquisição de quadro de um aprendiz por supor se tratar de pintor famoso

iii. Qualidade essencial do objeto principal
- Ocorre quando o objeto **não possui** determinada **qualidade**, considerada **essencial** e **determinante** para o negócio
- **Ex.:** Aquisição de anel imaginando ser de ouro, quando é de cobre

iv. Identidade ou qualidade da pessoa a quem se refere a declaração de vontade
- Ocorre nos negócios *intuitu personae*
- **Ex.:** Casar com uma pessoa e descobrir que é criminoso

v. Erro de direito
- É o falso conhecimento, ignorância ou interpretação errônea da **norma jurídica**
- Para ser admitido, **não** deve **implicar recusa** à **aplicação da lei**, ou seja, ser alegado como justificativa para seu descumprimento
- **Ex.:** Pessoa contrata a importação de mercadoria ignorando a existência de lei que proíbe a importação
- O erro pode ser alegado para anular o contrato, mas não para justificar a contratação

Consequência

Negócio jurídico **anulável**, desde que **perceptível** por **pessoa de diligência normal** (art. 138)

Obs.:

Parte da doutrina entende que o erro deva ser **escusável** (perdoável)
- Segundo essa corrente, a avaliação se dá sobre o **emissor da vontade** (**declarante**)
- Erro escusável é aquele **perdoável**, dentro do que se espera do homem médio que atue com grau normal de diligência

Outra parte da doutrina interpreta o art. 138 com base na **teoria da confiança**
- Segundo essa corrente, a avaliação deve ser feita sobre o **destinatário da declaração** (**declaratário**)
- A pessoa de diligência normal, a quem o erro deve ser **perceptível** para que possa haver anulação do contrato, é o destinatário da declaração, e **não** o **declarante**

O negócio será anulável se o vício era conhecido ou puder ser reconhecido pelo **contratante beneficiado**

⚠ O erro não prejudica a validade do negócio jurídico quando a pessoa, a quem a manifestação de vontade se dirige, se oferecer a executá-la na conformidade da vontade real do manifestante (art. 144)

b) Acidental

Recai sobre qualidades **secundárias** do objeto ou da pessoa

Se conhecida a realidade, mesmo assim o negócio seria celebrado

Consequência

Negócio jurídico **válido**

⚠ O erro de cálculo não é causa de anulação do negócio, mas de retificação da declaração da vontade (art. 143)

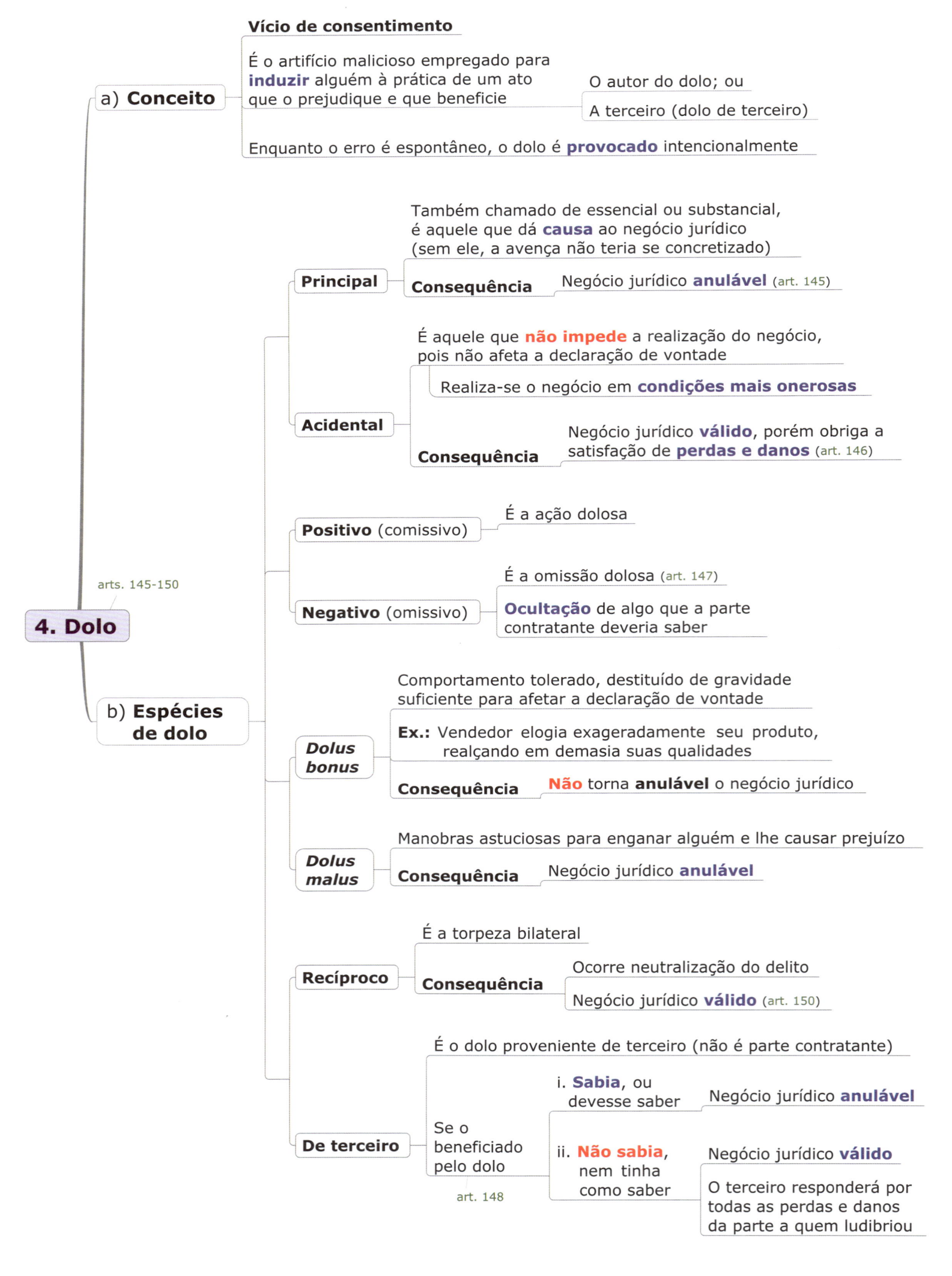

DEFEITOS DO NEGÓCIO JURÍDICO III - DOLO

4. Dolo (arts. 145-150)

a) Conceito

Vício de consentimento

É o artifício malicioso empregado para **induzir** alguém à prática de um ato que o prejudique e que beneficie:
- O autor do dolo; ou
- A terceiro (dolo de terceiro)

Enquanto o erro é espontâneo, o dolo é **provocado** intencionalmente

b) Espécies de dolo

Principal
- Também chamado de essencial ou substancial, é aquele que dá **causa** ao negócio jurídico (sem ele, a avença não teria se concretizado)
- Consequência: Negócio jurídico **anulável** (art. 145)

Acidental
- É aquele que **não impede** a realização do negócio, pois não afeta a declaração de vontade
- Realiza-se o negócio em **condições mais onerosas**
- Consequência: Negócio jurídico **válido**, porém obriga a satisfação de **perdas e danos** (art. 146)

Positivo (comissivo)
- É a ação dolosa

Negativo (omissivo)
- É a omissão dolosa (art. 147)
- **Ocultação** de algo que a parte contratante deveria saber

Dolus bonus
- Comportamento tolerado, destituído de gravidade suficiente para afetar a declaração de vontade
- Ex.: Vendedor elogia exageradamente seu produto, realçando em demasia suas qualidades
- Consequência: **Não** torna **anulável** o negócio jurídico

Dolus malus
- Manobras astuciosas para enganar alguém e lhe causar prejuízo
- Consequência: Negócio jurídico **anulável**

Recíproco
- É a torpeza bilateral
- Consequência:
  - Ocorre neutralização do delito
  - Negócio jurídico **válido** (art. 150)

De terceiro (art. 148)
- É o dolo proveniente de terceiro (não é parte contratante)
- Se o beneficiado pelo dolo:
  - i. **Sabia**, ou devesse saber → Negócio jurídico **anulável**
  - ii. **Não sabia**, nem tinha como saber → Negócio jurídico **válido**; O terceiro responderá por todas as perdas e danos da parte a quem ludibriou

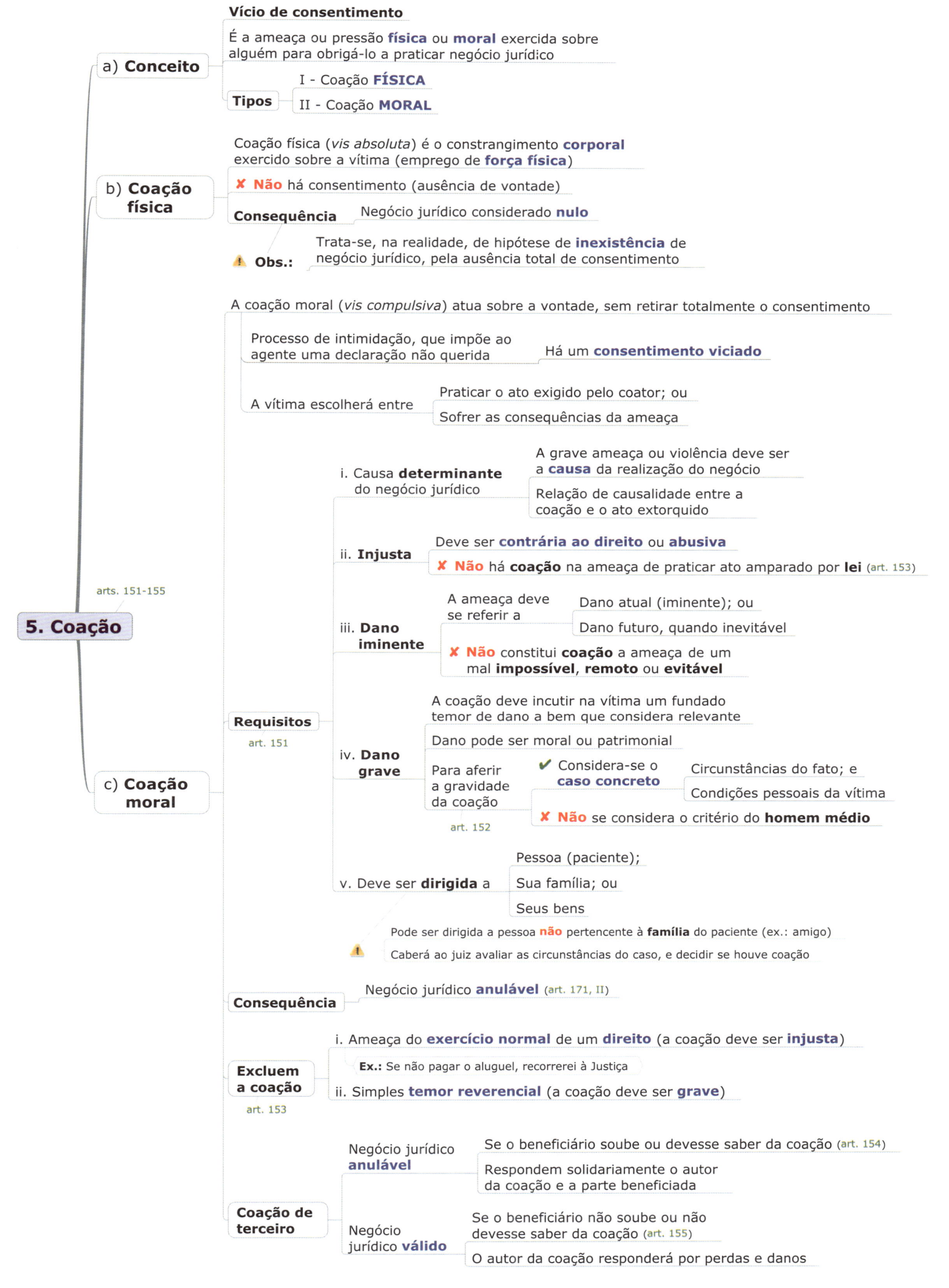

DEFEITOS DO NEGÓCIO JURÍDICO IV - COAÇÃO

5. Coação (arts. 151-155)

a) Conceito

Vício de consentimento

É a ameaça ou pressão **física** ou **moral** exercida sobre alguém para obrigá-lo a praticar negócio jurídico

Tipos:
- I - Coação **FÍSICA**
- II - Coação **MORAL**

b) Coação física

Coação física (*vis absoluta*) é o constrangimento **corporal** exercido sobre a vítima (emprego de **força física**)

✗ **Não** há consentimento (ausência de vontade)

Consequência: Negócio jurídico considerado **nulo**

⚠ **Obs.:** Trata-se, na realidade, de hipótese de **inexistência** de negócio jurídico, pela ausência total de consentimento

c) Coação moral

A coação moral (*vis compulsiva*) atua sobre a vontade, sem retirar totalmente o consentimento

- Processo de intimidação, que impõe ao agente uma declaração não querida — Há um **consentimento viciado**
- A vítima escolherá entre:
  - Praticar o ato exigido pelo coator; ou
  - Sofrer as consequências da ameaça

Requisitos (art. 151)

i. Causa determinante do negócio jurídico
- A grave ameaça ou violência deve ser a **causa** da realização do negócio
- Relação de causalidade entre a coação e o ato extorquido

ii. Injusta
- Deve ser **contrária ao direito** ou **abusiva**
- ✗ **Não** há **coação** na ameaça de praticar ato amparado por **lei** (art. 153)

iii. Dano iminente
- A ameaça deve se referir a:
  - Dano atual (iminente); ou
  - Dano futuro, quando inevitável
- ✗ **Não** constitui **coação** a ameaça de um mal **impossível**, **remoto** ou **evitável**

iv. Dano grave (art. 152)
- A coação deve incutir na vítima um fundado temor de dano a bem que considera relevante
- Dano pode ser moral ou patrimonial
- Para aferir a gravidade da coação:
  - ✓ Considera-se o **caso concreto**:
    - Circunstâncias do fato; e
    - Condições pessoais da vítima
  - ✗ **Não** se considera o critério do **homem médio**

v. Deve ser dirigida a:
- Pessoa (paciente);
- Sua família; ou
- Seus bens

⚠ Pode ser dirigida a pessoa **não** pertencente à **família** do paciente (ex.: amigo). Caberá ao juiz avaliar as circunstâncias do caso, e decidir se houve coação

Consequência
Negócio jurídico **anulável** (art. 171, II)

Excluem a coação (art. 153)
- i. Ameaça do **exercício normal** de um **direito** (a coação deve ser **injusta**)
  - **Ex.:** Se não pagar o aluguel, recorrerei à Justiça
- ii. Simples **temor reverencial** (a coação deve ser **grave**)

Coação de terceiro

- Negócio jurídico **anulável**:
  - Se o beneficiário soube ou devesse saber da coação (art. 154)
  - Respondem solidariamente o autor da coação e a parte beneficiada
- Negócio jurídico **válido**:
  - Se o beneficiário não soube ou não devesse saber da coação (art. 155)
  - O autor da coação responderá por perdas e danos

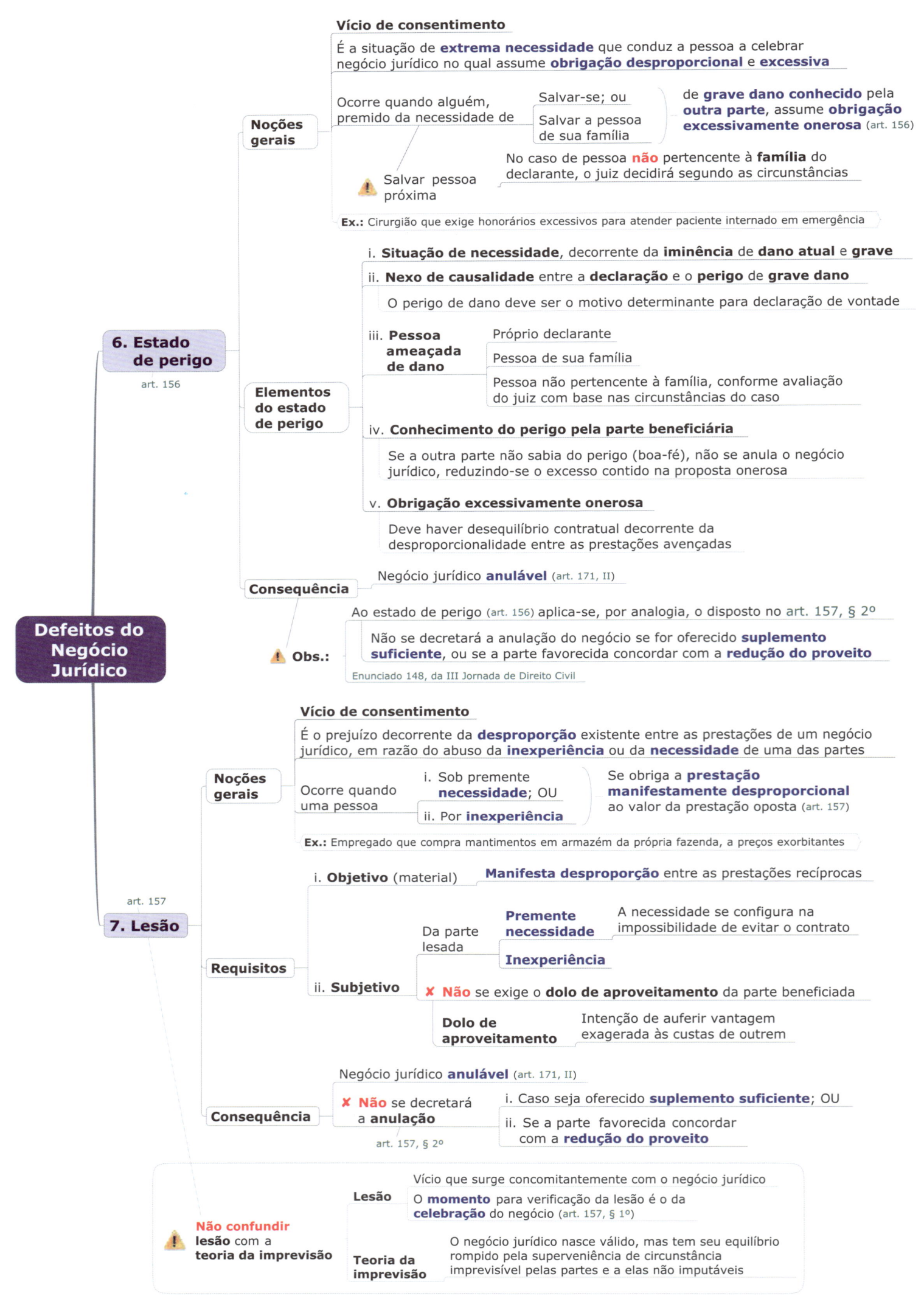

DEFEITOS DO NEGÓCIO JURÍDICO V

Defeitos do Negócio Jurídico

6. Estado de perigo (art. 156)

Noções gerais

Vício de consentimento

É a situação de **extrema necessidade** que conduz a pessoa a celebrar negócio jurídico no qual assume **obrigação desproporcional** e **excessiva**

Ocorre quando alguém, premido da necessidade de:
- Salvar-se; ou
- Salvar a pessoa de sua família

de **grave dano conhecido** pela **outra parte**, assume **obrigação excessivamente onerosa** (art. 156)

⚠ **Salvar pessoa próxima**: No caso de pessoa **não** pertencente à **família** do declarante, o juiz decidirá segundo as circunstâncias

Ex.: Cirurgião que exige honorários excessivos para atender paciente internado em emergência

Elementos do estado de perigo

i. **Situação de necessidade**, decorrente da **iminência** de **dano atual** e **grave**

ii. **Nexo de causalidade** entre a **declaração** e o **perigo** de **grave dano**
   - O perigo de dano deve ser o motivo determinante para declaração de vontade

iii. **Pessoa ameaçada de dano**
   - Próprio declarante
   - Pessoa de sua família
   - Pessoa não pertencente à família, conforme avaliação do juiz com base nas circunstâncias do caso

iv. **Conhecimento do perigo pela parte beneficiária**
   - Se a outra parte não sabia do perigo (boa-fé), não se anula o negócio jurídico, reduzindo-se o excesso contido na proposta onerosa

v. **Obrigação excessivamente onerosa**
   - Deve haver desequilíbrio contratual decorrente da desproporcionalidade entre as prestações avençadas

Consequência

Negócio jurídico **anulável** (art. 171, II)

⚠ **Obs.:** Ao estado de perigo (art. 156) aplica-se, por analogia, o disposto no art. 157, § 2º

Não se decretará a anulação do negócio se for oferecido **suplemento suficiente**, ou se a parte favorecida concordar com a **redução do proveito**

Enunciado 148, da III Jornada de Direito Civil

7. Lesão (art. 157)

Noções gerais

Vício de consentimento

É o prejuízo decorrente da **desproporção** existente entre as prestações de um negócio jurídico, em razão do abuso da **inexperiência** ou da **necessidade** de uma das partes

Ocorre quando uma pessoa:
i. Sob premente **necessidade**; OU
ii. Por **inexperiência**

Se obriga a **prestação manifestamente desproporcional** ao valor da prestação oposta (art. 157)

Ex.: Empregado que compra mantimentos em armazém da própria fazenda, a preços exorbitantes

Requisitos

i. **Objetivo** (material): **Manifesta desproporção** entre as prestações recíprocas

ii. **Subjetivo** — Da parte lesada:
   - **Premente necessidade**: A necessidade se configura na impossibilidade de evitar o contrato
   - **Inexperiência**

✗ **Não** se exige o **dolo de aproveitamento** da parte beneficiada

Dolo de aproveitamento: Intenção de auferir vantagem exagerada às custas de outrem

Consequência

Negócio jurídico **anulável** (art. 171, II)

✗ **Não** se decretará a **anulação** (art. 157, § 2º):
i. Caso seja oferecido **suplemento suficiente**; OU
ii. Se a parte favorecida concordar com a **redução do proveito**

⚠ **Não confundir lesão com a teoria da imprevisão**

Lesão
- Vício que surge concomitantemente com o negócio jurídico
- O **momento** para verificação da lesão é o da **celebração** do negócio (art. 157, § 1º)

Teoria da imprevisão
- O negócio jurídico nasce válido, mas tem seu equilíbrio rompido pela superveniência de circunstância imprevisível pelas partes e a elas não imputáveis

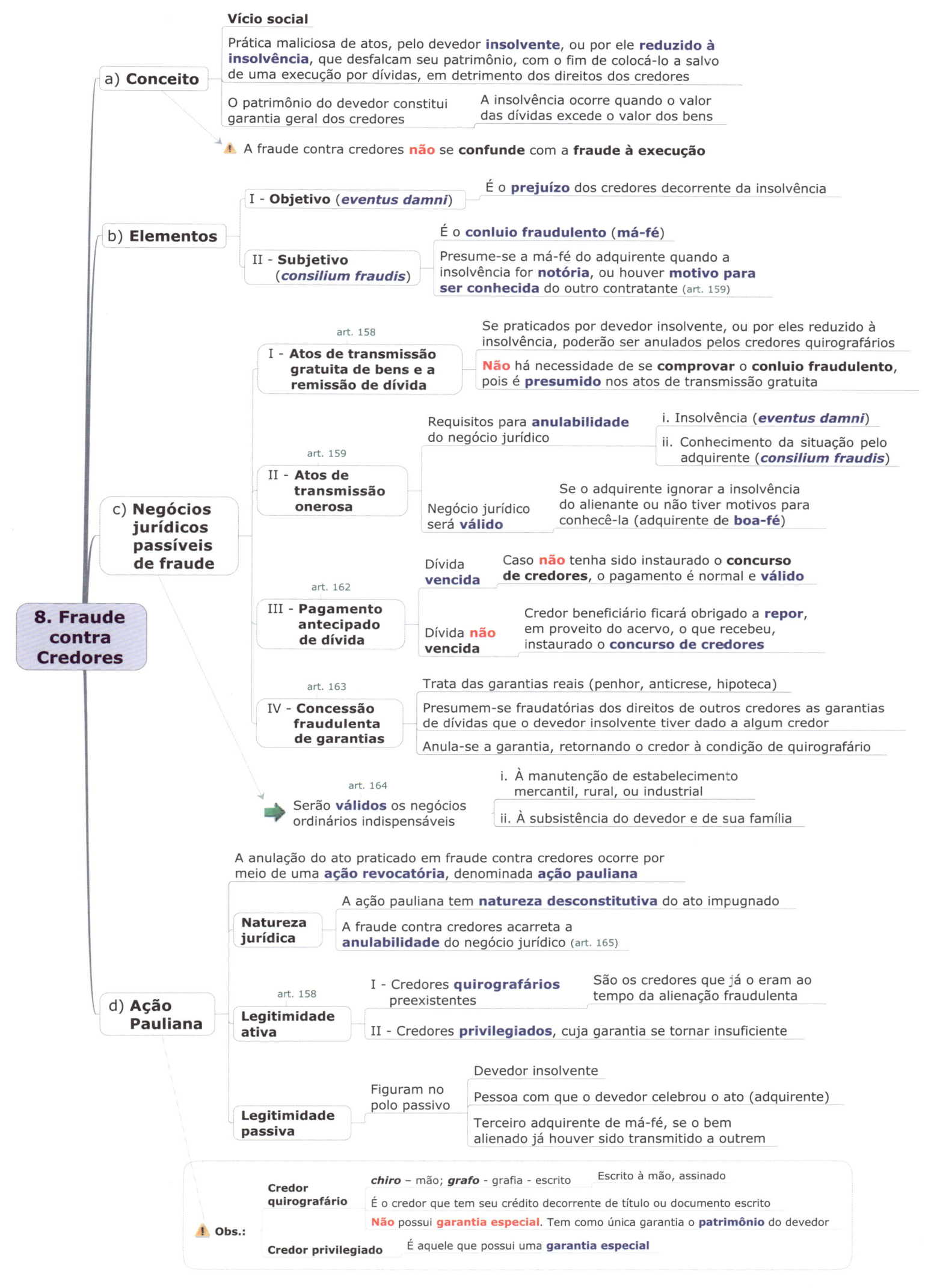

DEFEITOS DO NEGÓCIO JURÍDICO VI - FRAUDE CONTRA CREDORES

8. Fraude contra Credores

a) Conceito

Vício social

Prática maliciosa de atos, pelo devedor **insolvente**, ou por ele **reduzido à insolvência**, que desfalcam seu patrimônio, com o fim de colocá-lo a salvo de uma execução por dívidas, em detrimento dos direitos dos credores

- O patrimônio do devedor constitui garantia geral dos credores
- A insolvência ocorre quando o valor das dívidas excede o valor dos bens

⚠ A fraude contra credores **não** se **confunde** com a **fraude à execução**

b) Elementos

I - Objetivo (*eventus damni*)
É o **prejuízo** dos credores decorrente da insolvência

II - Subjetivo (*consilium fraudis*)
- É o **conluio fraudulento** (**má-fé**)
- Presume-se a má-fé do adquirente quando a insolvência for **notória**, ou houver **motivo para ser conhecida** do outro contratante (art. 159)

c) Negócios jurídicos passíveis de fraude

I - Atos de transmissão gratuita de bens e a remissão de dívida (art. 158)
- Se praticados por devedor insolvente, ou por eles reduzido à insolvência, poderão ser anulados pelos credores quirografários
- **Não** há necessidade de se **comprovar** o **conluio fraudulento**, pois é **presumido** nos atos de transmissão gratuita

II - Atos de transmissão onerosa (art. 159)
- Requisitos para **anulabilidade** do negócio jurídico
  - i. Insolvência (*eventus damni*)
  - ii. Conhecimento da situação pelo adquirente (*consilium fraudis*)
- Negócio jurídico será **válido** — Se o adquirente ignorar a insolvência do alienante ou não tiver motivos para conhecê-la (adquirente de **boa-fé**)

III - Pagamento antecipado de dívida (art. 162)
- Dívida **vencida**: Caso **não** tenha sido instaurado o **concurso de credores**, o pagamento é normal e **válido**
- Dívida **não vencida**: Credor beneficiário ficará obrigado a **repor**, em proveito do acervo, o que recebeu, instaurado o **concurso de credores**

IV - Concessão fraudulenta de garantias (art. 163)
- Trata das garantias reais (penhor, anticrese, hipoteca)
- Presumem-se fraudatórias dos direitos de outros credores as garantias de dívidas que o devedor insolvente tiver dado a algum credor
- Anula-se a garantia, retornando o credor à condição de quirografário

➡ (art. 164) Serão **válidos** os negócios ordinários indispensáveis
- i. À manutenção de estabelecimento mercantil, rural, ou industrial
- ii. À subsistência do devedor e de sua família

d) Ação Pauliana

A anulação do ato praticado em fraude contra credores ocorre por meio de uma **ação revocatória**, denominada **ação pauliana**

Natureza jurídica
- A ação pauliana tem **natureza desconstitutiva** do ato impugnado
- A fraude contra credores acarreta a **anulabilidade** do negócio jurídico (art. 165)

Legitimidade ativa (art. 158)
- **I - Credores quirografários preexistentes**: São os credores que já o eram ao tempo da alienação fraudulenta
- **II - Credores privilegiados**, cuja garantia se tornar insuficiente

Legitimidade passiva — Figuram no polo passivo:
- Devedor insolvente
- Pessoa com que o devedor celebrou o ato (adquirente)
- Terceiro adquirente de má-fé, se o bem alienado já houver sido transmitido a outrem

⚠ **Obs.:**

Credor quirografário
- *chiro* – mão; *grafo* - grafia - escrito → Escrito à mão, assinado
- É o credor que tem seu crédito decorrente de título ou documento escrito
- **Não** possui **garantia especial**. Tem como única garantia o **patrimônio** do devedor

Credor privilegiado
- É aquele que possui uma **garantia especial**

DEFEITOS DO NEGÓCIO JURÍDICO VII - SIMULAÇÃO

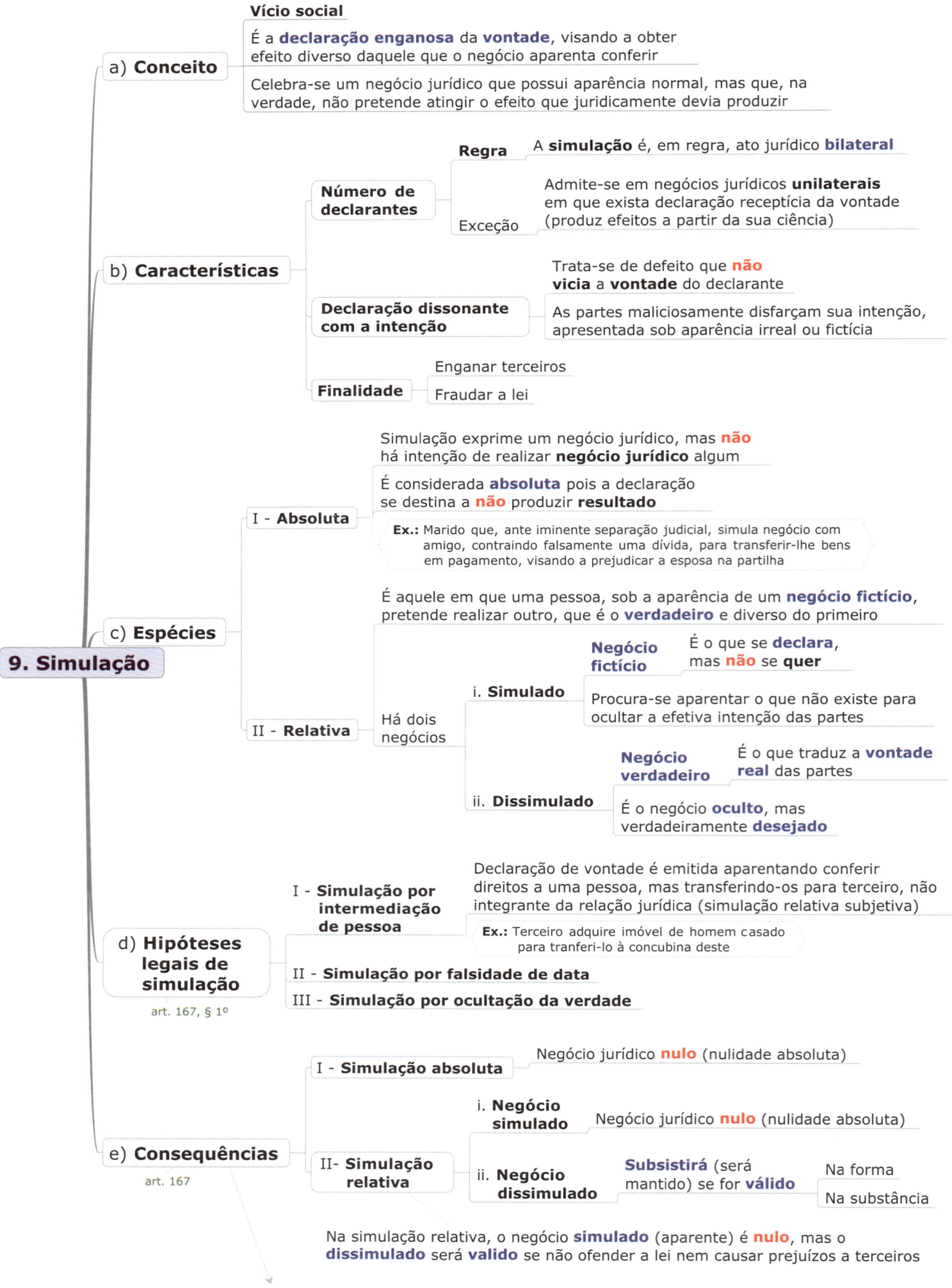

9. Simulação

a) Conceito

Vício social

É a **declaração enganosa** da **vontade**, visando a obter efeito diverso daquele que o negócio aparenta conferir

Celebra-se um negócio jurídico que possui aparência normal, mas que, na verdade, não pretende atingir o efeito que juridicamente devia produzir

b) Características

- **Número de declarantes**
  - **Regra**: A **simulação** é, em regra, ato jurídico **bilateral**
  - **Exceção**: Admite-se em negócios jurídicos **unilaterais** em que exista declaração receptícia da vontade (produz efeitos a partir da sua ciência)

- **Declaração dissonante com a intenção**
  - Trata-se de defeito que **não** vicia a **vontade** do declarante
  - As partes maliciosamente disfarçam sua intenção, apresentada sob aparência irreal ou fictícia

- **Finalidade**
  - Enganar terceiros
  - Fraudar a lei

c) Espécies

I - Absoluta
- Simulação exprime um negócio jurídico, mas **não** há intenção de realizar **negócio jurídico** algum
- É considerada **absoluta** pois a declaração se destina a **não** produzir **resultado**
- **Ex.:** Marido que, ante iminente separação judicial, simula negócio com amigo, contraindo falsamente uma dívida, para transferir-lhe bens em pagamento, visando a prejudicar a esposa na partilha

II - Relativa
- É aquele em que uma pessoa, sob a aparência de um **negócio fictício**, pretende realizar outro, que é o **verdadeiro** e diverso do primeiro
- Há dois negócios:
  - **i. Simulado**
    - **Negócio fictício**: É o que se **declara**, mas **não** se **quer**
    - Procura-se aparentar o que não existe para ocultar a efetiva intenção das partes
  - **ii. Dissimulado**
    - **Negócio verdadeiro**: É o que traduz a **vontade real** das partes
    - É o negócio **oculto**, mas verdadeiramente **desejado**

d) Hipóteses legais de simulação (art. 167, § 1º)

I - Simulação por intermediação de pessoa
- Declaração de vontade é emitida aparentando conferir direitos a uma pessoa, mas transferindo-os para terceiro, não integrante da relação jurídica (simulação relativa subjetiva)
- **Ex.:** Terceiro adquire imóvel de homem casado para tranferi-lo à concubina deste

II - Simulação por falsidade de data

III - Simulação por ocultação da verdade

e) Consequências (art. 167)

I - Simulação absoluta: Negócio jurídico **nulo** (nulidade absoluta)

II - Simulação relativa:
- **i. Negócio simulado**: Negócio jurídico **nulo** (nulidade absoluta)
- **ii. Negócio dissimulado**: **Subsistirá** (será mantido) se for **válido**
  - Na forma
  - Na substância

Na simulação relativa, o negócio **simulado** (aparente) é **nulo**, mas o **dissimulado** será **valido** se não ofender a lei nem causar prejuízos a terceiros

⚠️ **Obs.:** A nulidade do ato simulado não pode prejudicar terceiros de boa-fé que tenham negociado com um dos simuladores (art. 167, § 2º)

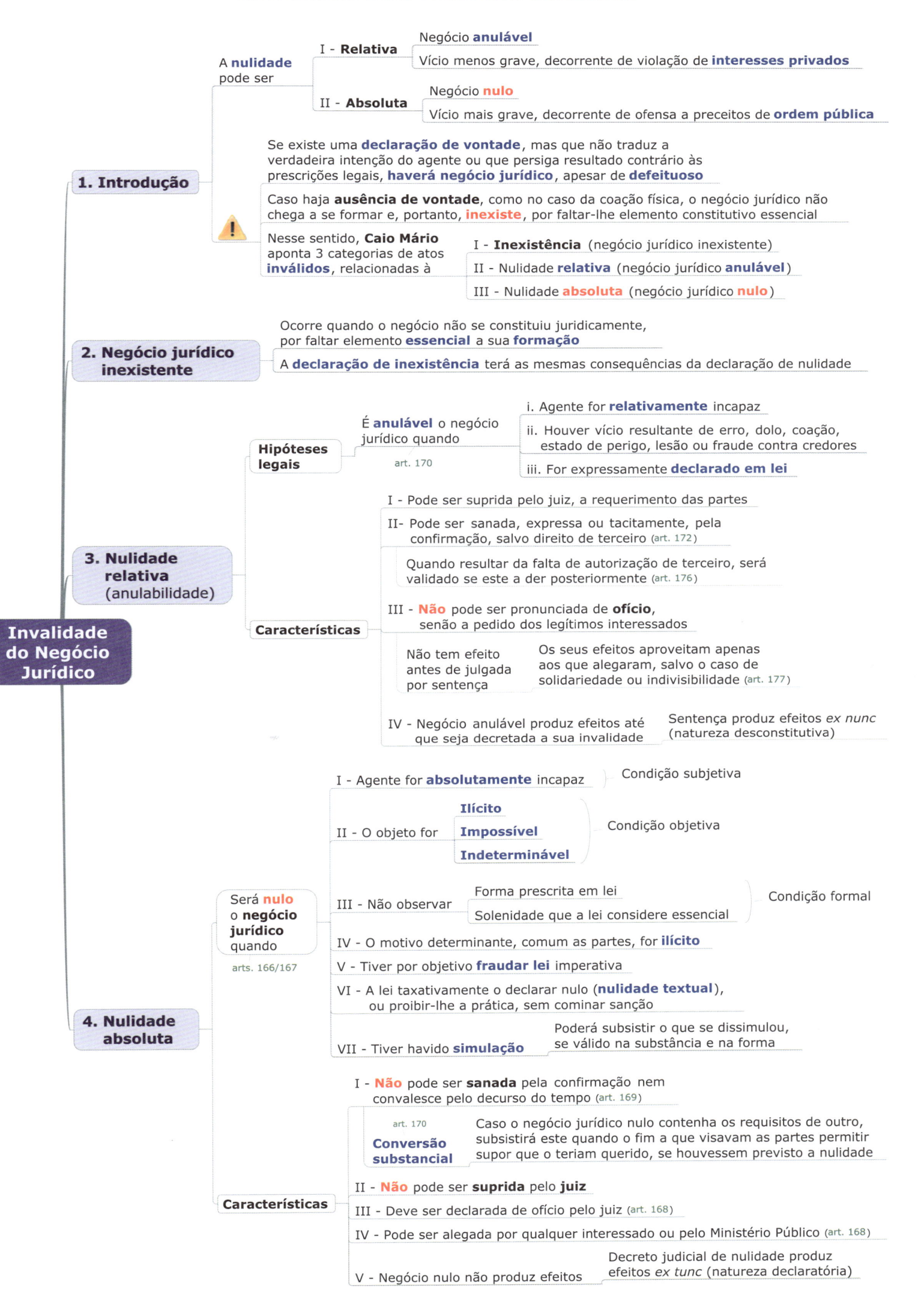

INVALIDADE DO NEGÓCIO JURÍDICO

Invalidade do Negócio Jurídico

1. Introdução

A **nulidade** pode ser:
- **I - Relativa**: Negócio **anulável** — Vício menos grave, decorrente de violação de **interesses privados**
- **II - Absoluta**: Negócio **nulo** — Vício mais grave, decorrente de ofensa a preceitos de **ordem pública**

⚠️ Se existe uma **declaração de vontade**, mas que não traduz a verdadeira intenção do agente ou que persiga resultado contrário às prescrições legais, **haverá negócio jurídico**, apesar de **defeituoso**.

Caso haja **ausência de vontade**, como no caso da coação física, o negócio jurídico não chega a se formar e, portanto, **inexiste**, por faltar-lhe elemento constitutivo essencial.

Nesse sentido, **Caio Mário** aponta 3 categorias de atos **inválidos**, relacionadas à:
- **I - Inexistência** (negócio jurídico inexistente)
- **II - Nulidade relativa** (negócio jurídico **anulável**)
- **III - Nulidade absoluta** (negócio jurídico **nulo**)

2. Negócio jurídico inexistente

Ocorre quando o negócio não se constituiu juridicamente, por faltar elemento **essencial** a sua **formação**.

A **declaração de inexistência** terá as mesmas consequências da declaração de nulidade.

3. Nulidade relativa (anulabilidade)

Hipóteses legais

É **anulável** o negócio jurídico quando (art. 170):
- i. Agente for **relativamente** incapaz
- ii. Houver vício resultante de erro, dolo, coação, estado de perigo, lesão ou fraude contra credores
- iii. For expressamente **declarado em lei**

Características

- **I** - Pode ser suprida pelo juiz, a requerimento das partes
- **II** - Pode ser sanada, expressa ou tacitamente, pela confirmação, salvo direito de terceiro (art. 172)
- Quando resultar da falta de autorização de terceiro, será validado se este a der posteriormente (art. 176)
- **III - Não** pode ser pronunciada de **ofício**, senão a pedido dos legítimos interessados
- Não tem efeito antes de julgada por sentença — Os seus efeitos aproveitam apenas aos que alegaram, salvo o caso de solidariedade ou indivisibilidade (art. 177)
- **IV** - Negócio anulável produz efeitos até que seja decretada a sua invalidade — Sentença produz efeitos *ex nunc* (natureza desconstitutiva)

4. Nulidade absoluta

Será **nulo** o negócio jurídico quando (arts. 166/167):

- **I** - Agente for **absolutamente** incapaz → Condição subjetiva
- **II** - O objeto for: **Ilícito / Impossível / Indeterminável** → Condição objetiva
- **III** - Não observar: Forma prescrita em lei / Solenidade que a lei considere essencial → Condição formal
- **IV** - O motivo determinante, comum as partes, for **ilícito**
- **V** - Tiver por objetivo **fraudar lei** imperativa
- **VI** - A lei taxativamente o declarar nulo (**nulidade textual**), ou proibir-lhe a prática, sem cominar sanção
- **VII** - Tiver havido **simulação** — Poderá subsistir o que se dissimulou, se válido na substância e na forma

Características

- **I - Não** pode ser **sanada** pela confirmação nem convalesce pelo decurso do tempo (art. 169)
- **Conversão substancial** (art. 170): Caso o negócio jurídico nulo contenha os requisitos de outro, subsistirá este quando o fim a que visavam as partes permitir supor que o teriam querido, se houvessem previsto a nulidade
- **II - Não** pode ser **suprida** pelo **juiz**
- **III** - Deve ser declarada de ofício pelo juiz (art. 168)
- **IV** - Pode ser alegada por qualquer interessado ou pelo Ministério Público (art. 168)
- **V** - Negócio nulo não produz efeitos — Decreto judicial de nulidade produz efeitos *ex tunc* (natureza declaratória)

Capítulo 7

Atos ilícitos

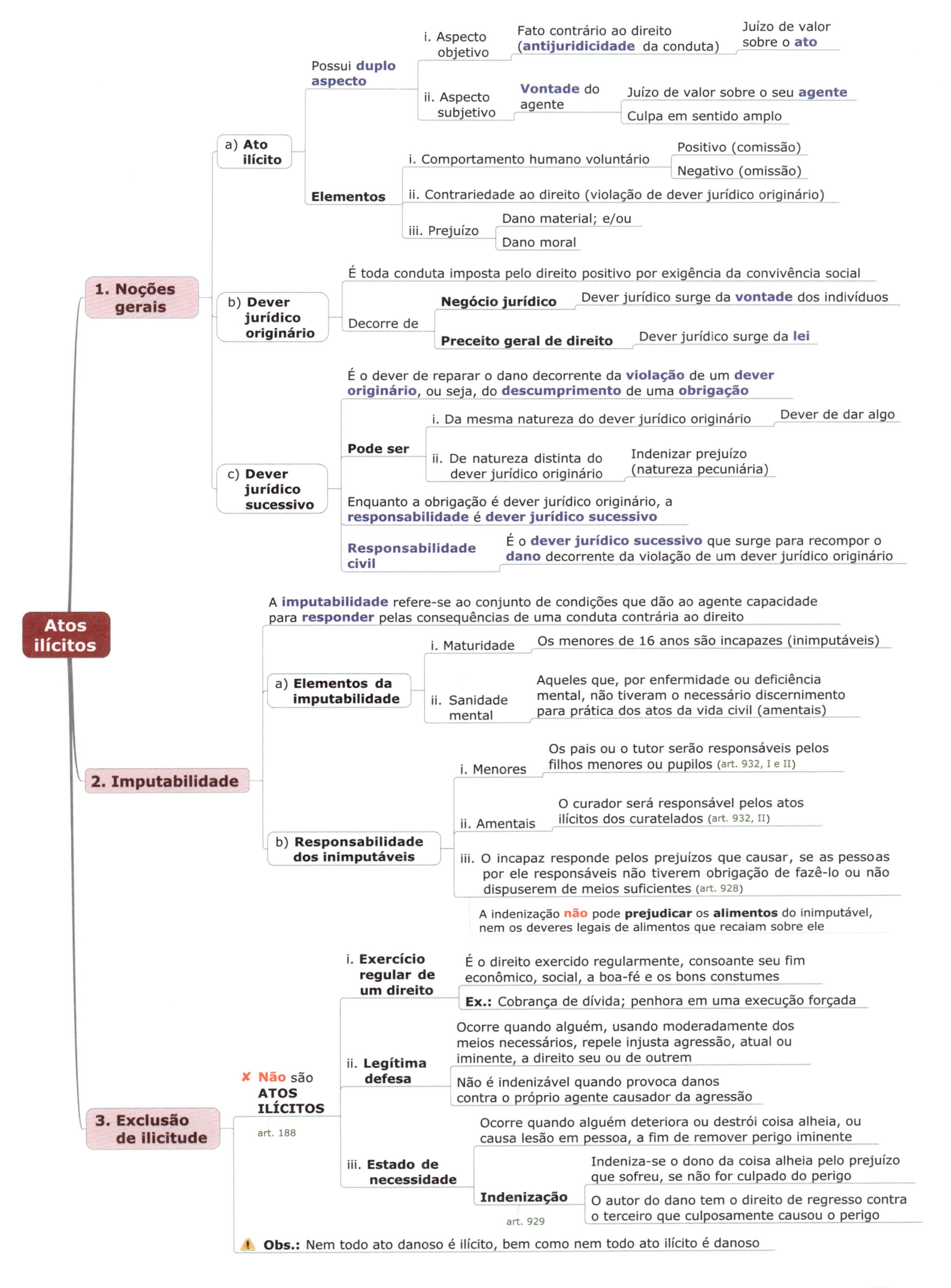

ATOS ILÍCITOS

Atos ilícitos

1. Noções gerais

a) Ato ilícito

- **Possui duplo aspecto**
  - i. Aspecto objetivo — Fato contrário ao direito (**antijuridicidade** da conduta) — Juízo de valor sobre o **ato**
  - ii. Aspecto subjetivo — **Vontade** do agente
    - Juízo de valor sobre o seu **agente**
    - Culpa em sentido amplo

- **Elementos**
  - i. Comportamento humano voluntário
    - Positivo (comissão)
    - Negativo (omissão)
  - ii. Contrariedade ao direito (violação de dever jurídico originário)
  - iii. Prejuízo
    - Dano material; e/ou
    - Dano moral

b) Dever jurídico originário

É toda conduta imposta pelo direito positivo por exigência da convivência social

- **Decorre de**
  - **Negócio jurídico** — Dever jurídico surge da **vontade** dos indivíduos
  - **Preceito geral de direito** — Dever jurídico surge da **lei**

c) Dever jurídico sucessivo

É o dever de reparar o dano decorrente da **violação** de um **dever originário**, ou seja, do **descumprimento** de uma **obrigação**

- **Pode ser**
  - i. Da mesma natureza do dever jurídico originário — Dever de dar algo
  - ii. De natureza distinta do dever jurídico originário — Indenizar prejuízo (natureza pecuniária)

Enquanto a obrigação é dever jurídico originário, a **responsabilidade** é **dever jurídico sucessivo**

Responsabilidade civil — É o **dever jurídico sucessivo** que surge para recompor o **dano** decorrente da violação de um dever jurídico originário

2. Imputabilidade

A **imputabilidade** refere-se ao conjunto de condições que dão ao agente capacidade para **responder** pelas consequências de uma conduta contrária ao direito

a) Elementos da imputabilidade

- i. Maturidade — Os menores de 16 anos são incapazes (inimputáveis)
- ii. Sanidade mental — Aqueles que, por enfermidade ou deficiência mental, não tiveram o necessário discernimento para prática dos atos da vida civil (amentais)

b) Responsabilidade dos inimputáveis

- i. Menores — Os pais ou o tutor serão responsáveis pelos filhos menores ou pupilos (art. 932, I e II)
- ii. Amentais — O curador será responsável pelos atos ilícitos dos curatelados (art. 932, II)
- iii. O incapaz responde pelos prejuízos que causar, se as pessoas por ele responsáveis não tiverem obrigação de fazê-lo ou não dispuserem de meios suficientes (art. 928)

A indenização **não** pode **prejudicar** os **alimentos** do inimputável, nem os deveres legais de alimentos que recaiam sobre ele

3. Exclusão de ilicitude

✗ Não são **ATOS ILÍCITOS** (art. 188)

- i. **Exercício regular de um direito**
  - É o direito exercido regularmente, consoante seu fim econômico, social, a boa-fé e os bons costumes
  - **Ex.:** Cobrança de dívida; penhora em uma execução forçada

- ii. **Legítima defesa**
  - Ocorre quando alguém, usando moderadamente dos meios necessários, repele injusta agressão, atual ou iminente, a direito seu ou de outrem
  - Não é indenizável quando provoca danos contra o próprio agente causador da agressão

- iii. **Estado de necessidade**
  - Ocorre quando alguém deteriora ou destrói coisa alheia, ou causa lesão em pessoa, a fim de remover perigo iminente
  - **Indenização** (art. 929)
    - Indeniza-se o dono da coisa alheia pelo prejuízo que sofreu, se não for culpado do perigo
    - O autor do dano tem o direito de regresso contra o terceiro que culposamente causou o perigo

⚠ **Obs.:** Nem todo ato danoso é ilícito, bem como nem todo ato ilícito é danoso

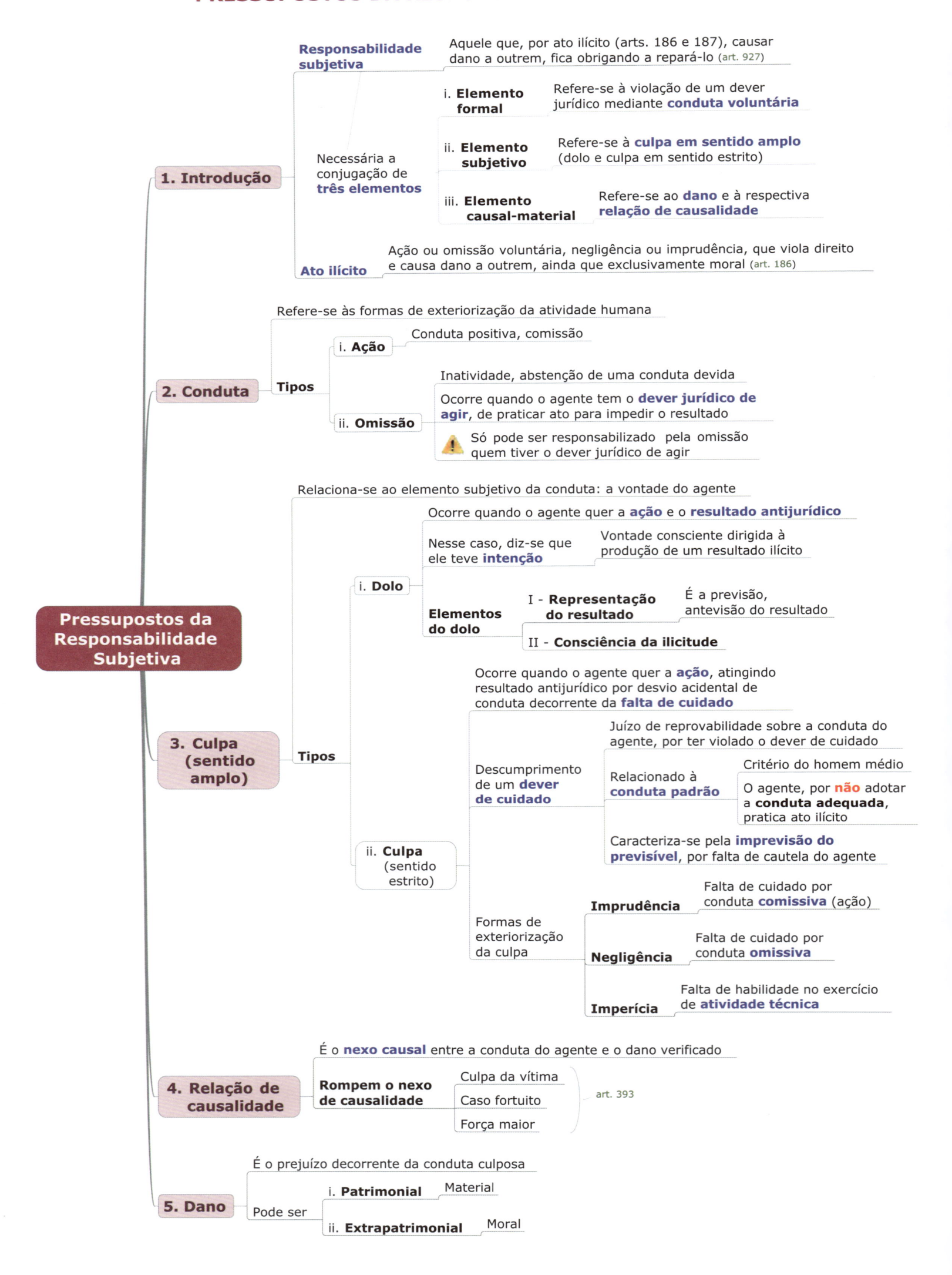

PRESSUPOSTOS DA RESPONSABILIDADE SUBJETIVA

Pressupostos da Responsabilidade Subjetiva

1. Introdução

- **Responsabilidade subjetiva**: Aquele que, por ato ilícito (arts. 186 e 187), causar dano a outrem, fica obrigando a repará-lo (art. 927)
- Necessária a conjugação de **três elementos**:
  - **i. Elemento formal**: Refere-se à violação de um dever jurídico mediante **conduta voluntária**
  - **ii. Elemento subjetivo**: Refere-se à **culpa em sentido amplo** (dolo e culpa em sentido estrito)
  - **iii. Elemento causal-material**: Refere-se ao **dano** e à respectiva **relação de causalidade**
- **Ato ilícito**: Ação ou omissão voluntária, negligência ou imprudência, que viola direito e causa dano a outrem, ainda que exclusivamente moral (art. 186)

2. Conduta

Refere-se às formas de exteriorização da atividade humana

Tipos:
- **i. Ação**: Conduta positiva, comissão
- **ii. Omissão**:
  - Inatividade, abstenção de uma conduta devida
  - Ocorre quando o agente tem o **dever jurídico de agir**, de praticar ato para impedir o resultado
  - ⚠ Só pode ser responsabilizado pela omissão quem tiver o dever jurídico de agir

3. Culpa (sentido amplo)

Relaciona-se ao elemento subjetivo da conduta: a vontade do agente

Tipos:

- **i. Dolo**:
  - Ocorre quando o agente quer a **ação** e o **resultado antijurídico**
  - Nesse caso, diz-se que ele teve **intenção** — Vontade consciente dirigida à produção de um resultado ilícito
  - **Elementos do dolo**:
    - **I - Representação do resultado**: É a previsão, antevisão do resultado
    - **II - Consciência da ilicitude**

- **ii. Culpa (sentido estrito)**:
  - Ocorre quando o agente quer a **ação**, atingindo resultado antijurídico por desvio acidental de conduta decorrente da **falta de cuidado**
  - **Descumprimento de um dever de cuidado**:
    - Juízo de reprovabilidade sobre a conduta do agente, por ter violado o dever de cuidado
    - Relacionado à **conduta padrão**:
      - Critério do homem médio
      - O agente, por **não** adotar a **conduta adequada**, pratica ato ilícito
  - Caracteriza-se pela **imprevisão do previsível**, por falta de cautela do agente
  - **Formas de exteriorização da culpa**:
    - **Imprudência**: Falta de cuidado por conduta **comissiva** (ação)
    - **Negligência**: Falta de cuidado por conduta **omissiva**
    - **Imperícia**: Falta de habilidade no exercício de **atividade técnica**

4. Relação de causalidade

É o **nexo causal** entre a conduta do agente e o dano verificado

Rompem o nexo de causalidade (art. 393):
- Culpa da vítima
- Caso fortuito
- Força maior

5. Dano

É o prejuízo decorrente da conduta culposa

Pode ser:
- **i. Patrimonial**: Material
- **ii. Extrapatrimonial**: Moral

Capítulo 8

Prescrição e decadência

PRESCRIÇÃO E DECADÊNCIA - NOÇÕES GERAIS

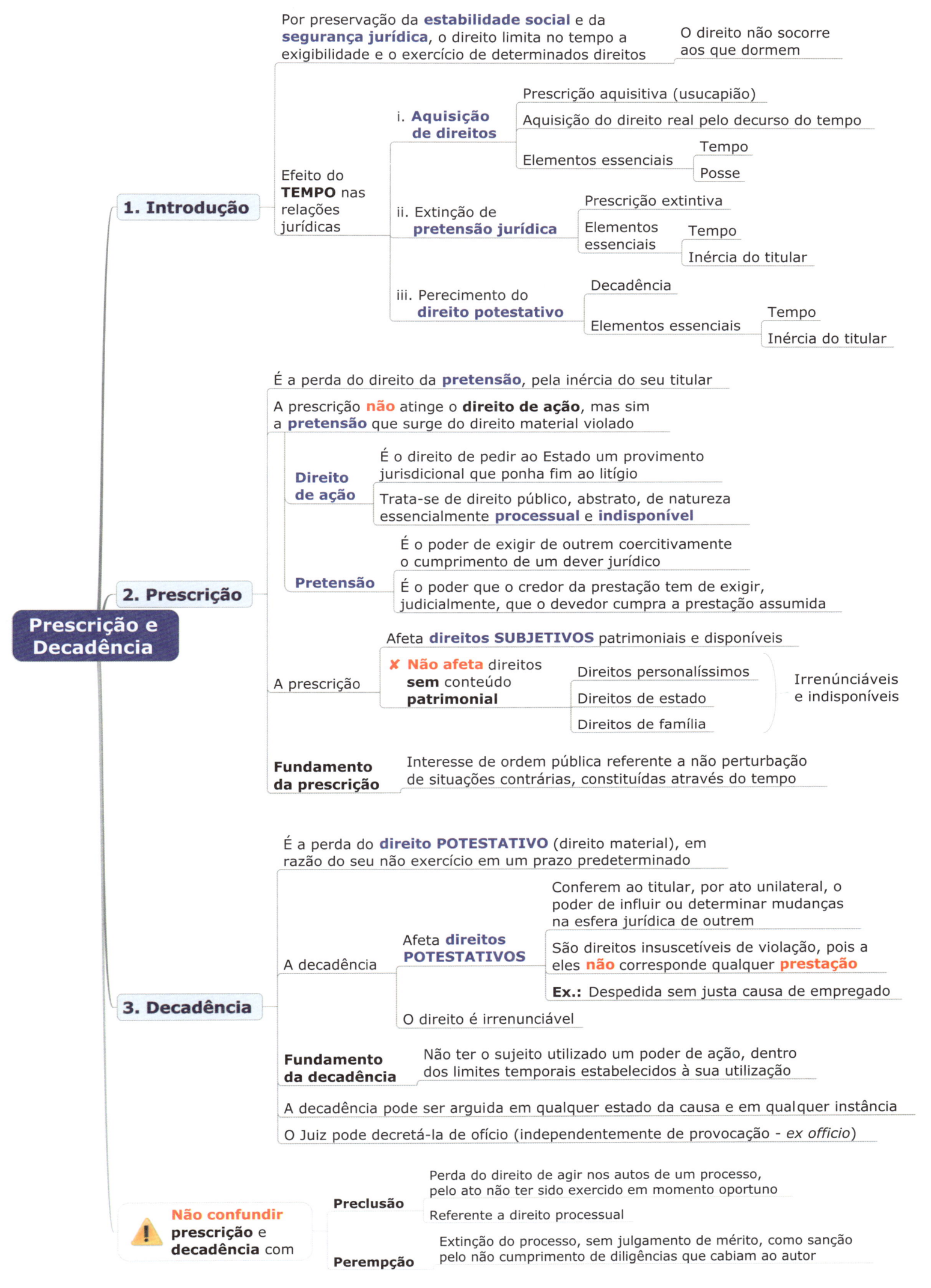

Prescrição e Decadência

1. Introdução

Por preservação da **estabilidade social** e da **segurança jurídica**, o direito limita no tempo a exigibilidade e o exercício de determinados direitos — O direito não socorre aos que dormem

Efeito do **TEMPO** nas relações jurídicas:

- **i. Aquisição de direitos**
  - Prescrição aquisitiva (usucapião)
  - Aquisição do direito real pelo decurso do tempo
  - Elementos essenciais: Tempo / Posse

- **ii. Extinção de pretensão jurídica**
  - Prescrição extintiva
  - Elementos essenciais: Tempo / Inércia do titular

- **iii. Perecimento do direito potestativo**
  - Decadência
  - Elementos essenciais: Tempo / Inércia do titular

2. Prescrição

É a perda do direito da **pretensão**, pela inércia do seu titular

A prescrição **não** atinge o **direito de ação**, mas sim a **pretensão** que surge do direito material violado

- **Direito de ação**
  - É o direito de pedir ao Estado um provimento jurisdicional que ponha fim ao litígio
  - Trata-se de direito público, abstrato, de natureza essencialmente **processual** e **indisponível**

- **Pretensão**
  - É o poder de exigir de outrem coercitivamente o cumprimento de um dever jurídico
  - É o poder que o credor da prestação tem de exigir, judicialmente, que o devedor cumpra a prestação assumida

A prescrição:
- Afeta **direitos SUBJETIVOS** patrimoniais e disponíveis
- ✗ **Não afeta** direitos **sem** conteúdo **patrimonial**:
  - Direitos personalíssimos
  - Direitos de estado
  - Direitos de família

  (Irrenunciáveis e indisponíveis)

Fundamento da prescrição: Interesse de ordem pública referente a não perturbação de situações contrárias, constituídas através do tempo

3. Decadência

É a perda do **direito POTESTATIVO** (direito material), em razão do seu não exercício em um prazo predeterminado

A decadência:
- Afeta **direitos POTESTATIVOS**
  - Conferem ao titular, por ato unilateral, o poder de influir ou determinar mudanças na esfera jurídica de outrem
  - São direitos insuscetíveis de violação, pois a eles **não** corresponde qualquer **prestação**
  - **Ex.:** Despedida sem justa causa de empregado
- O direito é irrenunciável

Fundamento da decadência: Não ter o sujeito utilizado um poder de ação, dentro dos limites temporais estabelecidos à sua utilização

A decadência pode ser arguida em qualquer estado da causa e em qualquer instância

O Juiz pode decretá-la de ofício (independentemente de provocação - *ex officio*)

⚠️ **Não confundir prescrição e decadência com**:

- **Preclusão**
  - Perda do direito de agir nos autos de um processo, pelo ato não ter sido exercido em momento oportuno
  - Referente a direito processual

- **Perempção**
  - Extinção do processo, sem julgamento de mérito, como sanção pelo não cumprimento de diligências que cabiam ao autor

PRESCRIÇÃO E DECADÊNCIA II

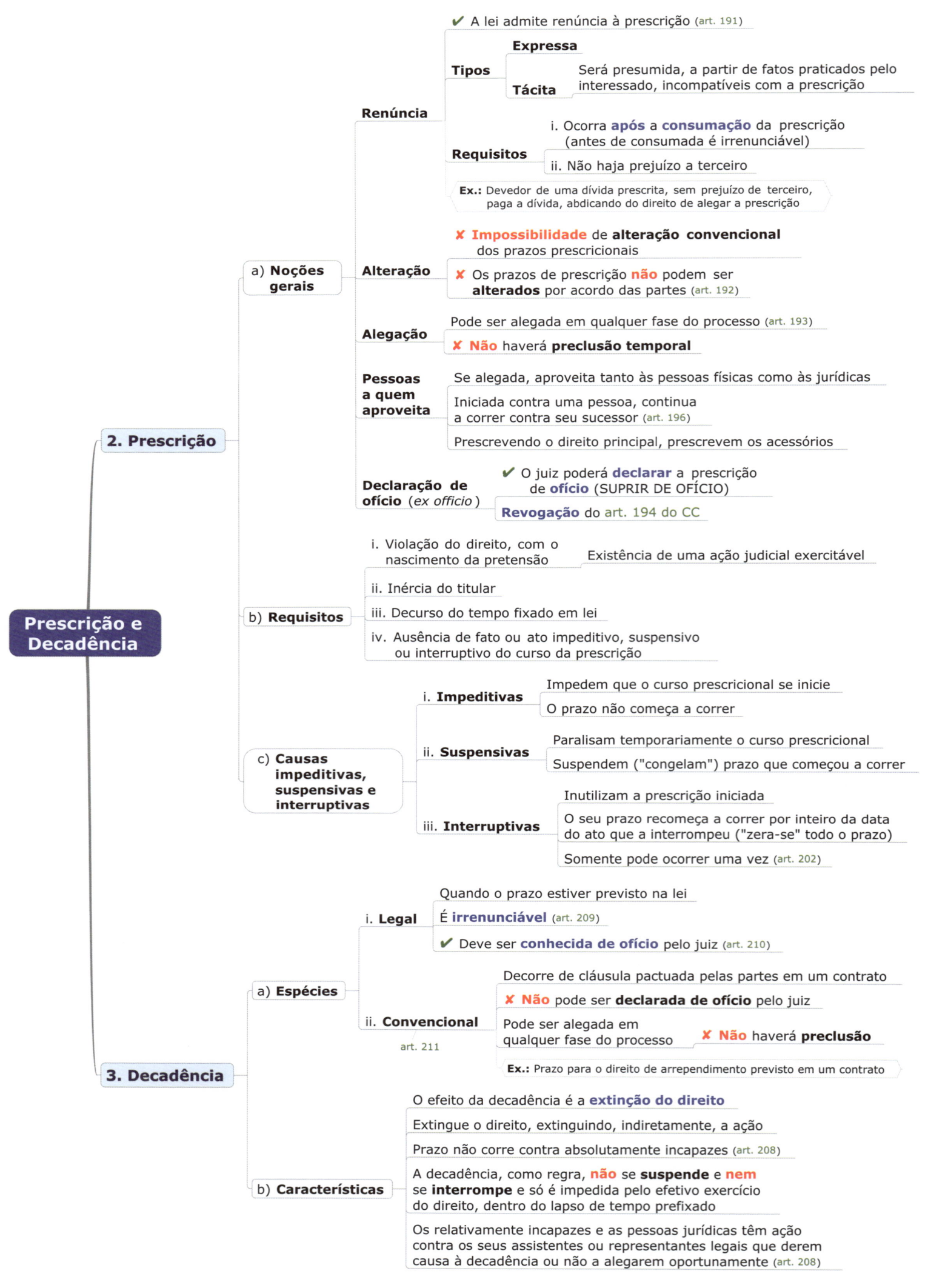

Prescrição e Decadência

2. Prescrição

a) Noções gerais

Renúncia
- ✔ A lei admite renúncia à prescrição (art. 191)
- **Tipos**
  - Expressa
  - Tácita: Será presumida, a partir de fatos praticados pelo interessado, incompatíveis com a prescrição
- **Requisitos**
  - i. Ocorra após a consumação da prescrição (antes de consumada é irrenunciável)
  - ii. Não haja prejuízo a terceiro
- **Ex.:** Devedor de uma dívida prescrita, sem prejuízo de terceiro, paga a dívida, abdicando do direito de alegar a prescrição

Alteração
- ✘ Impossibilidade de alteração convencional dos prazos prescricionais
- ✘ Os prazos de prescrição não podem ser alterados por acordo das partes (art. 192)

Alegação
- Pode ser alegada em qualquer fase do processo (art. 193)
- ✘ Não haverá preclusão temporal

Pessoas a quem aproveita
- Se alegada, aproveita tanto às pessoas físicas como às jurídicas
- Iniciada contra uma pessoa, continua a correr contra seu sucessor (art. 196)
- Prescrevendo o direito principal, prescrevem os acessórios

Declaração de ofício (ex officio)
- ✔ O juiz poderá declarar a prescrição de ofício (SUPRIR DE OFÍCIO)
- Revogação do art. 194 do CC

b) Requisitos
- i. Violação do direito, com o nascimento da pretensão — Existência de uma ação judicial exercitável
- ii. Inércia do titular
- iii. Decurso do tempo fixado em lei
- iv. Ausência de fato ou ato impeditivo, suspensivo ou interruptivo do curso da prescrição

c) Causas impeditivas, suspensivas e interruptivas

- **i. Impeditivas**
  - Impedem que o curso prescricional se inicie
  - O prazo não começa a correr
- **ii. Suspensivas**
  - Paralisam temporariamente o curso prescricional
  - Suspendem ("congelam") prazo que começou a correr
- **iii. Interruptivas**
  - Inutilizam a prescrição iniciada
  - O seu prazo recomeça a correr por inteiro da data do ato que a interrompeu ("zera-se" todo o prazo)
  - Somente pode ocorrer uma vez (art. 202)

3. Decadência

a) Espécies

- **i. Legal**
  - Quando o prazo estiver previsto na lei
  - É irrenunciável (art. 209)
  - ✔ Deve ser conhecida de ofício pelo juiz (art. 210)
- **ii. Convencional** (art. 211)
  - Decorre de cláusula pactuada pelas partes em um contrato
  - ✘ Não pode ser declarada de ofício pelo juiz
  - Pode ser alegada em qualquer fase do processo — ✘ Não haverá preclusão
  - **Ex.:** Prazo para o direito de arrependimento previsto em um contrato

b) Características

- O efeito da decadência é a extinção do direito
- Extingue o direito, extinguindo, indiretamente, a ação
- Prazo não corre contra absolutamente incapazes (art. 208)
- A decadência, como regra, não se suspende e nem se interrompe e só é impedida pelo efetivo exercício do direito, dentro do lapso de tempo prefixado
- Os relativamente incapazes e as pessoas jurídicas têm ação contra os seus assistentes ou representantes legais que derem causa à decadência ou não a alegarem oportunamente (art. 208)

Capítulo 9

Direito das Obrigações

DIREITO DAS OBRIGAÇÕES

Obrigação é a relação **transitória** de direito, que constrange a **dar**, **fazer** ou **não fazer** alguma coisa **economicamente** apreciável, em proveito de alguém que, por ato próprio ou de alguém juridicamente relacionado ou em virtude de lei, adquiriu o direito de exigir essa ação ou omissão (Orlando Gomes)

Direito das Obrigações

1. Introdução

Extensão da relação jurídica
- i. **Pessoal** — Credor / devedor
- ii. De caráter **transitório**
  - Criada para se extinguir com o adimplemento direto ou indireto da prestação
  - Não se destina a perdurar no tempo
- iii. De cunho **patrimonial** — Objeto economicamente apreciável

⚠ Ramos do Direito Civil
- a) **Direitos não patrimoniais**
  - Referentes à pessoa humana
  - Ex.: Direitos de personalidade e de família
- ✔ b) **Direitos patrimoniais**
  - I - Reais (Direito das coisas)
  - ✔ II - **Pessoais** ou **obrigacionais** (**Direito das obrigações**)

2. Elementos constitutivos

a) Elemento subjetivo — São os **sujeitos** de uma obrigação
- i. **Sujeito ativo**
  - É o credor, beneficiário da obrigação
  - Pessoa a quem a prestação é devida
  - Tem o direito de exigir a obrigação
- ii. **Sujeito passivo**
  - É o devedor
  - Aquele que deve cumprir a obrigação

⚠ Se o sujeito passivo/ativo não for determinado a relação obrigacional pode acabar
- Num primeiro momento, pode-se não determinar o sujeito
- Mas no curso da relação o sujeito deve ser determinado/determinável

b) Elemento objetivo — É o **objeto** de uma obrigação
- i. **Objeto imediato**
  - É a **prestação** — **Conduta** ou ato necessário à realização da obrigação
  - Consiste em: Dar; Fazer; ou Não fazer — o bem jurídico protegido
- ii. **Objeto mediato** — Própria coisa

Deve ser:
- i. **Lícito**
- ii. **Possível** — Física e juridicamente
- iii. **Determinado ou determinável**
  - ✘ Não há **indeterminação** no **objeto imediato** (prestação), pois a conduta que se irá realizar já está determinada
- iv. **Economicamente apreciável**
  - ⚠ É admissível a obrigação que tenha por objeto um bem **não econômico**, desde que seja digno de tutela o interesse das partes

c) Vínculo jurídico
- **Elemento abstrato** — **Elo** que sujeita o devedor a determinada prestação em favor do credor
- Atribui ao:
  - **Credor** — o direito de exigir o cumprimento da relação obrigacional
  - **Devedor** — o dever de cumprir a relação obrigacional
- Atribui juricidade à relação obrigacional

3. Fontes das obrigações

São os meios pelos quais se formam ou se estabelecem os vínculos obrigacionais

- **a) Fontes imediatas** — **Lei**
- **b) Fontes mediatas**
  - i. **Negócio jurídico bilateral**
    - Duas pessoas criam obrigações entre si
    - Ex.: Contrato
  - ii. **Negócio jurídico unilateral**
    - Declaração unilateral de vontade
    - Ex.: Promessa de recompensa
  - iii. **Atos ilícitos** — Dever de reparar eventuais prejuízos sofridos (arts. 186 e 187)

CLASSIFICAÇÃO BÁSICA DAS OBRIGAÇÕES I

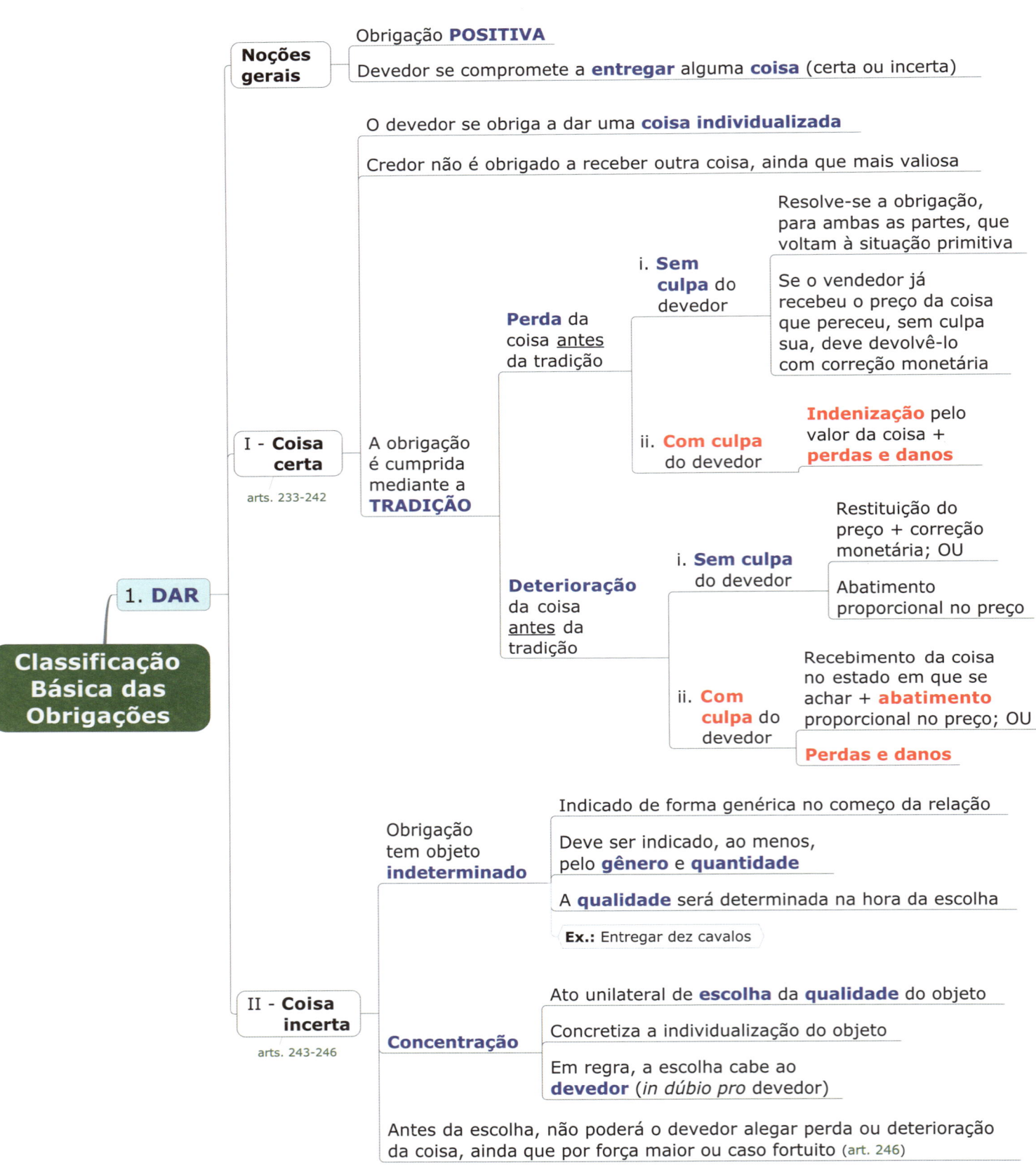

Classificação Básica das Obrigações
- **POSITIVAS**
  - 1. **DAR**
    - I - **Coisa certa**
    - II - **Coisa incerta**
  - 2. **FAZER**
    - I - **Fungível**
    - II - **Infungível**
- **NEGATIVA**
  - 3. **NÃO FAZER**

Classificação Básica das Obrigações — 1. DAR

Noções gerais
- Obrigação **POSITIVA**
- Devedor se compromete a **entregar** alguma **coisa** (certa ou incerta)

I - Coisa certa (arts. 233-242)

- O devedor se obriga a dar uma **coisa individualizada**
- Credor não é obrigado a receber outra coisa, ainda que mais valiosa
- A obrigação é cumprida mediante a **TRADIÇÃO**

Perda da coisa antes da tradição
- i. **Sem culpa** do devedor
  - Resolve-se a obrigação, para ambas as partes, que voltam à situação primitiva
  - Se o vendedor já recebeu o preço da coisa que pereceu, sem culpa sua, deve devolvê-lo com correção monetária
- ii. **Com culpa** do devedor
  - **Indenização** pelo valor da coisa + **perdas e danos**

Deterioração da coisa antes da tradição
- i. **Sem culpa** do devedor
  - Restituição do preço + correção monetária; OU
  - Abatimento proporcional no preço
- ii. **Com culpa** do devedor
  - Recebimento da coisa no estado em que se achar + **abatimento** proporcional no preço; OU
  - **Perdas e danos**

II - Coisa incerta (arts. 243-246)

Obrigação tem objeto indeterminado
- Indicado de forma genérica no começo da relação
- Deve ser indicado, ao menos, pelo **gênero** e **quantidade**
- A **qualidade** será determinada na hora da escolha
- **Ex.:** Entregar dez cavalos

Concentração
- Ato unilateral de **escolha** da **qualidade** do objeto
- Concretiza a individualização do objeto
- Em regra, a escolha cabe ao **devedor** (*in dúbio pro* devedor)

Antes da escolha, não poderá o devedor alegar perda ou deterioração da coisa, ainda que por força maior ou caso fortuito (art. 246)

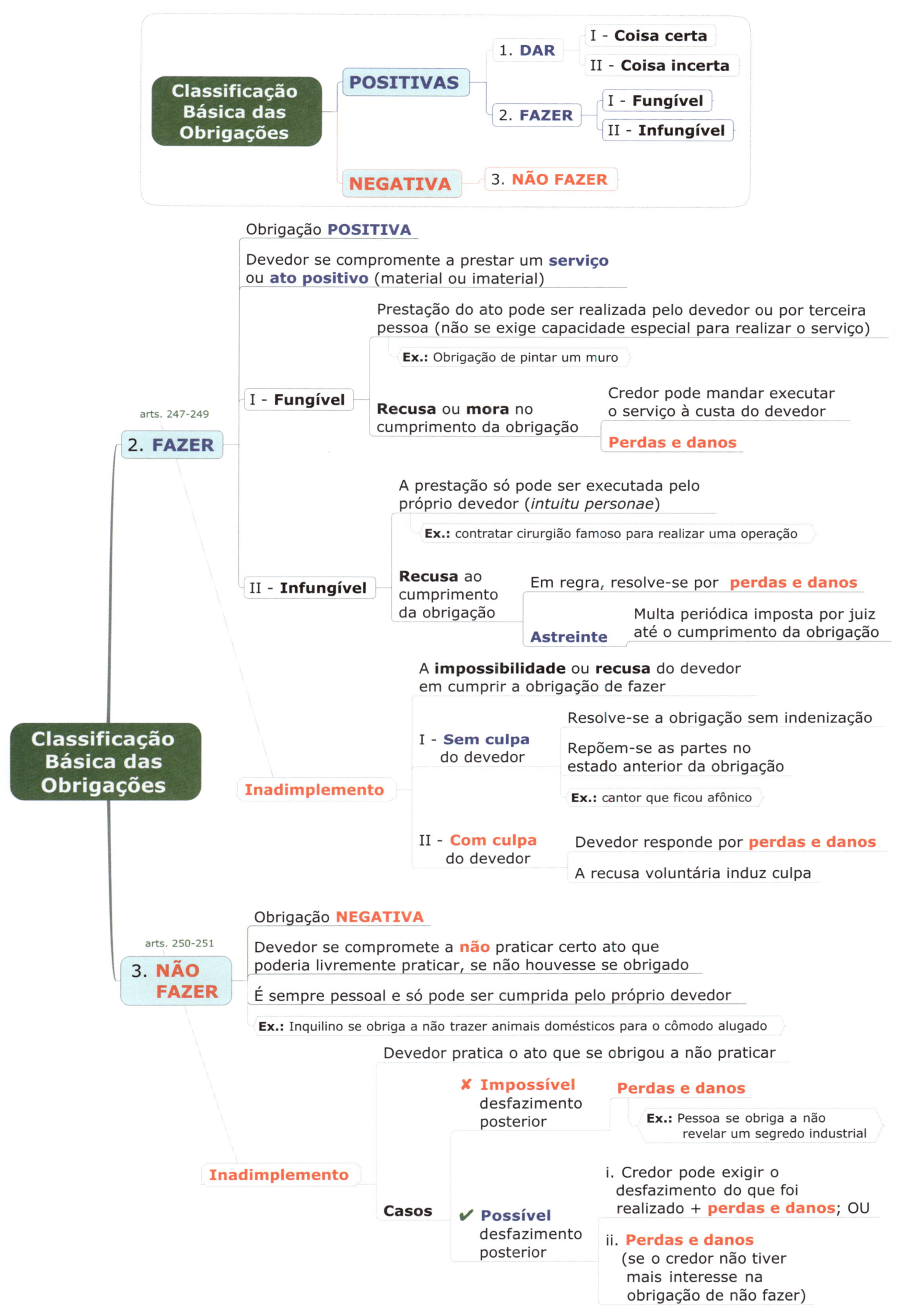

CLASSIFICAÇÃO BÁSICA DAS OBRIGAÇÕES II

Classificação Básica das Obrigações
- **POSITIVAS**
  - 1. **DAR**
    - I - **Coisa certa**
    - II - **Coisa incerta**
  - 2. **FAZER**
    - I - **Fungível**
    - II - **Infungível**
- **NEGATIVA**
  - 3. **NÃO FAZER**

2. FAZER (arts. 247-249)

Obrigação **POSITIVA**

Devedor se compromete a prestar um **serviço** ou **ato positivo** (material ou imaterial)

I - Fungível
Prestação do ato pode ser realizada pelo devedor ou por terceira pessoa (não se exige capacidade especial para realizar o serviço)

- **Ex.:** Obrigação de pintar um muro

Recusa ou **mora** no cumprimento da obrigação:
- Credor pode mandar executar o serviço à custa do devedor
- **Perdas e danos**

II - Infungível
A prestação só pode ser executada pelo próprio devedor (*intuitu personae*)

- **Ex.:** contratar cirurgião famoso para realizar uma operação

Recusa ao cumprimento da obrigação:
- Em regra, resolve-se por **perdas e danos**
- **Astreinte**: Multa periódica imposta por juiz até o cumprimento da obrigação

Inadimplemento
A **impossibilidade** ou **recusa** do devedor em cumprir a obrigação de fazer

- **I - Sem culpa** do devedor
  - Resolve-se a obrigação sem indenização
  - Repõem-se as partes no estado anterior da obrigação
  - **Ex.:** cantor que ficou afônico

- **II - Com culpa** do devedor
  - Devedor responde por **perdas e danos**
  - A recusa voluntária induz culpa

3. NÃO FAZER (arts. 250-251)

Obrigação **NEGATIVA**

Devedor se compromete a **não** praticar certo ato que poderia livremente praticar, se não houvesse se obrigado

É sempre pessoal e só pode ser cumprida pelo próprio devedor

Ex.: Inquilino se obriga a não trazer animais domésticos para o cômodo alugado

Inadimplemento
Devedor pratica o ato que se obrigou a não praticar

Casos:
- ✗ **Impossível** desfazimento posterior
  - **Perdas e danos**
  - **Ex.:** Pessoa se obriga a não revelar um segredo industrial

- ✓ **Possível** desfazimento posterior
  - i. Credor pode exigir o desfazimento do que foi realizado + **perdas e danos**; OU
  - ii. **Perdas e danos** (se o credor não tiver mais interesse na obrigação de não fazer)

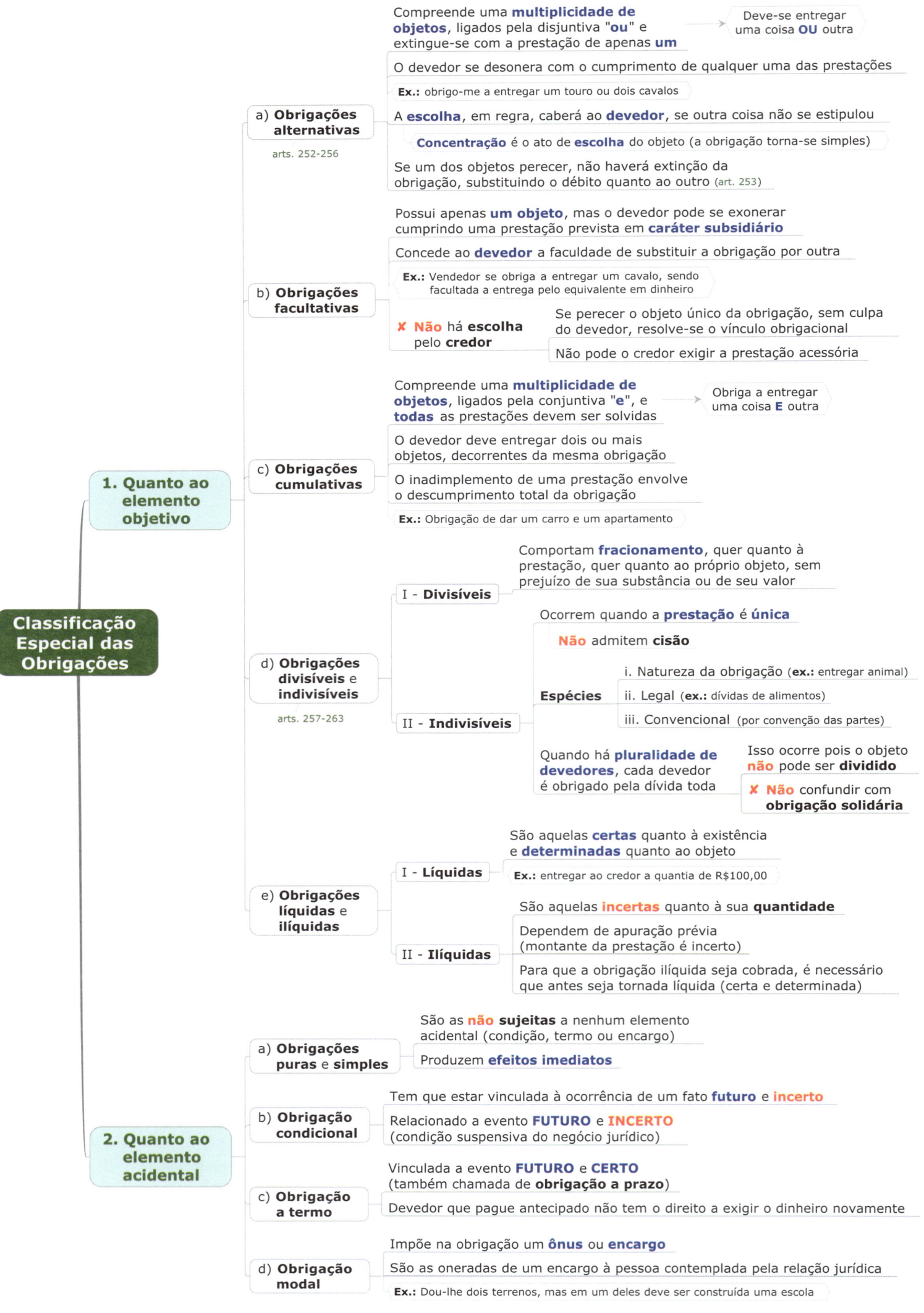

CLASSIFICAÇÃO ESPECIAL DAS OBRIGAÇÕES I

Classificação Especial das Obrigações

1. Quanto ao elemento objetivo

a) Obrigações alternativas (arts. 252-256)

- Compreende uma **multiplicidade de objetos**, ligados pela disjuntiva "**ou**" e extingue-se com a prestação de apenas **um** → Deve-se entregar uma coisa **OU** outra
- O devedor se desonera com o cumprimento de qualquer uma das prestações
- **Ex.:** obrigo-me a entregar um touro ou dois cavalos
- A **escolha**, em regra, caberá ao **devedor**, se outra coisa não se estipulou
  - **Concentração** é o ato de **escolha** do objeto (a obrigação torna-se simples)
- Se um dos objetos perecer, não haverá extinção da obrigação, substituindo o débito quanto ao outro (art. 253)

b) Obrigações facultativas

- Possui apenas **um objeto**, mas o devedor pode se exonerar cumprindo uma prestação prevista em **caráter subsidiário**
- Concede ao **devedor** a faculdade de substituir a obrigação por outra
- **Ex.:** Vendedor se obriga a entregar um cavalo, sendo facultada a entrega pelo equivalente em dinheiro
- ✘ **Não** há **escolha** pelo **credor**
  - Se perecer o objeto único da obrigação, sem culpa do devedor, resolve-se o vínculo obrigacional
  - Não pode o credor exigir a prestação acessória

c) Obrigações cumulativas

- Compreende uma **multiplicidade de objetos**, ligados pela conjuntiva "**e**", e **todas** as prestações devem ser solvidas → Obriga a entregar uma coisa **E** outra
- O devedor deve entregar dois ou mais objetos, decorrentes da mesma obrigação
- O inadimplemento de uma prestação envolve o descumprimento total da obrigação
- **Ex.:** Obrigação de dar um carro e um apartamento

d) Obrigações divisíveis e indivisíveis (arts. 257-263)

- **I - Divisíveis**: Comportam **fracionamento**, quer quanto à prestação, quer quanto ao próprio objeto, sem prejuízo de sua substância ou de seu valor
- **II - Indivisíveis**:
  - Ocorrem quando a **prestação** é **única**
  - **Não** admitem **cisão**
  - **Espécies**:
    - i. Natureza da obrigação (**ex.:** entregar animal)
    - ii. Legal (**ex.:** dívidas de alimentos)
    - iii. Convencional (por convenção das partes)
  - Quando há **pluralidade de devedores**, cada devedor é obrigado pela dívida toda
    - Isso ocorre pois o objeto **não** pode ser **dividido**
    - ✘ **Não** confundir com **obrigação solidária**

e) Obrigações líquidas e ilíquidas

- **I - Líquidas**:
  - São aquelas **certas** quanto à existência e **determinadas** quanto ao objeto
  - **Ex.:** entregar ao credor a quantia de R$100,00
- **II - Ilíquidas**:
  - São aquelas **incertas** quanto à sua **quantidade**
  - Dependem de apuração prévia (montante da prestação é incerto)
  - Para que a obrigação ilíquida seja cobrada, é necessário que antes seja tornada líquida (certa e determinada)

2. Quanto ao elemento acidental

a) Obrigações puras e simples

- São as **não sujeitas** a nenhum elemento acidental (condição, termo ou encargo)
- Produzem **efeitos imediatos**

b) Obrigação condicional

- Tem que estar vinculada à ocorrência de um fato **futuro** e **incerto**
- Relacionado a evento **FUTURO** e **INCERTO** (condição suspensiva do negócio jurídico)

c) Obrigação a termo

- Vinculada a evento **FUTURO** e **CERTO** (também chamada de **obrigação a prazo**)
- Devedor que pague antecipado não tem o direito a exigir o dinheiro novamente

d) Obrigação modal

- Impõe na obrigação um **ônus** ou **encargo**
- São as oneradas de um encargo à pessoa contemplada pela relação jurídica
- **Ex.:** Dou-lhe dois terrenos, mas em um deles deve ser construída uma escola

CLASSIFICAÇÃO ESPECIAL DAS OBRIGAÇÕES II

Classificação Especial das Obrigações

3. Quanto ao conteúdo

a) Obrigações de meio
- Quando o devedor só é obrigado a empenhar-se para conseguir o resultado, mesmo que este não seja alcançado (**não** se **responsabiliza** pelo **resultado**)
- Se o resultado não for alcançado, só poderá ser considerado o **inadimplemento** do devedor se se provar a sua **falta de diligência**
- **Ex.:** Advogados, que não se obrigam a vencer a causa, mas defender com zelo os interesses dos clientes

b) Obrigações de resultado
- O devedor se obriga a um **resultado preestabelecido**
- **Ex.:** Transportador, que promete levar o passageiro a salvo ao destino
- É possível a demonstração de que o resultado não foi alcançado por fator alheio à atuação do devedor (caso fortuito, força maior)

c) Obrigações de garantia
- Visa a **eliminar um risco** que pesa sobre o credor ou as suas consequências
- O devedor não se libera da prestação mesmo em caso de força maior
- **Ex.:** Seguradora que garante o pagamento do seguro, mesmo que por caso fortuito

4. Quanto ao elemento subjetivo

a) Obrigações fracionárias
- Concorre uma pluralidade de credores ou devedores, de forma que cada um deles responda apenas por parte da dívida ou tenha apenas proporcionalidade do crédito
- Deverá ter objeto **divisível** (art. 257)

b) Obrigações conjuntas
- Criação doutrinária
- Concorre uma pluralidade de devedores ou credores, impondo-se a todos o **pagamento conjunto** de **toda a dívida**, não se autorizando a um dos credores exigi-la individualmente

c) Obrigações disjuntas
- Preveem a pluralidade de devedores que se obrigam alternativamente ao pagamento da dívida
- Cabe ao **credor escolher** quais devedores devem pagar, exonerando os demais

d) Obrigações solidárias (arts. 264-285)
- Caracteriza-se pela **pluralidade** de **credores** e/ou de **devedores**, sendo que eles têm **direitos** ou **obrigações** pelo **total da dívida**

Características
- i. Pluralidade de sujeitos (ativos ou passivos)
- ii. Multiplicidade de vínculos
- iii. Unidade de prestação
  - Cada devedor responde pelo débito todo, como se fosse único devedor
  - Cada credor pode exigir a totalidade da prestação, como se fosse credor único
- iv. Corresponsabilidade dos interessados

Espécies de obrigação solidária

I - Ativa
- Pluralidade de **credores**
- Cada um dos credores pode exigir a prestação por inteiro (art. 267)
- Enquanto não for demandado por algum dos cocredores, o devedor pode pagar a qualquer um (art. 268)

II - Passiva
- Pluralidade de **devedores**
- O credor pode escolher qualquer devedor para cumprir a prestação (art. 275)

III - Mista
- Pluralidade de devedores e de credores

⚠️ **Obs.:** A solidariedade **não** se **presume**, resultando da **lei** ou da **vontade das partes** (art. 265)

67

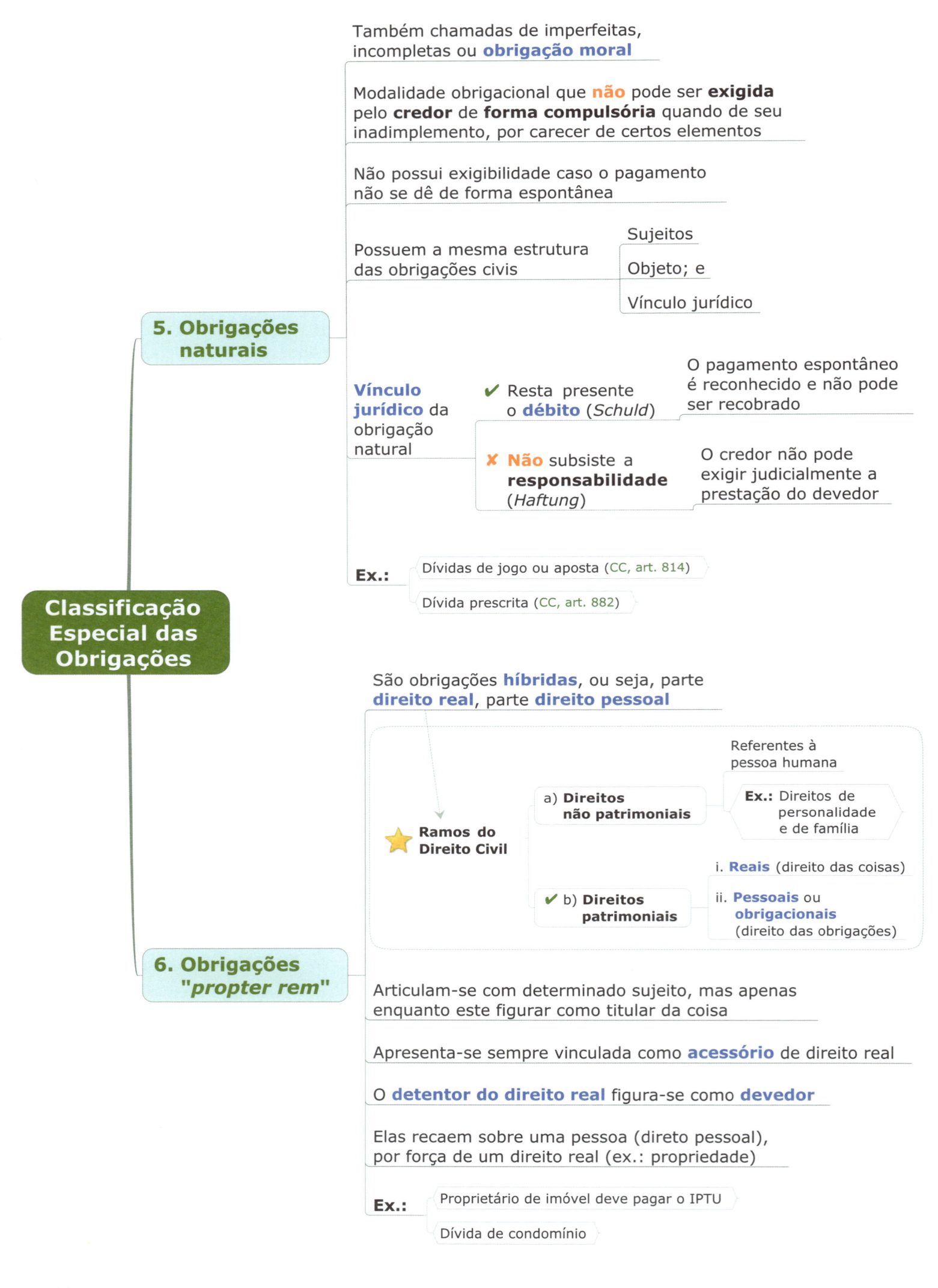

CLASSIFICAÇÃO ESPECIAL DAS OBRIGAÇÕES III

Classificação Especial das Obrigações

5. Obrigações naturais

- Também chamadas de imperfeitas, incompletas ou **obrigação moral**
- Modalidade obrigacional que **não** pode ser **exigida** pelo **credor** de **forma compulsória** quando de seu inadimplemento, por carecer de certos elementos
- Não possui exigibilidade caso o pagamento não se dê de forma espontânea
- Possuem a mesma estrutura das obrigações civis
  - Sujeitos
  - Objeto; e
  - Vínculo jurídico
- **Vínculo jurídico** da obrigação natural
  - ✔ Resta presente o **débito** (*Schuld*) — O pagamento espontâneo é reconhecido e não pode ser recobrado
  - ✘ **Não** subsiste a **responsabilidade** (*Haftung*) — O credor não pode exigir judicialmente a prestação do devedor
- **Ex.:**
  - Dívidas de jogo ou aposta (CC, art. 814)
  - Dívida prescrita (CC, art. 882)

6. Obrigações "*propter rem*"

- São obrigações **híbridas**, ou seja, parte **direito real**, parte **direito pessoal**
  - ★ **Ramos do Direito Civil**
    - a) **Direitos não patrimoniais** — Referentes à pessoa humana
      - Ex.: Direitos de personalidade e de família
    - ✔ b) **Direitos patrimoniais**
      - i. **Reais** (direito das coisas)
      - ii. **Pessoais** ou **obrigacionais** (direito das obrigações)
- Articulam-se com determinado sujeito, mas apenas enquanto este figurar como titular da coisa
- Apresenta-se sempre vinculada como **acessório** de direito real
- O **detentor do direito real** figura-se como **devedor**
- Elas recaem sobre uma pessoa (direto pessoal), por força de um direito real (ex.: propriedade)
- **Ex.:**
  - Proprietário de imóvel deve pagar o IPTU
  - Dívida de condomínio

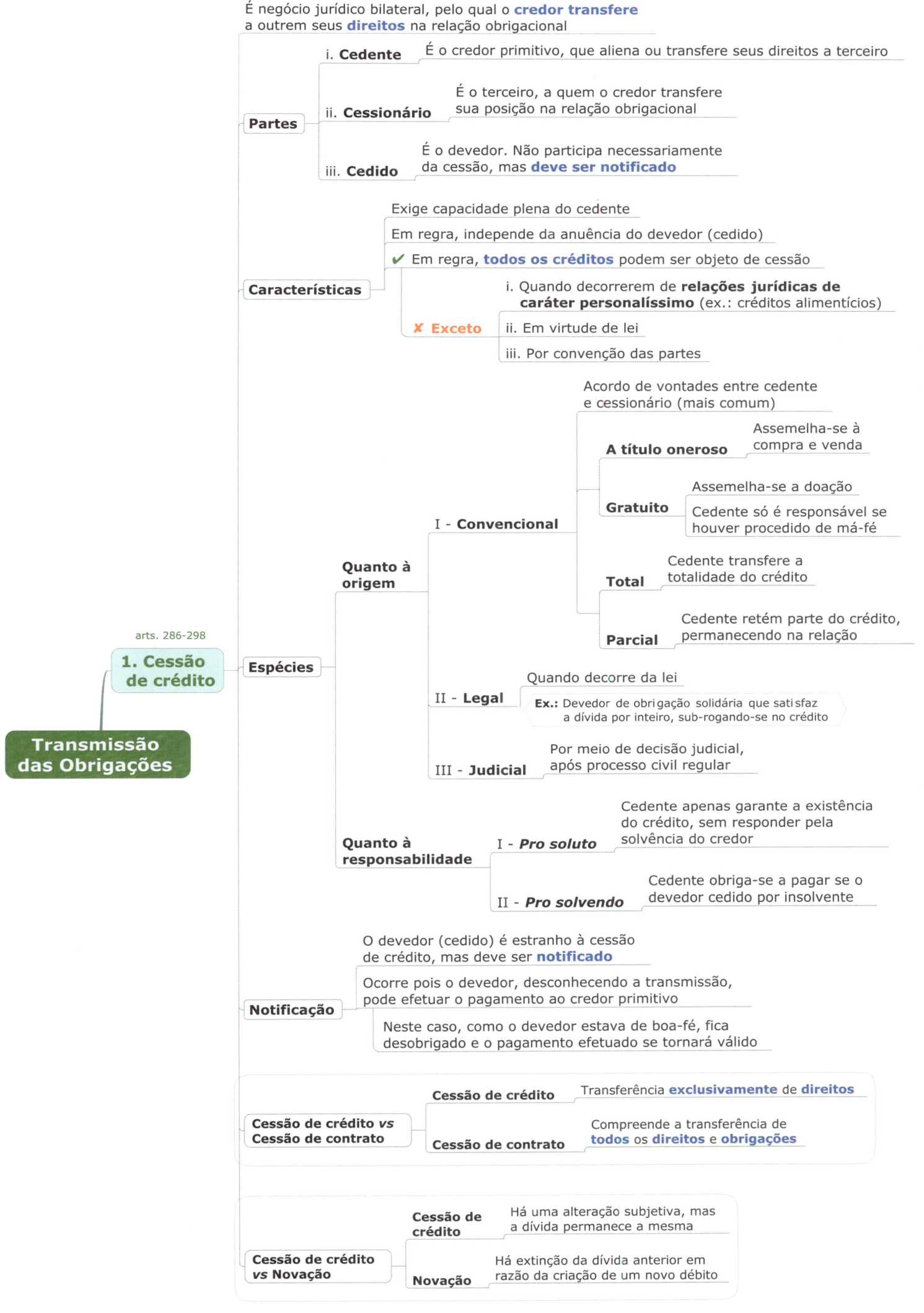

TRANSMISSÃO DAS OBRIGAÇÕES I

Transmissão das Obrigações

1. Cessão de crédito (arts. 286-298)

É negócio jurídico bilateral, pelo qual o **credor transfere** a outrem seus **direitos** na relação obrigacional

Partes

- **i. Cedente**: É o credor primitivo, que aliena ou transfere seus direitos a terceiro
- **ii. Cessionário**: É o terceiro, a quem o credor transfere sua posição na relação obrigacional
- **iii. Cedido**: É o devedor. Não participa necessariamente da cessão, mas **deve ser notificado**

Características

- Exige capacidade plena do cedente
- Em regra, independe da anuência do devedor (cedido)
- ✔ Em regra, **todos os créditos** podem ser objeto de cessão
- ✘ Exceto:
  - i. Quando decorrerem de **relações jurídicas de caráter personalíssimo** (ex.: créditos alimentícios)
  - ii. Em virtude de lei
  - iii. Por convenção das partes

Espécies

Quanto à origem

- **I - Convencional**
  - Acordo de vontades entre cedente e cessionário (mais comum)
  - **A título oneroso**: Assemelha-se à compra e venda
  - **Gratuito**: Assemelha-se a doação; Cedente só é responsável se houver procedido de má-fé
  - **Total**: Cedente transfere a totalidade do crédito
  - **Parcial**: Cedente retém parte do crédito, permanecendo na relação
- **II - Legal**
  - Quando decorre da lei
  - **Ex.:** Devedor de obrigação solidária que satisfaz a dívida por inteiro, sub-rogando-se no crédito
- **III - Judicial**
  - Por meio de decisão judicial, após processo civil regular

Quanto à responsabilidade

- **I - Pro soluto**: Cedente apenas garante a existência do crédito, sem responder pela solvência do credor
- **II - Pro solvendo**: Cedente obriga-se a pagar se o devedor cedido por insolvente

Notificação

- O devedor (cedido) é estranho à cessão de crédito, mas deve ser **notificado**
- Ocorre pois o devedor, desconhecendo a transmissão, pode efetuar o pagamento ao credor primitivo
- Neste caso, como o devedor estava de boa-fé, fica desobrigado e o pagamento efetuado se tornará válido

Cessão de crédito vs Cessão de contrato

- **Cessão de crédito**: Transferência **exclusivamente** de **direitos**
- **Cessão de contrato**: Compreende a transferência de **todos** os **direitos** e **obrigações**

Cessão de crédito vs Novação

- **Cessão de crédito**: Há uma alteração subjetiva, mas a dívida permanece a mesma
- **Novação**: Há extinção da dívida anterior em razão da criação de um novo débito

TRANSMISSÃO DAS OBRIGAÇÕES II

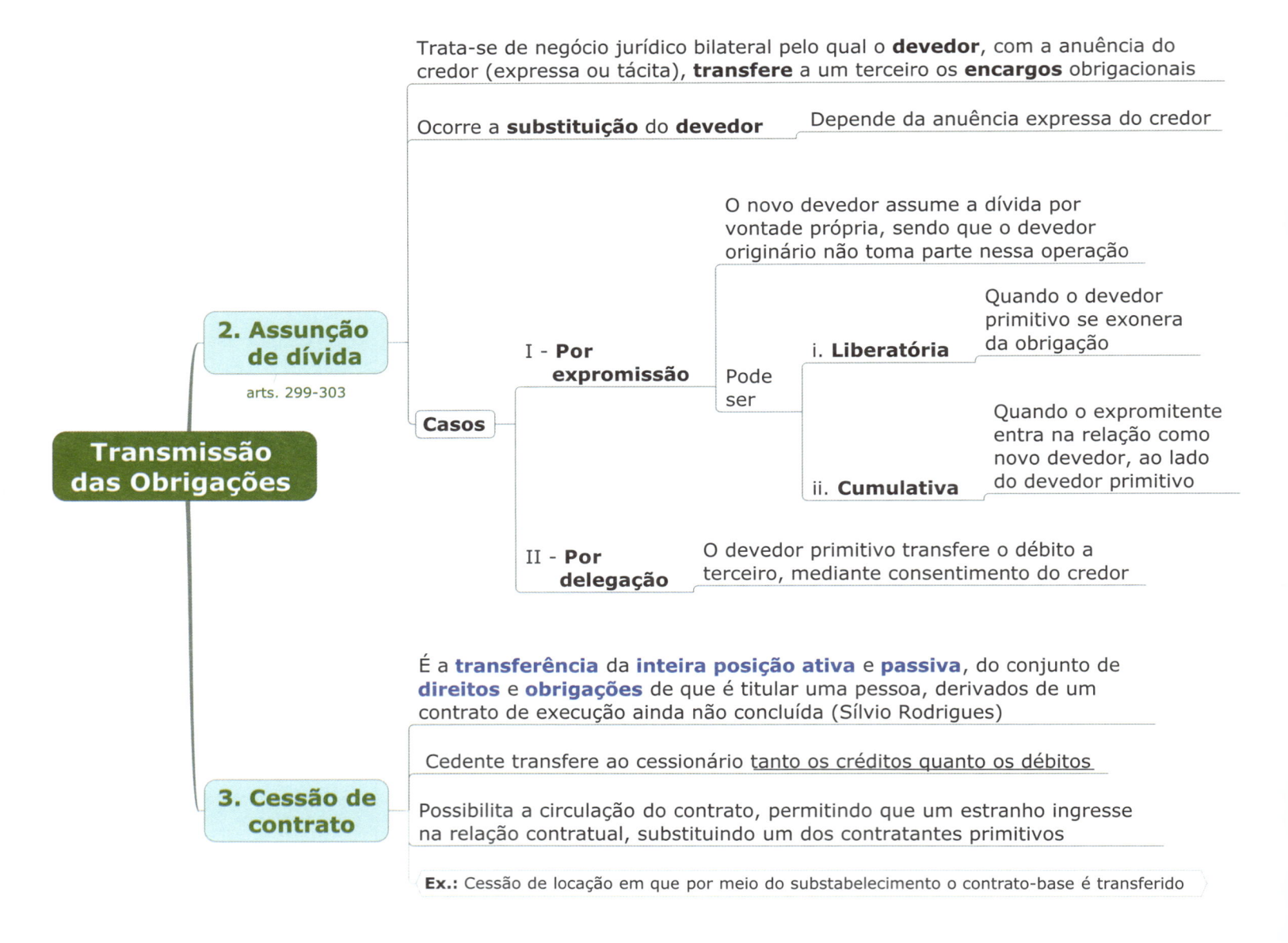

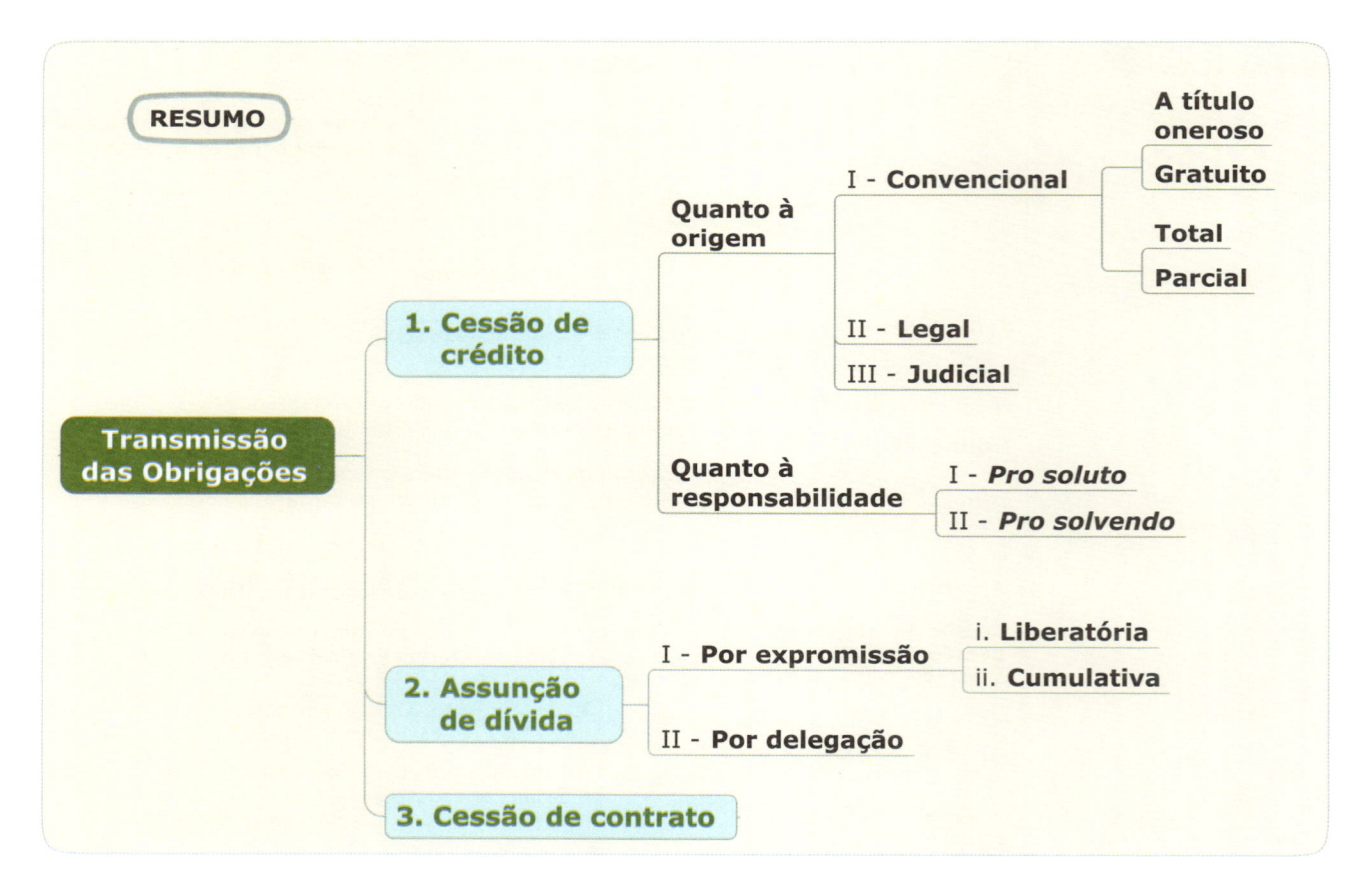

Transmissão das Obrigações

2. Assunção de dívida (arts. 299-303)

Trata-se de negócio jurídico bilateral pelo qual o **devedor**, com a anuência do credor (expressa ou tácita), **transfere** a um terceiro os **encargos** obrigacionais

Ocorre a **substituição** do **devedor** — Depende da anuência expressa do credor

Casos:

- **I - Por expromissão**: O novo devedor assume a dívida por vontade própria, sendo que o devedor originário não toma parte nessa operação. Pode ser:
  - **i. Liberatória**: Quando o devedor primitivo se exonera da obrigação
  - **ii. Cumulativa**: Quando o expromitente entra na relação como novo devedor, ao lado do devedor primitivo

- **II - Por delegação**: O devedor primitivo transfere o débito a terceiro, mediante consentimento do credor

3. Cessão de contrato

É a **transferência** da **inteira posição ativa** e **passiva**, do conjunto de **direitos** e **obrigações** de que é titular uma pessoa, derivados de um contrato de execução ainda não concluída (Sílvio Rodrigues)

Cedente transfere ao cessionário tanto os créditos quanto os débitos

Possibilita a circulação do contrato, permitindo que um estranho ingresse na relação contratual, substituindo um dos contratantes primitivos

Ex.: Cessão de locação em que por meio do substabelecimento o contrato-base é transferido

---

RESUMO

Transmissão das Obrigações

1. Cessão de crédito
- Quanto à origem:
  - I - Convencional: A título oneroso / Gratuito / Total / Parcial
  - II - Legal
  - III - Judicial
- Quanto à responsabilidade:
  - I - *Pro soluto*
  - II - *Pro solvendo*

2. Assunção de dívida
- I - Por expromissão:
  - i. Liberatória
  - ii. Cumulativa
- II - Por delegação

3. Cessão de contrato

DO ADIMPLEMENTO E EXTINÇÃO DAS OBRIGAÇÕES
PAGAMENTO DIRETO I

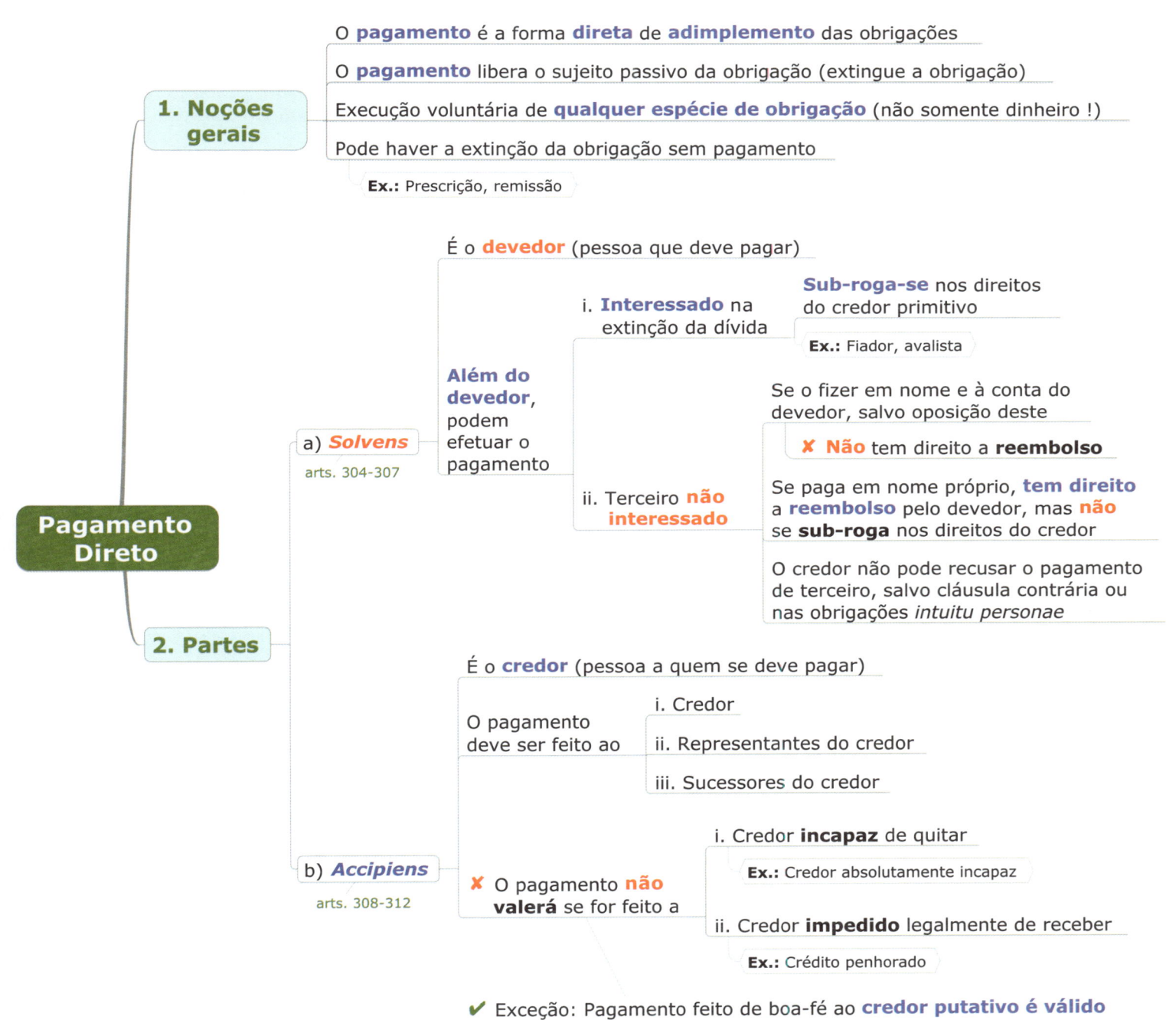

VISÃO GERAL

Do Adimplemento e Extinção das Obrigações (arts. 304-388)

- **Pagamento direto**
- **Formas especiais de pagamento**
  1. Pagamento em consignação
  2. Pagamento com sub-rogação
  3. Imputação ao pagamento
  4. Dação em pagamento
  5. Novação
  6. Compensação
  7. Confusão
  8. Remissão da dívida

Pagamento Direto

1. Noções gerais

- O **pagamento** é a forma **direta** de **adimplemento** das obrigações
- O **pagamento** libera o sujeito passivo da obrigação (extingue a obrigação)
- Execução voluntária de **qualquer espécie de obrigação** (não somente dinheiro!)
- Pode haver a extinção da obrigação sem pagamento
  - Ex.: Prescrição, remissão

2. Partes

a) *Solvens* (arts. 304-307)

É o **devedor** (pessoa que deve pagar)

Além do devedor, podem efetuar o pagamento:

- **i. Interessado** na extinção da dívida
  - **Sub-roga-se** nos direitos do credor primitivo
  - Ex.: Fiador, avalista

- **ii. Terceiro não interessado**
  - Se o fizer em nome e à conta do devedor, salvo oposição deste
    - ✗ **Não** tem direito a **reembolso**
  - Se paga em nome próprio, **tem direito** a **reembolso** pelo devedor, mas **não** se **sub-roga** nos direitos do credor
  - O credor não pode recusar o pagamento de terceiro, salvo cláusula contrária ou nas obrigações *intuitu personae*

b) *Accipiens* (arts. 308-312)

É o **credor** (pessoa a quem se deve pagar)

O pagamento deve ser feito ao:
- i. Credor
- ii. Representantes do credor
- iii. Sucessores do credor

✗ O pagamento **não valerá** se for feito a:
- i. Credor **incapaz** de quitar
  - Ex.: Credor absolutamente incapaz
- ii. Credor **impedido** legalmente de receber
  - Ex.: Crédito penhorado

✓ Exceção: Pagamento feito de boa-fé ao **credor putativo é válido**
- **Credor putativo**: quem aparentava ser credor, mas não o era

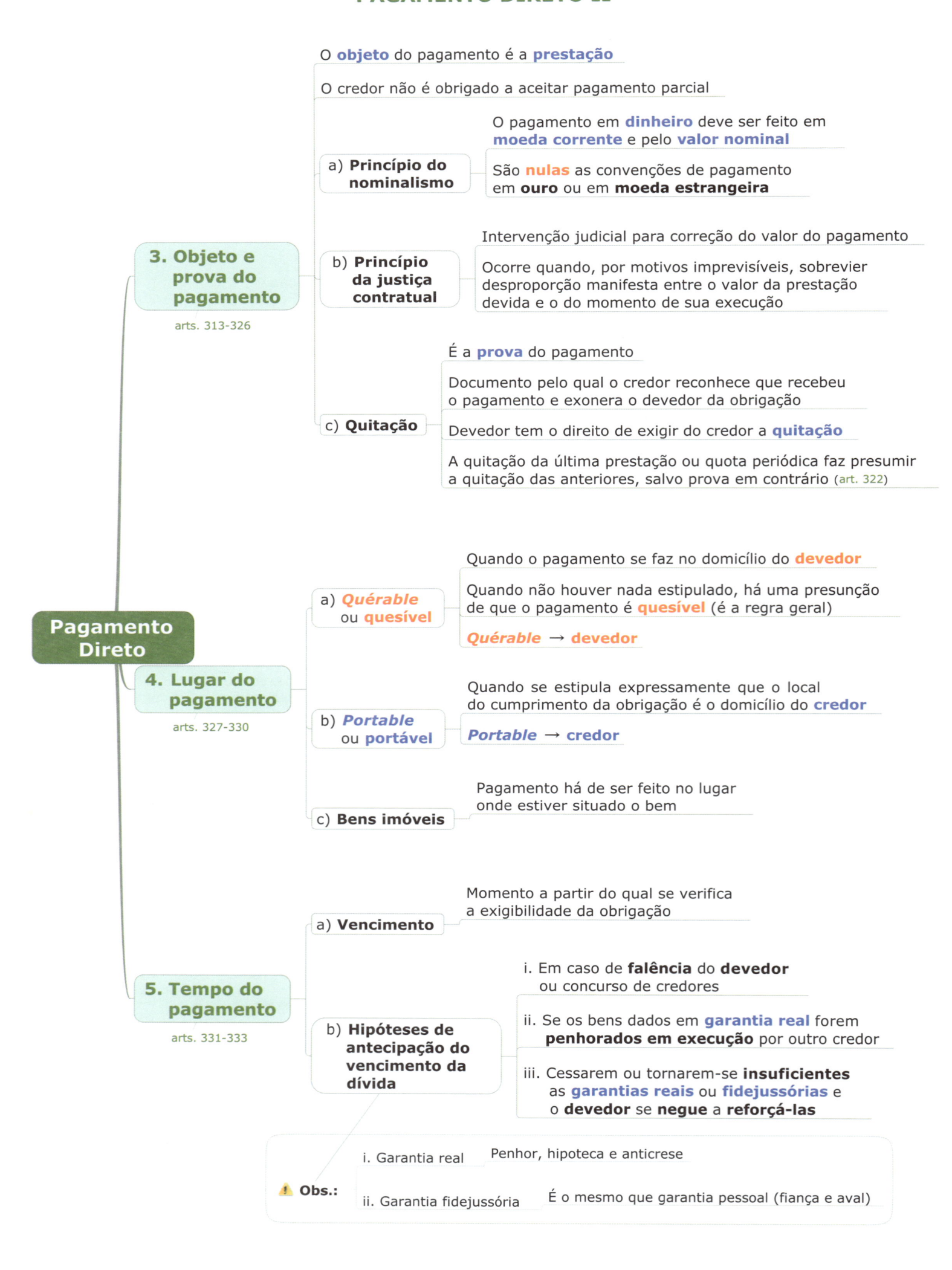

DO ADIMPLEMENTO E EXTINÇÃO DAS OBRIGAÇÕES
PAGAMENTO DIRETO II

Pagamento Direto

3. Objeto e prova do pagamento
arts. 313-326

- O **objeto** do pagamento é a **prestação**
- O credor não é obrigado a aceitar pagamento parcial

a) Princípio do nominalismo
- O pagamento em **dinheiro** deve ser feito em **moeda corrente** e pelo **valor nominal**
- São **nulas** as convenções de pagamento em **ouro** ou em **moeda estrangeira**

b) Princípio da justiça contratual
- Intervenção judicial para correção do valor do pagamento
- Ocorre quando, por motivos imprevisíveis, sobrevier desproporção manifesta entre o valor da prestação devida e o do momento de sua execução

c) Quitação
- É a **prova** do pagamento
- Documento pelo qual o credor reconhece que recebeu o pagamento e exonera o devedor da obrigação
- Devedor tem o direito de exigir do credor a **quitação**
- A quitação da última prestação ou quota periódica faz presumir a quitação das anteriores, salvo prova em contrário (art. 322)

4. Lugar do pagamento
arts. 327-330

a) *Quérable* ou quesível
- Quando o pagamento se faz no domicílio do **devedor**
- Quando não houver nada estipulado, há uma presunção de que o pagamento é **quesível** (é a regra geral)
- *Quérable* → devedor

b) *Portable* ou portável
- Quando se estipula expressamente que o local do cumprimento da obrigação é o domicílio do **credor**
- *Portable* → credor

c) Bens imóveis
- Pagamento há de ser feito no lugar onde estiver situado o bem

5. Tempo do pagamento
arts. 331-333

a) Vencimento
- Momento a partir do qual se verifica a exigibilidade da obrigação

b) Hipóteses de antecipação do vencimento da dívida
- i. Em caso de **falência** do **devedor** ou concurso de credores
- ii. Se os bens dados em **garantia real** forem **penhorados em execução** por outro credor
- iii. Cessarem ou tornarem-se **insuficientes** as **garantias reais** ou **fidejussórias** e o **devedor** se **negue** a **reforçá-las**

⚠ **Obs.:**
- i. Garantia real — Penhor, hipoteca e anticrese
- ii. Garantia fidejussória — É o mesmo que garantia pessoal (fiança e aval)

DO ADIMPLEMENTO E EXTINÇÃO DAS OBRIGAÇÕES
FORMAS ESPECIAIS DE PAGAMENTOS I

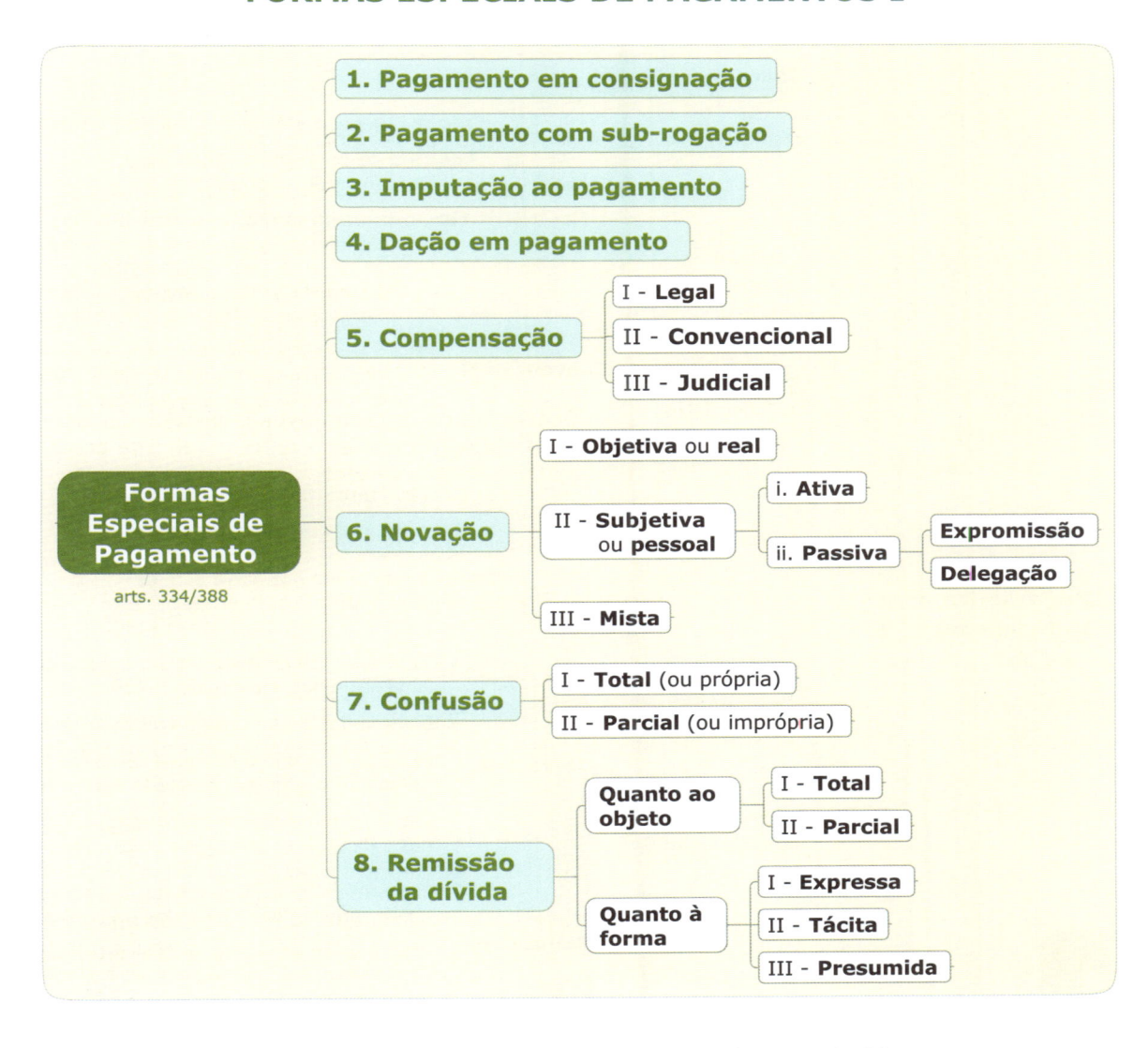

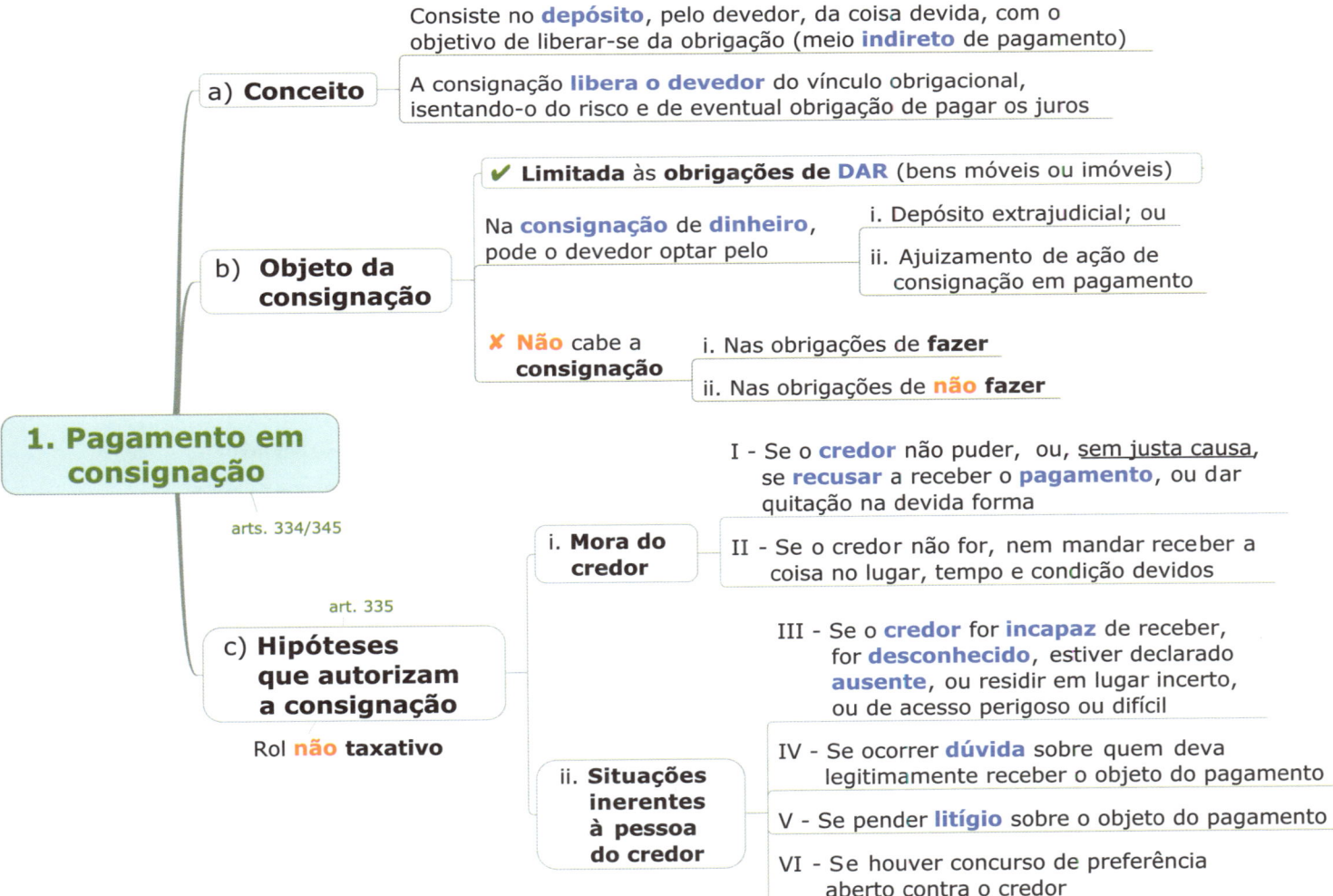

Formas Especiais de Pagamento (arts. 334/388)

1. Pagamento em consignação
2. Pagamento com sub-rogação
3. Imputação ao pagamento
4. Dação em pagamento
5. Compensação
   - I - Legal
   - II - Convencional
   - III - Judicial
6. Novação
   - I - Objetiva ou **real**
   - II - **Subjetiva** ou **pessoal**
     - i. Ativa
     - ii. Passiva
       - Expromissão
       - Delegação
   - III - Mista
7. Confusão
   - I - **Total** (ou própria)
   - II - **Parcial** (ou imprópria)
8. Remissão da dívida
   - Quanto ao objeto
     - I - Total
     - II - Parcial
   - Quanto à forma
     - I - Expressa
     - II - Tácita
     - III - Presumida

1. Pagamento em consignação (arts. 334/345)

a) Conceito
- Consiste no **depósito**, pelo devedor, da coisa devida, com o objetivo de liberar-se da obrigação (meio **indireto** de pagamento)
- A consignação **libera o devedor** do vínculo obrigacional, isentando-o do risco e de eventual obrigação de pagar os juros

b) Objeto da consignação
- ✔ **Limitada** às **obrigações de DAR** (bens móveis ou imóveis)
- Na **consignação** de **dinheiro**, pode o devedor optar pelo
  - i. Depósito extrajudicial; ou
  - ii. Ajuizamento de ação de consignação em pagamento
- ✘ **Não** cabe a **consignação**
  - i. Nas obrigações de **fazer**
  - ii. Nas obrigações de **não fazer**

c) Hipóteses que autorizam a consignação (art. 335)
Rol **não** taxativo

- i. **Mora do credor**
  - I - Se o **credor** não puder, ou, sem justa causa, se **recusar** a receber o **pagamento**, ou dar quitação na devida forma
  - II - Se o credor não for, nem mandar receber a coisa no lugar, tempo e condição devidos

- ii. **Situações inerentes à pessoa do credor**
  - III - Se o **credor** for **incapaz** de receber, for **desconhecido**, estiver declarado **ausente**, ou residir em lugar incerto, ou de acesso perigoso ou difícil
  - IV - Se ocorrer **dúvida** sobre quem deva legitimamente receber o objeto do pagamento
  - V - Se pender **litígio** sobre o objeto do pagamento
  - VI - Se houver concurso de preferência aberto contra o credor

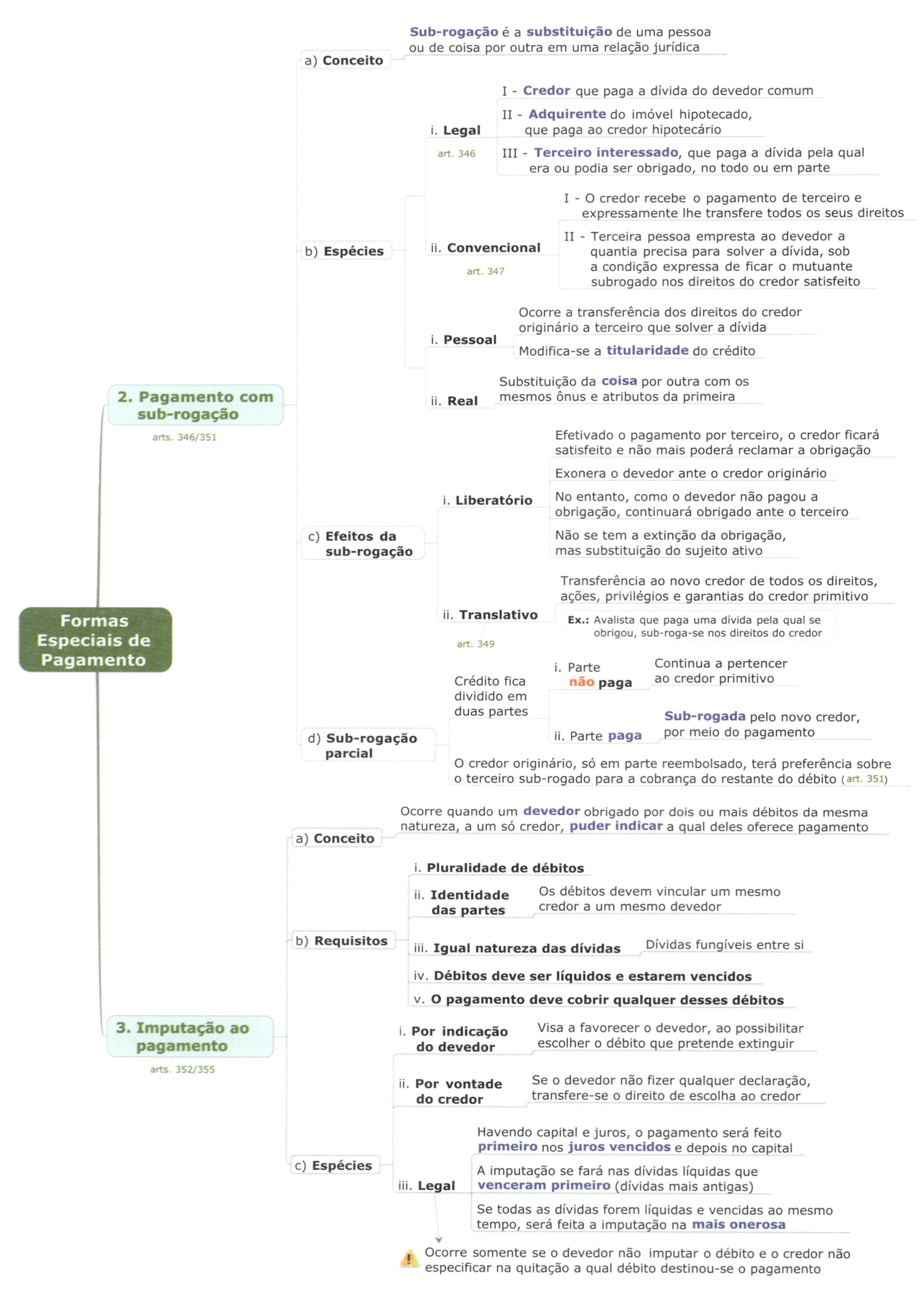

FORMAS ESPECIAIS DE PAGAMENTOS II

Formas Especiais de Pagamento

2. Pagamento com sub-rogação (arts. 346/351)

a) Conceito
Sub-rogação é a substituição de uma pessoa ou de coisa por outra em uma relação jurídica

b) Espécies

i. Legal (art. 346)
- I - **Credor** que paga a dívida do devedor comum
- II - **Adquirente** do imóvel hipotecado, que paga ao credor hipotecário
- III - **Terceiro interessado**, que paga a dívida pela qual era ou podia ser obrigado, no todo ou em parte

ii. Convencional (art. 347)
- I - O credor recebe o pagamento de terceiro e expressamente lhe transfere todos os seus direitos
- II - Terceira pessoa empresta ao devedor a quantia precisa para solver a dívida, sob a condição expressa de ficar o mutuante subrogado nos direitos do credor satisfeito

i. Pessoal
- Ocorre a transferência dos direitos do credor originário a terceiro que solver a dívida
- Modifica-se a **titularidade** do crédito

ii. Real
- Substituição da **coisa** por outra com os mesmos ônus e atributos da primeira

c) Efeitos da sub-rogação

i. Liberatório
- Efetivado o pagamento por terceiro, o credor ficará satisfeito e não mais poderá reclamar a obrigação
- Exonera o devedor ante o credor originário
- No entanto, como o devedor não pagou a obrigação, continuará obrigado ante o terceiro
- Não se tem a extinção da obrigação, mas substituição do sujeito ativo

ii. Translativo (art. 349)
- Transferência ao novo credor de todos os direitos, ações, privilégios e garantias do credor primitivo
- **Ex.:** Avalista que paga uma dívida pela qual se obrigou, sub-roga-se nos direitos do credor

d) Sub-rogação parcial

Crédito fica dividido em duas partes:
- **i. Parte não paga** — Continua a pertencer ao credor primitivo
- **ii. Parte paga** — **Sub-rogada** pelo novo credor, por meio do pagamento

O credor originário, só em parte reembolsado, terá preferência sobre o terceiro sub-rogado para a cobrança do restante do débito (art. 351)

3. Imputação ao pagamento (arts. 352/355)

a) Conceito
Ocorre quando um **devedor** obrigado por dois ou mais débitos da mesma natureza, a um só credor, **puder indicar** a qual deles oferece pagamento

b) Requisitos
- i. Pluralidade de débitos
- ii. **Identidade das partes** — Os débitos devem vincular um mesmo credor a um mesmo devedor
- iii. **Igual natureza das dívidas** — Dívidas fungíveis entre si
- iv. **Débitos deve ser líquidos e estarem vencidos**
- v. **O pagamento deve cobrir qualquer desses débitos**

c) Espécies

i. Por indicação do devedor — Visa a favorecer o devedor, ao possibilitar escolher o débito que pretende extinguir

ii. Por vontade do credor — Se o devedor não fizer qualquer declaração, transfere-se o direito de escolha ao credor

iii. Legal
- Havendo capital e juros, o pagamento será feito **primeiro** nos **juros vencidos** e depois no capital
- A imputação se fará nas dívidas líquidas que **venceram primeiro** (dívidas mais antigas)
- Se todas as dívidas forem líquidas e vencidas ao mesmo tempo, será feita a imputação na **mais onerosa**

⚠️ Ocorre somente se o devedor não imputar o débito e o credor não especificar na quitação a qual débito destinou-se o pagamento

DO ADIMPLEMENTO E EXTINÇÃO DAS OBRIGAÇÕES
FORMAS ESPECIAIS DE PAGAMENTOS III

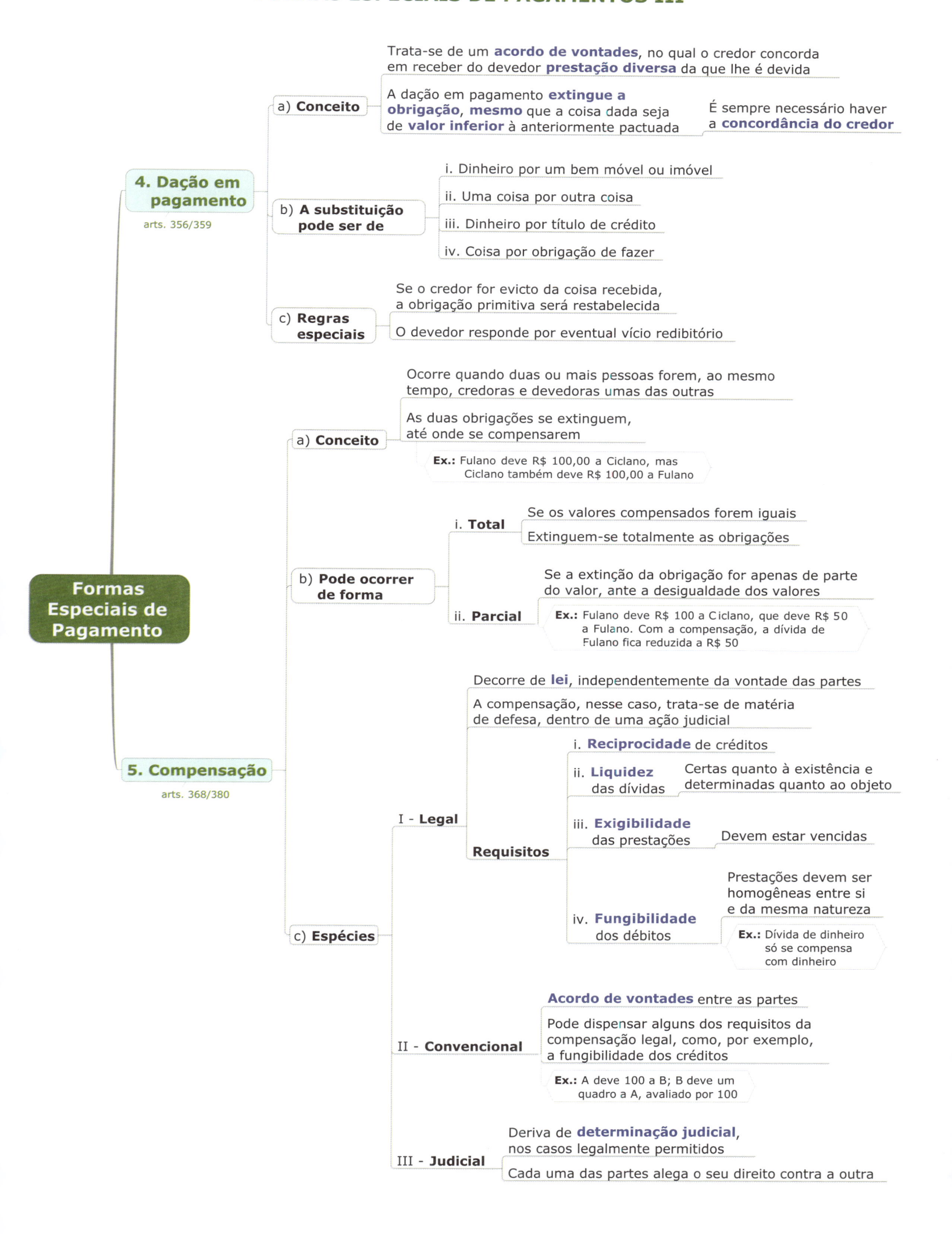

Formas Especiais de Pagamento

4. Dação em pagamento (arts. 356/359)

- **a) Conceito**
  - Trata-se de um **acordo de vontades**, no qual o credor concorda em receber do devedor **prestação diversa** da que lhe é devida
  - A dação em pagamento **extingue a obrigação, mesmo** que a coisa dada seja de **valor inferior** à anteriormente pactuada
  - É sempre necessário haver a **concordância do credor**

- **b) A substituição pode ser de**
  - i. Dinheiro por um bem móvel ou imóvel
  - ii. Uma coisa por outra coisa
  - iii. Dinheiro por título de crédito
  - iv. Coisa por obrigação de fazer

- **c) Regras especiais**
  - Se o credor for evicto da coisa recebida, a obrigação primitiva será restabelecida
  - O devedor responde por eventual vício redibitório

5. Compensação (arts. 368/380)

- **a) Conceito**
  - Ocorre quando duas ou mais pessoas forem, ao mesmo tempo, credoras e devedoras umas das outras
  - As duas obrigações se extinguem, até onde se compensarem
  - **Ex.:** Fulano deve R$ 100,00 a Ciclano, mas Ciclano também deve R$ 100,00 a Fulano

- **b) Pode ocorrer de forma**
  - **i. Total**
    - Se os valores compensados forem iguais
    - Extinguem-se totalmente as obrigações
  - **ii. Parcial**
    - Se a extinção da obrigação for apenas de parte do valor, ante a desigualdade dos valores
    - **Ex.:** Fulano deve R$ 100 a Ciclano, que deve R$ 50 a Fulano. Com a compensação, a dívida de Fulano fica reduzida a R$ 50

- **c) Espécies**
  - **I - Legal**
    - Decorre de **lei**, independentemente da vontade das partes
    - A compensação, nesse caso, trata-se de matéria de defesa, dentro de uma ação judicial
    - **Requisitos:**
      - i. **Reciprocidade** de créditos
      - ii. **Liquidez** das dívidas — Certas quanto à existência e determinadas quanto ao objeto
      - iii. **Exigibilidade** das prestações — Devem estar vencidas
      - iv. **Fungibilidade** dos débitos — Prestações devem ser homogêneas entre si e da mesma natureza
        - **Ex.:** Dívida de dinheiro só se compensa com dinheiro
  - **II - Convencional**
    - **Acordo de vontades** entre as partes
    - Pode dispensar alguns dos requisitos da compensação legal, como, por exemplo, a fungibilidade dos créditos
    - **Ex.:** A deve 100 a B; B deve um quadro a A, avaliado por 100
  - **III - Judicial**
    - Deriva de **determinação judicial**, nos casos legalmente permitidos
    - Cada uma das partes alega o seu direito contra a outra

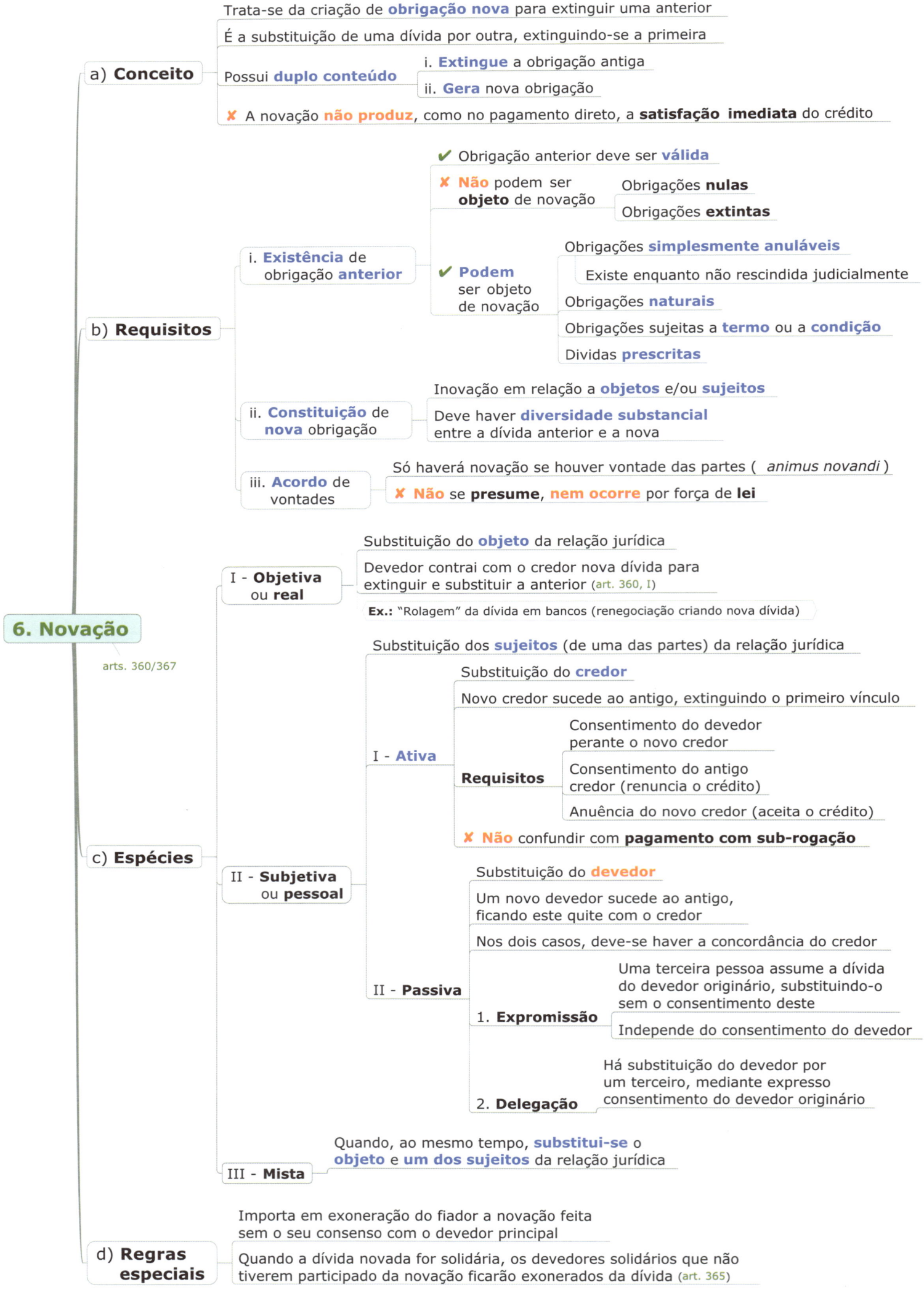

FORMAS ESPECIAIS DE PAGAMENTOS IV

6. Novação
arts. 360/367

- **a) Conceito**
  - Trata-se da criação de **obrigação nova** para extinguir uma anterior
  - É a substituição de uma dívida por outra, extinguindo-se a primeira
  - Possui **duplo conteúdo**
    - i. **Extingue** a obrigação antiga
    - ii. **Gera** nova obrigação
  - ✗ A novação **não produz**, como no pagamento direto, a **satisfação imediata** do crédito

- **b) Requisitos**
  - i. **Existência** de obrigação **anterior**
    - ✔ Obrigação anterior deve ser **válida**
    - ✗ **Não** podem ser **objeto** de novação
      - Obrigações **nulas**
      - Obrigações **extintas**
    - ✔ **Podem** ser objeto de novação
      - Obrigações **simplesmente anuláveis**
        - Existe enquanto não rescindida judicialmente
      - Obrigações **naturais**
      - Obrigações sujeitas a **termo** ou a **condição**
      - Dívidas **prescritas**
  - ii. **Constituição** de **nova** obrigação
    - Inovação em relação a **objetos** e/ou **sujeitos**
    - Deve haver **diversidade substancial** entre a dívida anterior e a nova
  - iii. **Acordo** de vontades
    - Só haverá novação se houver vontade das partes (*animus novandi*)
    - ✗ **Não** se **presume**, **nem ocorre** por força de **lei**

- **c) Espécies**
  - **I - Objetiva ou real**
    - Substituição do **objeto** da relação jurídica
    - Devedor contrai com o credor nova dívida para extinguir e substituir a anterior (art. 360, I)
    - Ex.: "Rolagem" da dívida em bancos (renegociação criando nova dívida)
  - **II - Subjetiva ou pessoal**
    - Substituição dos **sujeitos** (de uma das partes) da relação jurídica
    - **I - Ativa**
      - Substituição do **credor**
      - Novo credor sucede ao antigo, extinguindo o primeiro vínculo
      - Requisitos
        - Consentimento do devedor perante o novo credor
        - Consentimento do antigo credor (renuncia o crédito)
        - Anuência do novo credor (aceita o crédito)
      - ✗ **Não** confundir com **pagamento com sub-rogação**
    - **II - Passiva**
      - Substituição do **devedor**
      - Um novo devedor sucede ao antigo, ficando este quite com o credor
      - Nos dois casos, deve-se haver a concordância do credor
      - 1. **Expromissão**
        - Uma terceira pessoa assume a dívida do devedor originário, substituindo-o sem o consentimento deste
        - Independe do consentimento do devedor
      - 2. **Delegação**
        - Há substituição do devedor por um terceiro, mediante expresso consentimento do devedor originário
  - **III - Mista**
    - Quando, ao mesmo tempo, **substitui-se** o **objeto** e **um dos sujeitos** da relação jurídica

- **d) Regras especiais**
  - Importa em exoneração do fiador a novação feita sem o seu consenso com o devedor principal
  - Quando a dívida novada for solidária, os devedores solidários que não tiverem participado da novação ficarão exonerados da dívida (art. 365)

FORMAS ESPECIAIS DE PAGAMENTOS V

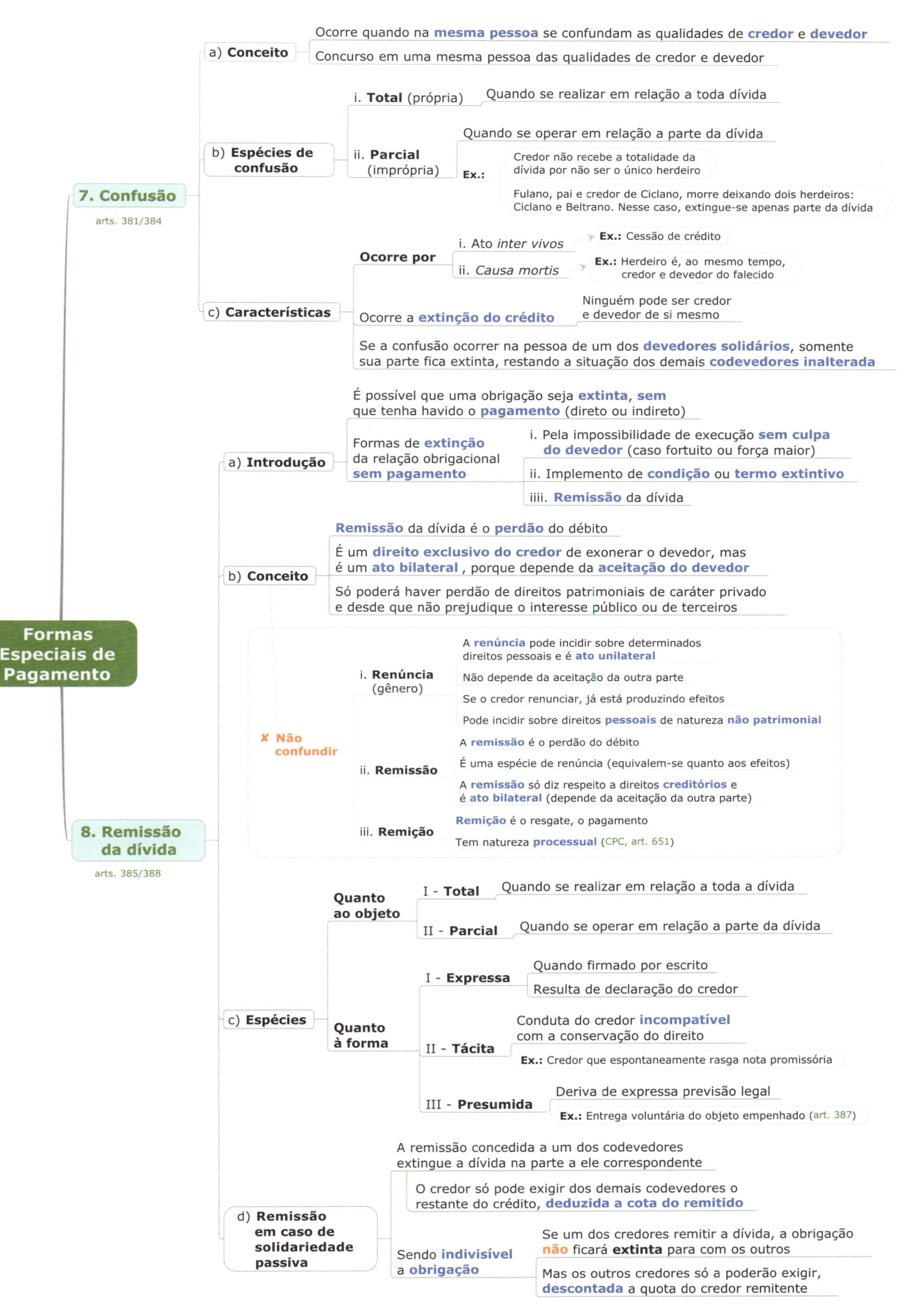

Formas Especiais de Pagamento

7. Confusão
arts. 381/384

- **a) Conceito**
  - Ocorre quando na **mesma pessoa** se confundam as qualidades de **credor** e **devedor**
  - Concurso em uma mesma pessoa das qualidades de credor e devedor

- **b) Espécies de confusão**
  - **i. Total** (própria) — Quando se realizar em relação a toda dívida
  - **ii. Parcial** (imprópria) — Quando se operar em relação a parte da dívida
    - **Ex.:** Credor não recebe a totalidade da dívida por não ser o único herdeiro
    - Fulano, pai e credor de Ciclano, morre deixando dois herdeiros: Ciclano e Beltrano. Nesse caso, extingue-se apenas parte da dívida

- **c) Características**
  - **Ocorre por**
    - i. Ato *inter vivos* — **Ex.:** Cessão de crédito
    - ii. *Causa mortis* — **Ex.:** Herdeiro é, ao mesmo tempo, credor e devedor do falecido
  - Ocorre a **extinção do crédito** — Ninguém pode ser credor e devedor de si mesmo
  - Se a confusão ocorrer na pessoa de um dos **devedores solidários**, somente sua parte fica extinta, restando a situação dos demais **codevedores inalterada**

8. Remissão da dívida
arts. 385/388

- **a) Introdução**
  - É possível que uma obrigação seja **extinta, sem** que tenha havido o **pagamento** (direto ou indireto)
  - Formas de **extinção** da relação obrigacional **sem pagamento**
    - i. Pela impossibilidade de execução **sem culpa do devedor** (caso fortuito ou força maior)
    - ii. Implemento de **condição** ou **termo extintivo**
    - iii. **Remissão** da dívida

- **b) Conceito**
  - **Remissão** da dívida é o **perdão** do débito
  - É um **direito exclusivo do credor** de exonerar o devedor, mas é um **ato bilateral**, porque depende da **aceitação do devedor**
  - Só poderá haver perdão de direitos patrimoniais de caráter privado e desde que não prejudique o interesse público ou de terceiros

  - ✗ **Não confundir**
    - **i. Renúncia** (gênero)
      - A **renúncia** pode incidir sobre determinados direitos pessoais e é **ato unilateral**
      - Não depende da aceitação da outra parte
      - Se o credor renunciar, já está produzindo efeitos
      - Pode incidir sobre direitos **pessoais** de natureza **não patrimonial**
    - **ii. Remissão**
      - A **remissão** é o perdão do débito
      - É uma espécie de renúncia (equivalem-se quanto aos efeitos)
      - A **remissão** só diz respeito a direitos **creditórios** e é **ato bilateral** (depende da aceitação da outra parte)
    - **iii. Remição**
      - **Remição** é o resgate, o pagamento
      - Tem natureza **processual** (CPC, art. 651)

- **c) Espécies**
  - **Quanto ao objeto**
    - I - **Total** — Quando se realizar em relação a toda a dívida
    - II - **Parcial** — Quando se operar em relação a parte da dívida
  - **Quanto à forma**
    - I - **Expressa**
      - Quando firmado por escrito
      - Resulta de declaração do credor
    - II - **Tácita**
      - Conduta do credor **incompatível** com a conservação do direito
      - **Ex.:** Credor que espontaneamente rasga nota promissória
    - III - **Presumida**
      - Deriva de expressa previsão legal
      - **Ex.:** Entrega voluntária do objeto empenhado (art. 387)

- **d) Remissão em caso de solidariedade passiva**
  - A remissão concedida a um dos codevedores extingue a dívida na parte a ele correspondente
  - O credor só pode exigir dos demais codevedores o restante do crédito, **deduzida a cota do remitido**
  - Sendo **indivisível a obrigação**
    - Se um dos credores remitir a dívida, a obrigação **não** ficará **extinta** para com os outros
    - Mas os outros credores só a poderão exigir, **descontada** a quota do credor remitente

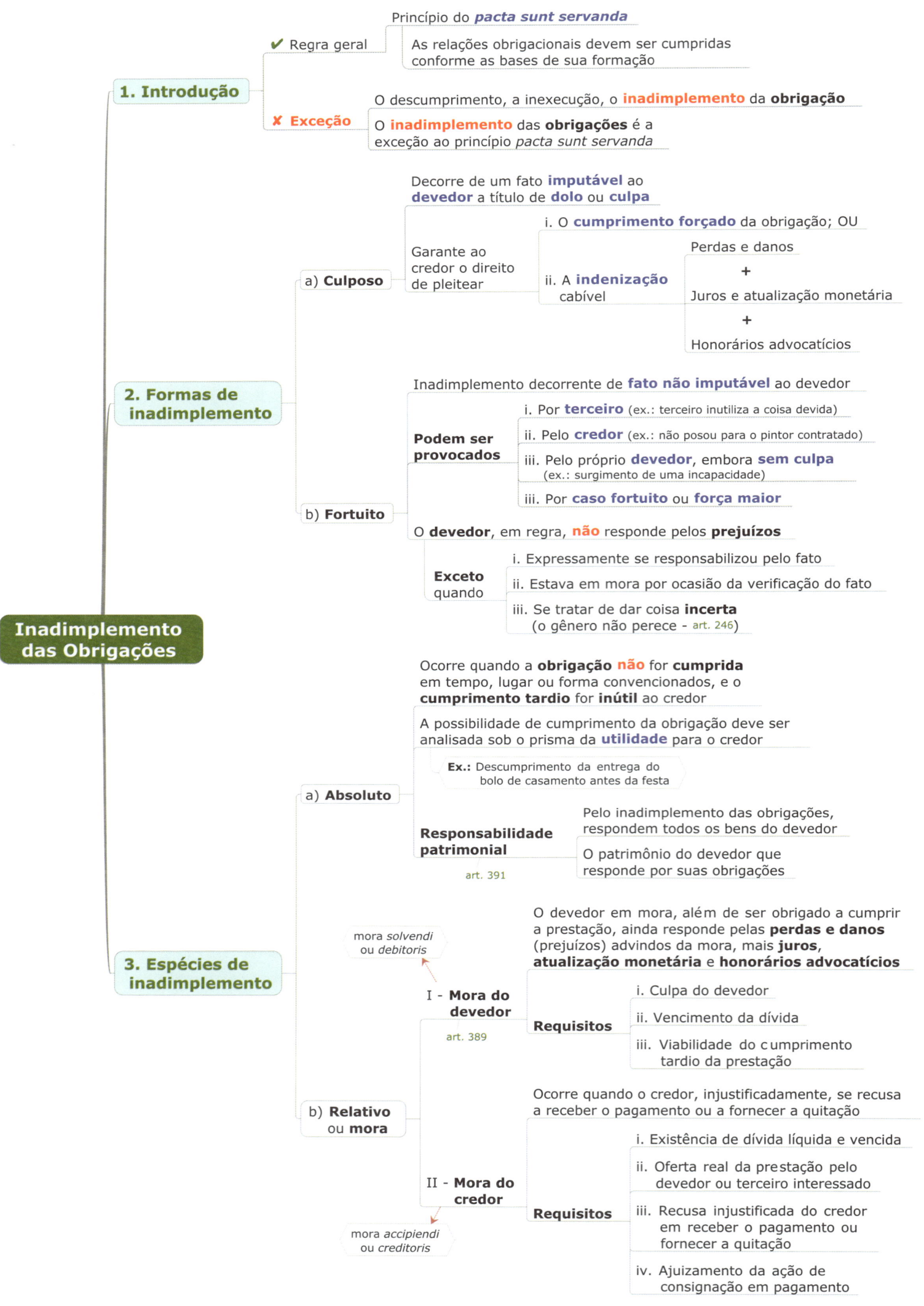

DO INADIMPLEMENTO DAS OBRIGAÇÕES I - DISPOSIÇÕES GERAIS

Inadimplemento das Obrigações

1. Introdução

- ✔ **Regra geral**
  - Princípio do *pacta sunt servanda*
  - As relações obrigacionais devem ser cumpridas conforme as bases de sua formação
- ✗ **Exceção**
  - O descumprimento, a inexecução, o **inadimplemento** da **obrigação**
  - O **inadimplemento** das **obrigações** é a exceção ao princípio *pacta sunt servanda*

2. Formas de inadimplemento

a) Culposo
- Decorre de um fato **imputável** ao **devedor** a título de **dolo** ou **culpa**
- Garante ao credor o direito de pleitear:
  - i. O **cumprimento forçado** da obrigação; OU
  - ii. A **indenização** cabível
    - Perdas e danos
    - +
    - Juros e atualização monetária
    - +
    - Honorários advocatícios

b) Fortuito
- Inadimplemento decorrente de **fato não imputável** ao devedor
- **Podem ser provocados**
  - i. Por **terceiro** (ex.: terceiro inutiliza a coisa devida)
  - ii. Pelo **credor** (ex.: não posou para o pintor contratado)
  - iii. Pelo próprio **devedor**, embora **sem culpa** (ex.: surgimento de uma incapacidade)
  - iii. Por **caso fortuito** ou **força maior**
- O **devedor**, em regra, **não** responde pelos **prejuízos**
- **Exceto quando**
  - i. Expressamente se responsabilizou pelo fato
  - ii. Estava em mora por ocasião da verificação do fato
  - iii. Se tratar de dar coisa **incerta** (o gênero não perece - art. 246)

3. Espécies de inadimplemento

a) Absoluto
- Ocorre quando a **obrigação não** for **cumprida** em tempo, lugar ou forma convencionados, e o **cumprimento tardio** for **inútil** ao credor
- A possibilidade de cumprimento da obrigação deve ser analisada sob o prisma da **utilidade** para o credor
- **Ex.:** Descumprimento da entrega do bolo de casamento antes da festa
- **Responsabilidade patrimonial** — art. 391
  - Pelo inadimplemento das obrigações, respondem todos os bens do devedor
  - O patrimônio do devedor que responde por suas obrigações

b) Relativo ou mora

I - Mora do devedor (*mora solvendi ou debitoris*) — art. 389
- O devedor em mora, além de ser obrigado a cumprir a prestação, ainda responde pelas **perdas e danos** (prejuízos) advindos da mora, mais **juros, atualização monetária** e **honorários advocatícios**
- **Requisitos**
  - i. Culpa do devedor
  - ii. Vencimento da dívida
  - iii. Viabilidade do cumprimento tardio da prestação

II - Mora do credor (*mora accipiendi ou creditoris*)
- Ocorre quando o credor, injustificadamente, se recusa a receber o pagamento ou a fornecer a quitação
- **Requisitos**
  - i. Existência de dívida líquida e vencida
  - ii. Oferta real da prestação pelo devedor ou terceiro interessado
  - iii. Recusa injustificada do credor em receber o pagamento ou fornecer a quitação
  - iv. Ajuizamento da ação de consignação em pagamento

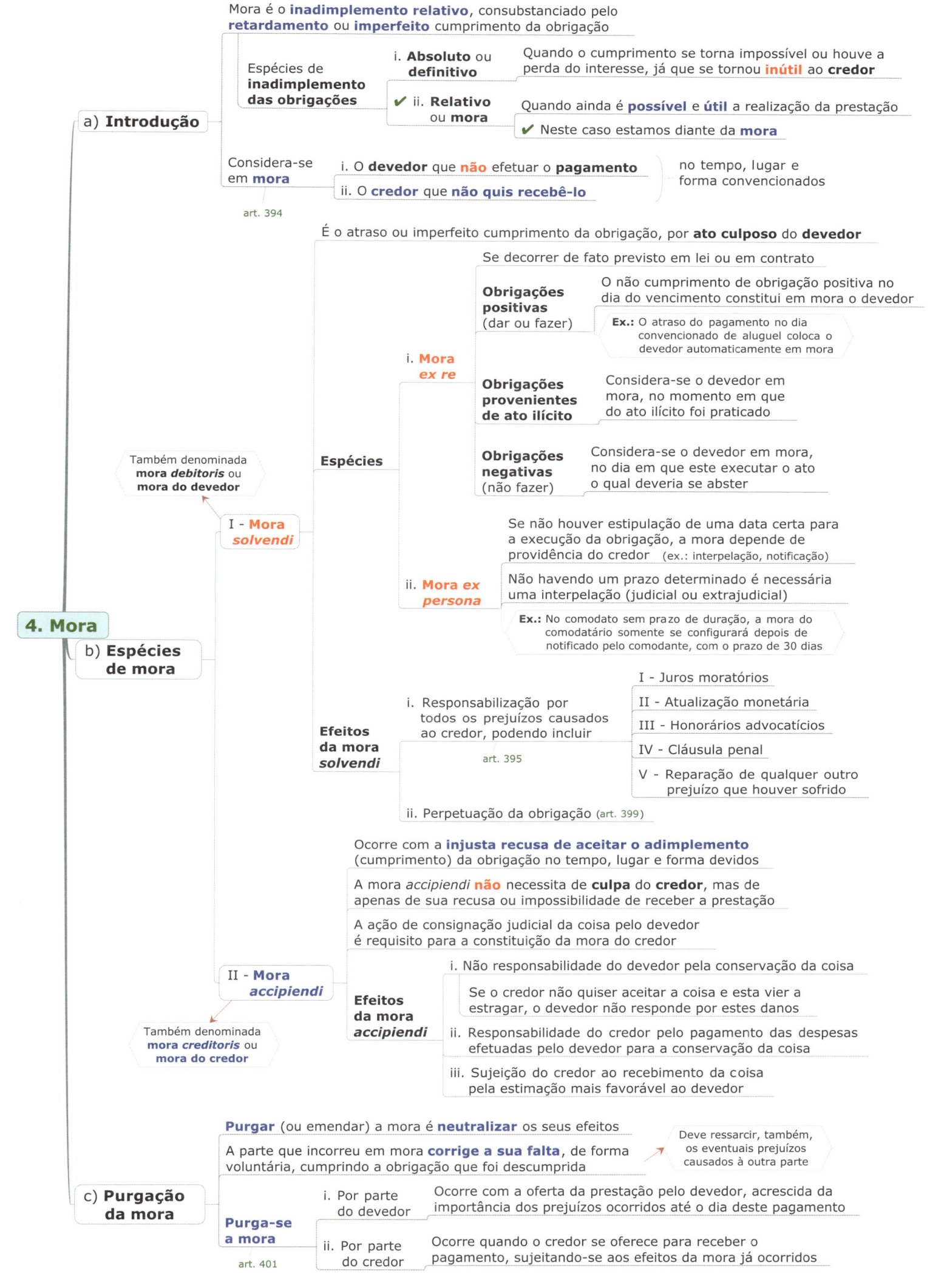

DO INADIMPLEMENTO DAS OBRIGAÇÕES II - MORA

4. Mora

a) Introdução

Mora é o **inadimplemento relativo**, consubstanciado pelo **retardamento** ou **imperfeito** cumprimento da obrigação

Espécies de inadimplemento das obrigações
- i. **Absoluto ou definitivo**: Quando o cumprimento se torna impossível ou houve a perda do interesse, já que se tornou **inútil** ao **credor**
- ✔ ii. **Relativo ou mora**: Quando ainda é **possível** e **útil** a realização da prestação
  - ✔ Neste caso estamos diante da **mora**

Considera-se em mora (art. 394)
- i. O **devedor** que **não** efetuar o **pagamento**
- ii. O **credor** que **não quis recebê-lo**

no tempo, lugar e forma convencionados

b) Espécies de mora

I - Mora *solvendi*
(Também denominada **mora *debitoris*** ou **mora do devedor**)

É o atraso ou imperfeito cumprimento da obrigação, por **ato culposo** do **devedor**

Espécies

i. Mora *ex re* — Se decorrer de fato previsto em lei ou em contrato
- **Obrigações positivas** (dar ou fazer): O não cumprimento de obrigação positiva no dia do vencimento constitui em mora o devedor
  - **Ex.:** O atraso do pagamento no dia convencionado de aluguel coloca o devedor automaticamente em mora
- **Obrigações provenientes de ato ilícito**: Considera-se o devedor em mora, no momento em que do ato ilícito foi praticado
- **Obrigações negativas** (não fazer): Considera-se o devedor em mora, no dia em que este executar o ato o qual deveria se abster

ii. Mora *ex persona*
- Se não houver estipulação de uma data certa para a execução da obrigação, a mora depende de providência do credor (ex.: interpelação, notificação)
- Não havendo um prazo determinado é necessária uma interpelação (judicial ou extrajudicial)
- **Ex.:** No comodato sem prazo de duração, a mora do comodatário somente se configurará depois de notificado pelo comodante, com o prazo de 30 dias

Efeitos da mora *solvendi*
- i. Responsabilização por todos os prejuízos causados ao credor, podendo incluir (art. 395):
  - I - Juros moratórios
  - II - Atualização monetária
  - III - Honorários advocatícios
  - IV - Cláusula penal
  - V - Reparação de qualquer outro prejuízo que houver sofrido
- ii. Perpetuação da obrigação (art. 399)

II - Mora *accipiendi*
(Também denominada **mora *creditoris*** ou **mora do credor**)

Ocorre com a **injusta recusa de aceitar o adimplemento** (cumprimento) da obrigação no tempo, lugar e forma devidos

A mora *accipiendi* **não** necessita de **culpa** do **credor**, mas de apenas de sua recusa ou impossibilidade de receber a prestação

A ação de consignação judicial da coisa pelo devedor é requisito para a constituição da mora do credor

Efeitos da mora *accipiendi*
- i. Não responsabilidade do devedor pela conservação da coisa
  - Se o credor não quiser aceitar a coisa e esta vier a estragar, o devedor não responde por estes danos
- ii. Responsabilidade do credor pelo pagamento das despesas efetuadas pelo devedor para a conservação da coisa
- iii. Sujeição do credor ao recebimento da coisa pela estimação mais favorável ao devedor

c) Purgação da mora

Purgar (ou emendar) a mora é **neutralizar** os seus efeitos

A parte que incorreu em mora **corrige a sua falta**, de forma voluntária, cumprindo a obrigação que foi descumprida

Deve ressarcir, também, os eventuais prejuízos causados à outra parte

Purga-se a mora (art. 401)
- i. Por parte do devedor: Ocorre com a oferta da prestação pelo devedor, acrescida da importância dos prejuízos ocorridos até o dia deste pagamento
- ii. Por parte do credor: Ocorre quando o credor se oferece para receber o pagamento, sujeitando-se aos efeitos da mora já ocorridos

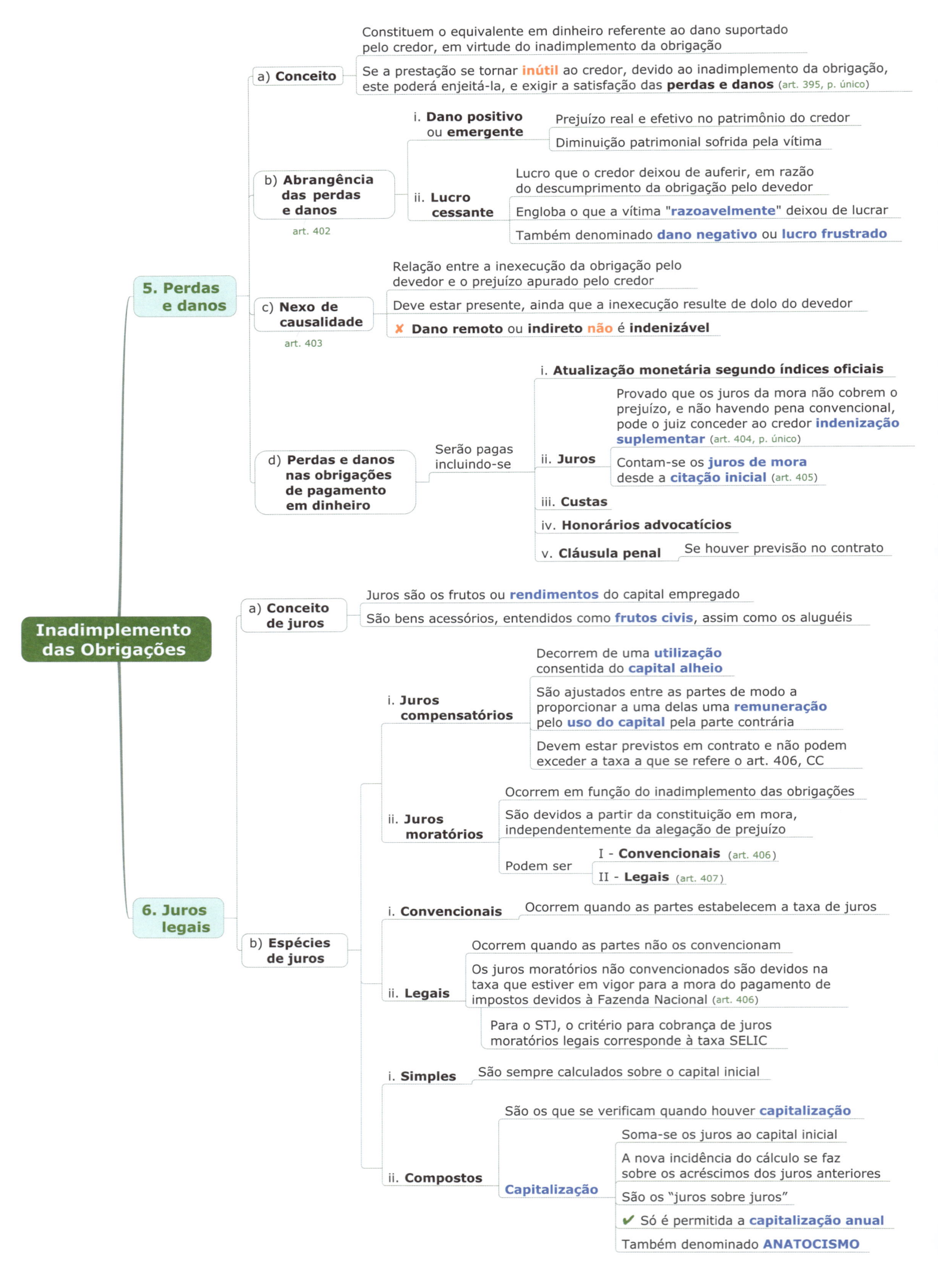

DO INADIMPLEMENTO DAS OBRIGAÇÕES III

Inadimplemento das Obrigações

5. Perdas e danos

a) Conceito
- Constituem o equivalente em dinheiro referente ao dano suportado pelo credor, em virtude do inadimplemento da obrigação
- Se a prestação se tornar **inútil** ao credor, devido ao inadimplemento da obrigação, este poderá enjeitá-la, e exigir a satisfação das **perdas e danos** (art. 395, p. único)

b) Abrangência das perdas e danos (art. 402)
- **i. Dano positivo ou emergente**
  - Prejuízo real e efetivo no patrimônio do credor
  - Diminuição patrimonial sofrida pela vítima
- **ii. Lucro cessante**
  - Lucro que o credor deixou de auferir, em razão do descumprimento da obrigação pelo devedor
  - Engloba o que a vítima "**razoavelmente**" deixou de lucrar
  - Também denominado **dano negativo** ou **lucro frustrado**

c) Nexo de causalidade (art. 403)
- Relação entre a inexecução da obrigação pelo devedor e o prejuízo apurado pelo credor
- Deve estar presente, ainda que a inexecução resulte de dolo do devedor
- ✗ **Dano remoto** ou **indireto não** é **indenizável**

d) Perdas e danos nas obrigações de pagamento em dinheiro — Serão pagas incluindo-se:
- **i. Atualização monetária segundo índices oficiais**
- **ii. Juros**
  - Provado que os juros da mora não cobrem o prejuízo, e não havendo pena convencional, pode o juiz conceder ao credor **indenização suplementar** (art. 404, p. único)
  - Contam-se os **juros de mora** desde a **citação inicial** (art. 405)
- **iii. Custas**
- **iv. Honorários advocatícios**
- **v. Cláusula penal** — Se houver previsão no contrato

6. Juros legais

a) Conceito de juros
- Juros são os frutos ou **rendimentos** do capital empregado
- São bens acessórios, entendidos como **frutos civis**, assim como os aluguéis

b) Espécies de juros

- **i. Juros compensatórios**
  - Decorrem de uma **utilização** consentida do **capital alheio**
  - São ajustados entre as partes de modo a proporcionar a uma delas uma **remuneração** pelo **uso do capital** pela parte contrária
  - Devem estar previstos em contrato e não podem exceder a taxa a que se refere o art. 406, CC

- **ii. Juros moratórios**
  - Ocorrem em função do inadimplemento das obrigações
  - São devidos a partir da constituição em mora, independentemente da alegação de prejuízo
  - Podem ser:
    - I - **Convencionais** (art. 406)
    - II - **Legais** (art. 407)

- **i. Convencionais** — Ocorrem quando as partes estabelecem a taxa de juros

- **ii. Legais**
  - Ocorrem quando as partes não os convencionam
  - Os juros moratórios não convencionados são devidos na taxa que estiver em vigor para a mora do pagamento de impostos devidos à Fazenda Nacional (art. 406)
  - Para o STJ, o critério para cobrança de juros moratórios legais corresponde à taxa SELIC

- **i. Simples** — São sempre calculados sobre o capital inicial

- **ii. Compostos**
  - São os que se verificam quando houver **capitalização**
  - **Capitalização**:
    - Soma-se os juros ao capital inicial
    - A nova incidência do cálculo se faz sobre os acréscimos dos juros anteriores
    - São os "juros sobre juros"
    - ✔ Só é permitida a **capitalização anual**
    - Também denominado **ANATOCISMO**

DO INADIMPLEMENTO DAS OBRIGAÇÕES IV

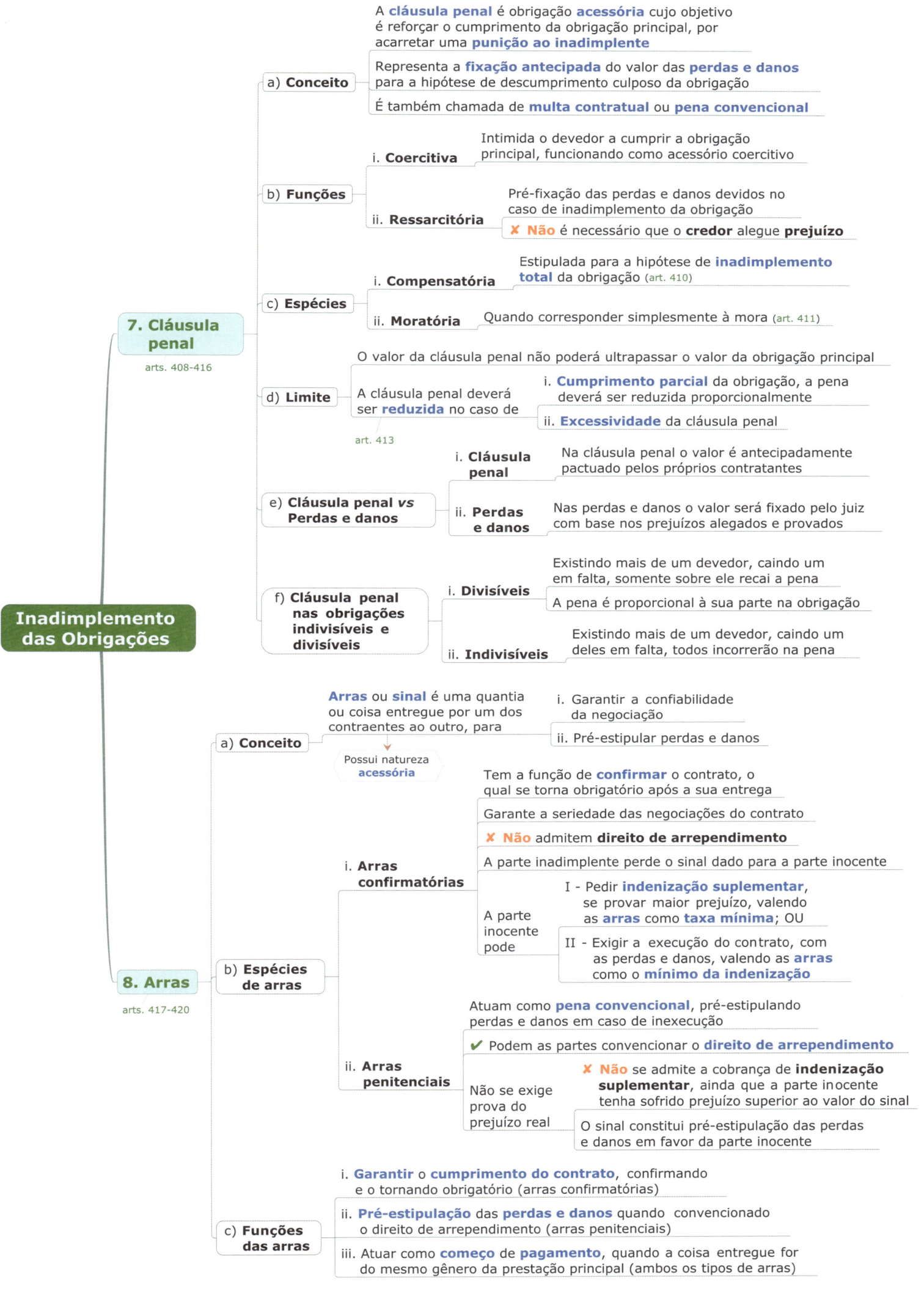

Inadimplemento das Obrigações

7. Cláusula penal
arts. 408-416

a) Conceito
- A **cláusula penal** é obrigação **acessória** cujo objetivo é reforçar o cumprimento da obrigação principal, por acarretar uma **punição ao inadimplente**
- Representa a **fixação antecipada** do valor das **perdas e danos** para a hipótese de descumprimento culposo da obrigação
- É também chamada de **multa contratual** ou **pena convencional**

b) Funções
- **i. Coercitiva**: Intimida o devedor a cumprir a obrigação principal, funcionando como acessório coercitivo
- **ii. Ressarcitória**: Pré-fixação das perdas e danos devidos no caso de inadimplemento da obrigação
  - ✗ **Não** é necessário que o **credor** alegue **prejuízo**

c) Espécies
- **i. Compensatória**: Estipulada para a hipótese de **inadimplemento total** da obrigação (art. 410)
- **ii. Moratória**: Quando corresponder simplesmente à mora (art. 411)

d) Limite (art. 413)
- O valor da cláusula penal não poderá ultrapassar o valor da obrigação principal
- A cláusula penal deverá ser **reduzida** no caso de:
  - **i. Cumprimento parcial** da obrigação, a pena deverá ser reduzida proporcionalmente
  - **ii. Excessividade** da cláusula penal

e) Cláusula penal vs Perdas e danos
- **i. Cláusula penal**: Na cláusula penal o valor é antecipadamente pactuado pelos próprios contratantes
- **ii. Perdas e danos**: Nas perdas e danos o valor será fixado pelo juiz com base nos prejuízos alegados e provados

f) Cláusula penal nas obrigações indivisíveis e divisíveis
- **i. Divisíveis**:
  - Existindo mais de um devedor, caindo um em falta, somente sobre ele recai a pena
  - A pena é proporcional à sua parte na obrigação
- **ii. Indivisíveis**: Existindo mais de um devedor, caindo um deles em falta, todos incorrerão na pena

8. Arras
arts. 417-420

a) Conceito
- **Arras** ou **sinal** é uma quantia ou coisa entregue por um dos contraentes ao outro, para:
  - i. Garantir a confiabilidade da negociação
  - ii. Pré-estipular perdas e danos
- Possui natureza **acessória**

b) Espécies de arras

i. Arras confirmatórias
- Tem a função de **confirmar** o contrato, o qual se torna obrigatório após a sua entrega
- Garante a seriedade das negociações do contrato
- ✗ **Não** admitem **direito de arrependimento**
- A parte inadimplente perde o sinal dado para a parte inocente
- A parte inocente pode:
  - I - Pedir **indenização suplementar**, se provar maior prejuízo, valendo as **arras** como **taxa mínima**; OU
  - II - Exigir a execução do contrato, com as perdas e danos, valendo as **arras** como o **mínimo da indenização**

ii. Arras penitenciais
- Atuam como **pena convencional**, pré-estipulando perdas e danos em caso de inexecução
- ✔ Podem as partes convencionar o **direito de arrependimento**
- Não se exige prova do prejuízo real:
  - ✗ **Não** se admite a cobrança de **indenização suplementar**, ainda que a parte inocente tenha sofrido prejuízo superior ao valor do sinal
  - O sinal constitui pré-estipulação das perdas e danos em favor da parte inocente

c) Funções das arras
- i. **Garantir** o **cumprimento do contrato**, confirmando e o tornando obrigatório (arras confirmatórias)
- ii. **Pré-estipulação** das **perdas e danos** quando convencionado o direito de arrependimento (arras penitenciais)
- iii. Atuar como **começo** de **pagamento**, quando a coisa entregue for do mesmo gênero da prestação principal (ambos os tipos de arras)

DIREITO DAS OBRIGAÇÕES
ENRIQUECIMENTO SEM CAUSA

Enriquecimento sem causa

1. Enriquecimento sem causa
arts. 884/886

Ocorre quando uma das partes de determinada relação jurídica experimenta injustificado benefício, em detrimento de outra, que se empobrece, **inexistindo causa para tanto**

- A **vedação** ao **enriquecimento sem causa** inspira-se no **princípio da equidade**
- Também chamado de **locupletamento de coisa alheia**
- ✔ Aplica-se o **enriquecimento sem causa** quando (art. 885):
  - i. Não tenha havido causa que justifique o enriquecimento
  - ii. A causa do enriquecimento deixou de existir

2. Pagamento indevido
arts. 876/883

a) Noções gerais

Ocorre quando uma pessoa paga para a outra erroneamente, pensando estar extinguindo a obrigação

- O **enriquecimento sem causa** é um **gênero**, do qual o **pagamento indevido** é apenas uma **espécie**
- Quem paga o indevido pode pedir **restituição**, desde que prove que pagou por **erro**
- O pagamento indevido, contudo, não libera a pessoa de pagar novamente à pessoa certa (quem paga mal paga duas vezes)
- Quem recebeu é obrigado a **restituir**

b) Espécies

- **i. Pagamento objetivamente indevido** — Quando há erro quanto à existência ou extensão da obrigação
  - Ex.:
    - Pagamento enquanto pendente condição suspensiva
    - Pagamento em quantia superior à devida
- **ii. Pagamento subjetivamente indevido** — Ocorre quando há erro quanto a uma das partes
  - I - Realizado por alguém que não é devedor; OU
  - II - Feito a alguém que não credor

c) Ação de repetição de indébito

- **Ação *in rem verso*** — Ação cujo objetivo é evitar o locupletamento de coisa alheia
- **Repetir**, em Direito, é pedir **devolução** ou **restituição** do indevido
- A **ação de repetição de indébito** é cabível no caso de **pagamento indevido**
- ✗ **Não** cabe **repetição** (pedir de volta):
  - i. Ao que se pagou para solver **dívida prescrita**
  - ii. Ao que se deu para obter **fim ilícito** ou **imoral**
  - iii. Pagamento de **dívida** ainda **não vencida**

d) Pressupostos da repetição de indébito

- i. Enriquecimento do *accipiens* — De quem recebe (do credor)
- ii. Empobrecimento do *solvens* — De quem paga (do devedor)
- iii. Relação de causalidade entre o enriquecimento de um e o empobrecimento de outro
- iv. Inexistência de causa jurídica (contrato ou lei)
- v. Inexistência de ação específica

Capítulo 10

Contratos

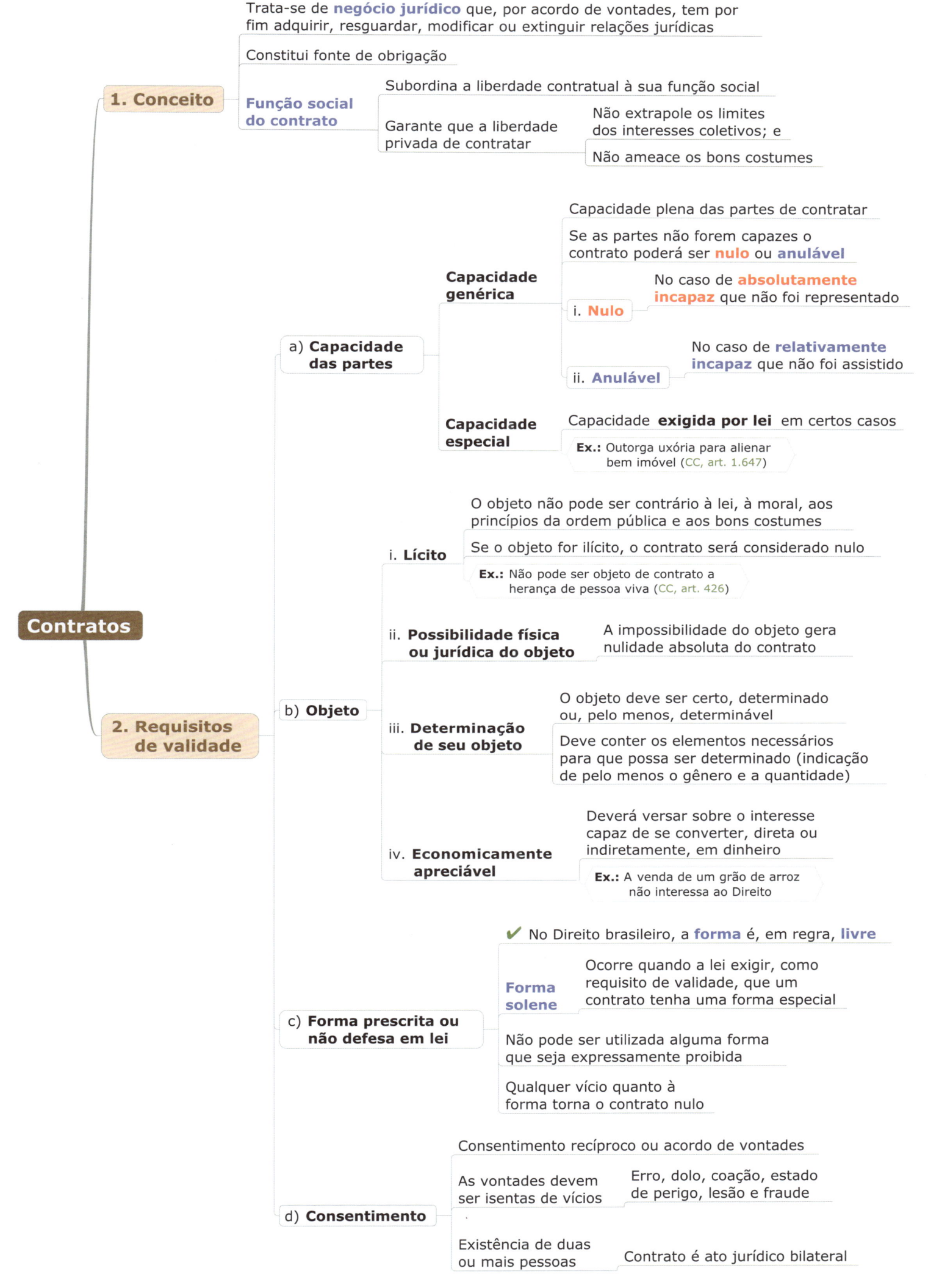

CONTRATOS - DISPOSIÇÕES GERAIS I

Contratos

1. Conceito

- Trata-se de **negócio jurídico** que, por acordo de vontades, tem por fim adquirir, resguardar, modificar ou extinguir relações jurídicas
- Constitui fonte de obrigação
- **Função social do contrato**
  - Subordina a liberdade contratual à sua função social
  - Garante que a liberdade privada de contratar
    - Não extrapole os limites dos interesses coletivos; e
    - Não ameace os bons costumes

2. Requisitos de validade

a) Capacidade das partes

- **Capacidade genérica**
  - Capacidade plena das partes de contratar
  - Se as partes não forem capazes o contrato poderá ser **nulo** ou **anulável**
    - i. **Nulo** — No caso de **absolutamente incapaz** que não foi representado
    - ii. **Anulável** — No caso de **relativamente incapaz** que não foi assistido
- **Capacidade especial**
  - Capacidade **exigida por lei** em certos casos
  - **Ex.:** Outorga uxória para alienar bem imóvel (CC, art. 1.647)

b) Objeto

- i. **Lícito**
  - O objeto não pode ser contrário à lei, à moral, aos princípios da ordem pública e aos bons costumes
  - Se o objeto for ilícito, o contrato será considerado nulo
  - **Ex.:** Não pode ser objeto de contrato a herança de pessoa viva (CC, art. 426)
- ii. **Possibilidade física ou jurídica do objeto**
  - A impossibilidade do objeto gera nulidade absoluta do contrato
- iii. **Determinação de seu objeto**
  - O objeto deve ser certo, determinado ou, pelo menos, determinável
  - Deve conter os elementos necessários para que possa ser determinado (indicação de pelo menos o gênero e a quantidade)
- iv. **Economicamente apreciável**
  - Deverá versar sobre o interesse capaz de se converter, direta ou indiretamente, em dinheiro
  - **Ex.:** A venda de um grão de arroz não interessa ao Direito

c) Forma prescrita ou não defesa em lei

- ✔ No Direito brasileiro, a **forma** é, em regra, **livre**
- **Forma solene** — Ocorre quando a lei exigir, como requisito de validade, que um contrato tenha uma forma especial
- Não pode ser utilizada alguma forma que seja expressamente proibida
- Qualquer vício quanto à forma torna o contrato nulo

d) Consentimento

- Consentimento recíproco ou acordo de vontades
- As vontades devem ser isentas de vícios
  - Erro, dolo, coação, estado de perigo, lesão e fraude
- Existência de duas ou mais pessoas
  - Contrato é ato jurídico bilateral

CONTRATOS - DISPOSIÇÕES GERAIS II

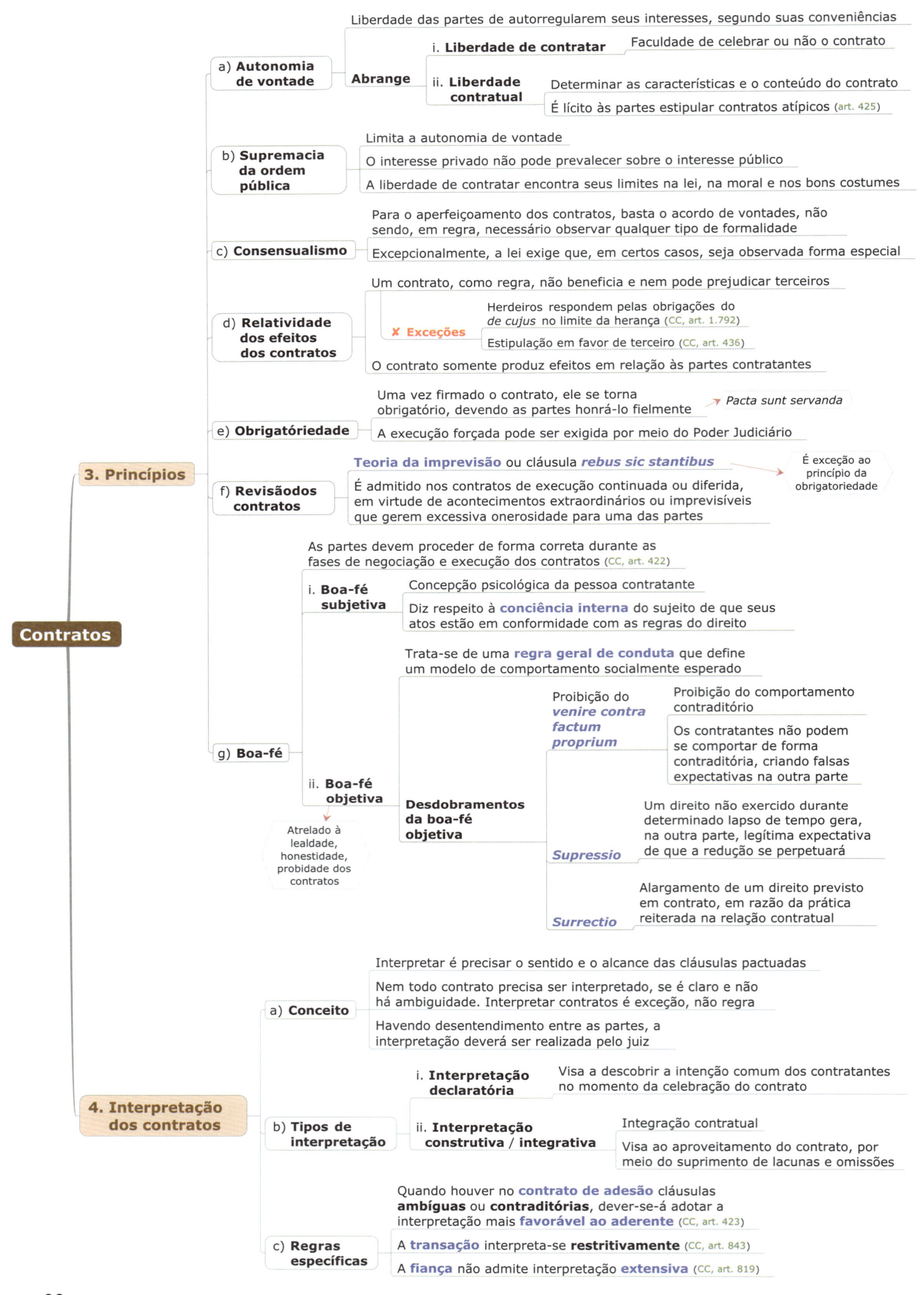

Contratos

3. Princípios

- **a) Autonomia de vontade** — Liberdade das partes de autorregularem seus interesses, segundo suas conveniências
  - **Abrange:**
    - **i. Liberdade de contratar** — Faculdade de celebrar ou não o contrato
    - **ii. Liberdade contratual**
      - Determinar as características e o conteúdo do contrato
      - É lícito às partes estipular contratos atípicos (art. 425)

- **b) Supremacia da ordem pública**
  - Limita a autonomia de vontade
  - O interesse privado não pode prevalecer sobre o interesse público
  - A liberdade de contratar encontra seus limites na lei, na moral e nos bons costumes

- **c) Consensualismo**
  - Para o aperfeiçoamento dos contratos, basta o acordo de vontades, não sendo, em regra, necessário observar qualquer tipo de formalidade
  - Excepcionalmente, a lei exige que, em certos casos, seja observada forma especial

- **d) Relatividade dos efeitos dos contratos**
  - Um contrato, como regra, não beneficia e nem pode prejudicar terceiros
  - ✗ **Exceções:**
    - Herdeiros respondem pelas obrigações do *de cujus* no limite da herança (CC, art. 1.792)
    - Estipulação em favor de terceiro (CC, art. 436)
  - O contrato somente produz efeitos em relação às partes contratantes

- **e) Obrigatoriedade**
  - Uma vez firmado o contrato, ele se torna obrigatório, devendo as partes honrá-lo fielmente → *Pacta sunt servanda*
  - A execução forçada pode ser exigida por meio do Poder Judiciário

- **f) Revisão dos contratos**
  - **Teoria da imprevisão** ou cláusula *rebus sic stantibus* → É exceção ao princípio da obrigatoriedade
  - É admitido nos contratos de execução continuada ou diferida, em virtude de acontecimentos extraordinários ou imprevisíveis que gerem excessiva onerosidade para uma das partes

- **g) Boa-fé**
  - As partes devem proceder de forma correta durante as fases de negociação e execução dos contratos (CC, art. 422)
  - **i. Boa-fé subjetiva**
    - Concepção psicológica da pessoa contratante
    - Diz respeito à **consciência interna** do sujeito de que seus atos estão em conformidade com as regras do direito
  - **ii. Boa-fé objetiva** (Atrelado à lealdade, honestidade, probidade dos contratos)
    - Trata-se de uma **regra geral de conduta** que define um modelo de comportamento socialmente esperado
    - **Desdobramentos da boa-fé objetiva:**
      - Proibição do *venire contra factum proprium*
        - Proibição do comportamento contraditório
        - Os contratantes não podem se comportar de forma contraditória, criando falsas expectativas na outra parte
      - *Supressio* — Um direito não exercido durante determinado lapso de tempo gera, na outra parte, legítima expectativa de que a redução se perpetuará
      - *Surrectio* — Alargamento de um direito previsto em contrato, em razão da prática reiterada na relação contratual

4. Interpretação dos contratos

- **a) Conceito**
  - Interpretar é precisar o sentido e o alcance das cláusulas pactuadas
  - Nem todo contrato precisa ser interpretado, se é claro e não há ambiguidade. Interpretar contratos é exceção, não regra
  - Havendo desentendimento entre as partes, a interpretação deverá ser realizada pelo juiz

- **b) Tipos de interpretação**
  - **i. Interpretação declaratória** — Visa a descobrir a intenção comum dos contratantes no momento da celebração do contrato
  - **ii. Interpretação construtiva / integrativa**
    - Integração contratual
    - Visa ao aproveitamento do contrato, por meio do suprimento de lacunas e omissões

- **c) Regras específicas**
  - Quando houver no **contrato de adesão** cláusulas **ambíguas** ou **contraditórias**, dever-se-á adotar a interpretação mais **favorável ao aderente** (CC, art. 423)
  - A **transação** interpreta-se **restritivamente** (CC, art. 843)
  - A **fiança** não admite interpretação **extensiva** (CC, art. 819)

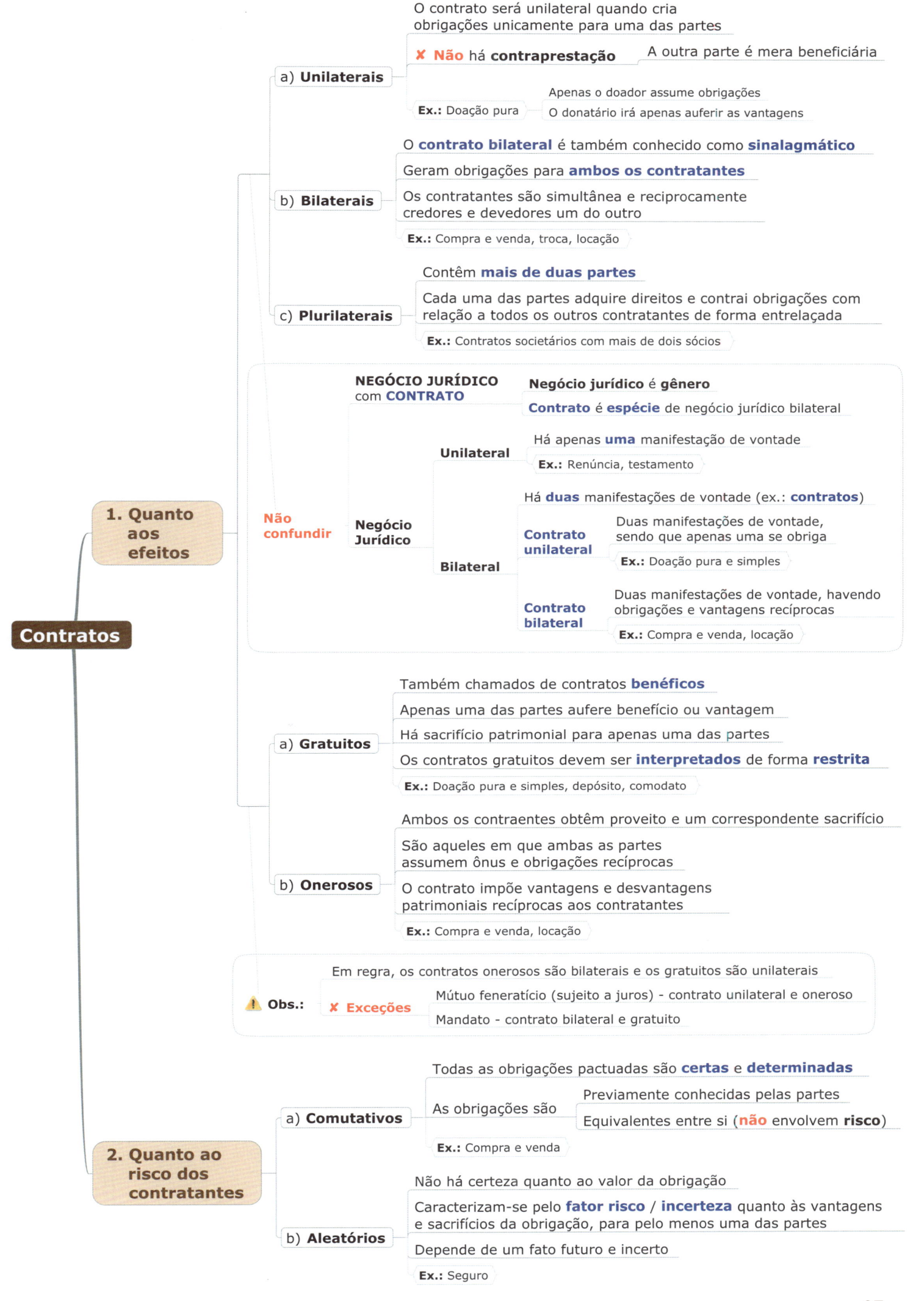

CLASSIFICAÇÃO DOS CONTRATOS I

Contratos

1. Quanto aos efeitos

a) Unilaterais
- O contrato será unilateral quando cria obrigações unicamente para uma das partes
  - ✗ **Não** há **contraprestação** — A outra parte é mera beneficiária
- **Ex.:** Doação pura
  - Apenas o doador assume obrigações
  - O donatário irá apenas auferir as vantagens

b) Bilaterais
- O **contrato bilateral** é também conhecido como **sinalagmático**
- Geram obrigações para **ambos os contratantes**
- Os contratantes são simultânea e reciprocamente credores e devedores um do outro
- **Ex.:** Compra e venda, troca, locação

c) Plurilaterais
- Contêm **mais de duas partes**
- Cada uma das partes adquire direitos e contrai obrigações com relação a todos os outros contratantes de forma entrelaçada
- **Ex.:** Contratos societários com mais de dois sócios

Não confundir NEGÓCIO JURÍDICO com CONTRATO
- Negócio jurídico é **gênero**
- **Contrato** é **espécie** de negócio jurídico bilateral

Negócio Jurídico:
- **Unilateral**: Há apenas **uma** manifestação de vontade
  - **Ex.:** Renúncia, testamento
- **Bilateral**: Há **duas** manifestações de vontade (ex.: **contratos**)
  - **Contrato unilateral**: Duas manifestações de vontade, sendo que apenas uma se obriga
    - **Ex.:** Doação pura e simples
  - **Contrato bilateral**: Duas manifestações de vontade, havendo obrigações e vantagens recíprocas
    - **Ex.:** Compra e venda, locação

a) Gratuitos
- Também chamados de contratos **benéficos**
- Apenas uma das partes aufere benefício ou vantagem
- Há sacrifício patrimonial para apenas uma das partes
- Os contratos gratuitos devem ser **interpretados** de forma **restrita**
- **Ex.:** Doação pura e simples, depósito, comodato

b) Onerosos
- Ambos os contraentes obtêm proveito e um correspondente sacrifício
- São aqueles em que ambas as partes assumem ônus e obrigações recíprocas
- O contrato impõe vantagens e desvantagens patrimoniais recíprocas aos contratantes
- **Ex.:** Compra e venda, locação

⚠ **Obs.:** Em regra, os contratos onerosos são bilaterais e os gratuitos são unilaterais
- ✗ **Exceções**
  - Mútuo feneratício (sujeito a juros) - contrato unilateral e oneroso
  - Mandato - contrato bilateral e gratuito

2. Quanto ao risco dos contratantes

a) Comutativos
- Todas as obrigações pactuadas são **certas** e **determinadas**
- As obrigações são:
  - Previamente conhecidas pelas partes
  - Equivalentes entre si (**não** envolvem **risco**)
- **Ex.:** Compra e venda

b) Aleatórios
- Não há certeza quanto ao valor da obrigação
- Caracterizam-se pelo **fator risco / incerteza** quanto às vantagens e sacrifícios da obrigação, para pelo menos uma das partes
- Depende de um fato futuro e incerto
- **Ex.:** Seguro

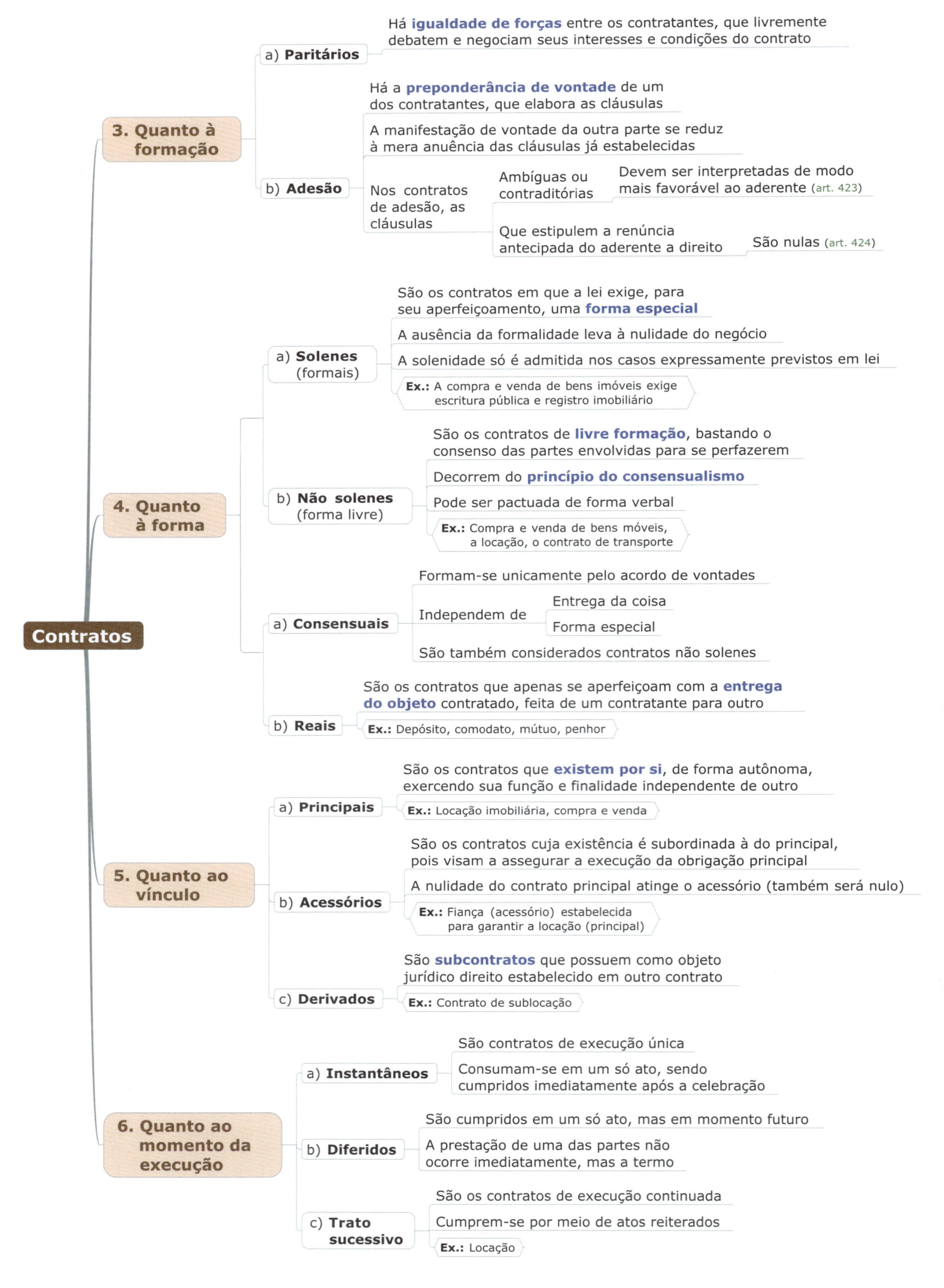

CLASSIFICAÇÃO DOS CONTRATOS II

Contratos

- **3. Quanto à formação**
  - **a) Paritários** — Há **igualdade de forças** entre os contratantes, que livremente debatem e negociam seus interesses e condições do contrato
  - **b) Adesão**
    - Há a **preponderância de vontade** de um dos contratantes, que elabora as cláusulas
    - A manifestação de vontade da outra parte se reduz à mera anuência das cláusulas já estabelecidas
    - Nos contratos de adesão, as cláusulas:
      - Ambíguas ou contraditórias → Devem ser interpretadas de modo mais favorável ao aderente (art. 423)
      - Que estipulem a renúncia antecipada do aderente a direito → São nulas (art. 424)

- **4. Quanto à forma**
  - **a) Solenes (formais)**
    - São os contratos em que a lei exige, para seu aperfeiçoamento, uma **forma especial**
    - A ausência da formalidade leva à nulidade do negócio
    - A solenidade só é admitida nos casos expressamente previstos em lei
    - **Ex.:** A compra e venda de bens imóveis exige escritura pública e registro imobiliário
  - **b) Não solenes (forma livre)**
    - São os contratos de **livre formação**, bastando o consenso das partes envolvidas para se perfazerem
    - Decorrem do **princípio do consensualismo**
    - Pode ser pactuada de forma verbal
    - **Ex.:** Compra e venda de bens móveis, a locação, o contrato de transporte
  - **a) Consensuais**
    - Formam-se unicamente pelo acordo de vontades
    - Independem de: Entrega da coisa / Forma especial
    - São também considerados contratos não solenes
  - **b) Reais**
    - São os contratos que apenas se aperfeiçoam com a **entrega do objeto** contratado, feita de um contratante para outro
    - **Ex.:** Depósito, comodato, mútuo, penhor

- **5. Quanto ao vínculo**
  - **a) Principais**
    - São os contratos que **existem por si**, de forma autônoma, exercendo sua função e finalidade independente de outro
    - **Ex.:** Locação imobiliária, compra e venda
  - **b) Acessórios**
    - São os contratos cuja existência é subordinada à do principal, pois visam a assegurar a execução da obrigação principal
    - A nulidade do contrato principal atinge o acessório (também será nulo)
    - **Ex.:** Fiança (acessório) estabelecida para garantir a locação (principal)
  - **c) Derivados**
    - São **subcontratos** que possuem como objeto jurídico direito estabelecido em outro contrato
    - **Ex.:** Contrato de sublocação

- **6. Quanto ao momento da execução**
  - **a) Instantâneos**
    - São contratos de execução única
    - Consumam-se em um só ato, sendo cumpridos imediatamente após a celebração
  - **b) Diferidos**
    - São cumpridos em um só ato, mas em momento futuro
    - A prestação de uma das partes não ocorre imediatamente, mas a termo
  - **c) Trato sucessivo**
    - São os contratos de execução continuada
    - Cumprem-se por meio de atos reiterados
    - **Ex.:** Locação

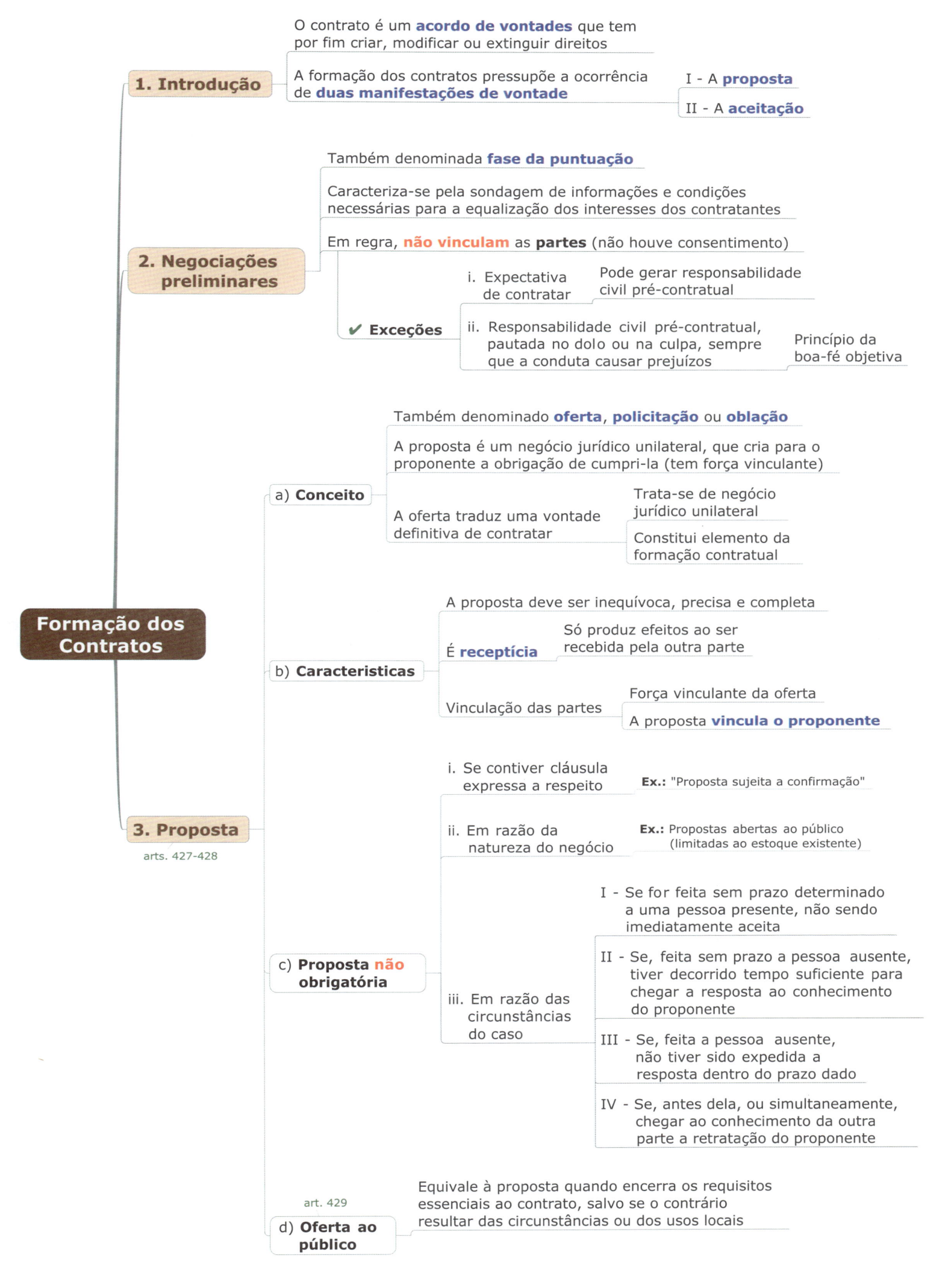

FORMAÇÃO DOS CONTRATOS I

Formação dos Contratos

- **1. Introdução**
  - O contrato é um **acordo de vontades** que tem por fim criar, modificar ou extinguir direitos
  - A formação dos contratos pressupõe a ocorrência de **duas manifestações de vontade**
    - I - A **proposta**
    - II - A **aceitação**

- **2. Negociações preliminares**
  - Também denominada **fase da puntuação**
  - Caracteriza-se pela sondagem de informações e condições necessárias para a equalização dos interesses dos contratantes
  - Em regra, **não vinculam** as **partes** (não houve consentimento)
  - ✔ **Exceções**
    - i. Expectativa de contratar — Pode gerar responsabilidade civil pré-contratual
    - ii. Responsabilidade civil pré-contratual, pautada no dolo ou na culpa, sempre que a conduta causar prejuízos — Princípio da boa-fé objetiva

- **3. Proposta** (arts. 427-428)
  - **a) Conceito**
    - Também denominado **oferta**, **policitação** ou **oblação**
    - A proposta é um negócio jurídico unilateral, que cria para o proponente a obrigação de cumpri-la (tem força vinculante)
    - A oferta traduz uma vontade definitiva de contratar
      - Trata-se de negócio jurídico unilateral
      - Constitui elemento da formação contratual
  - **b) Características**
    - A proposta deve ser inequívoca, precisa e completa
    - É **receptícia** — Só produz efeitos ao ser recebida pela outra parte
    - Vinculação das partes
      - Força vinculante da oferta
      - A proposta **vincula o proponente**
  - **c) Proposta não obrigatória**
    - i. Se contiver cláusula expressa a respeito — **Ex.:** "Proposta sujeita a confirmação"
    - ii. Em razão da natureza do negócio — **Ex.:** Propostas abertas ao público (limitadas ao estoque existente)
    - iii. Em razão das circunstâncias do caso
      - I - Se for feita sem prazo determinado a uma pessoa presente, não sendo imediatamente aceita
      - II - Se, feita sem prazo a pessoa ausente, tiver decorrido tempo suficiente para chegar a resposta ao conhecimento do proponente
      - III - Se, feita a pessoa ausente, não tiver sido expedida a resposta dentro do prazo dado
      - IV - Se, antes dela, ou simultaneamente, chegar ao conhecimento da outra parte a retratação do proponente
  - **d) Oferta ao público** (art. 429)
    - Equivale à proposta quando encerra os requisitos essenciais ao contrato, salvo se o contrário resultar das circunstâncias ou dos usos locais

89

FORMAÇÃO DOS CONTRATOS II

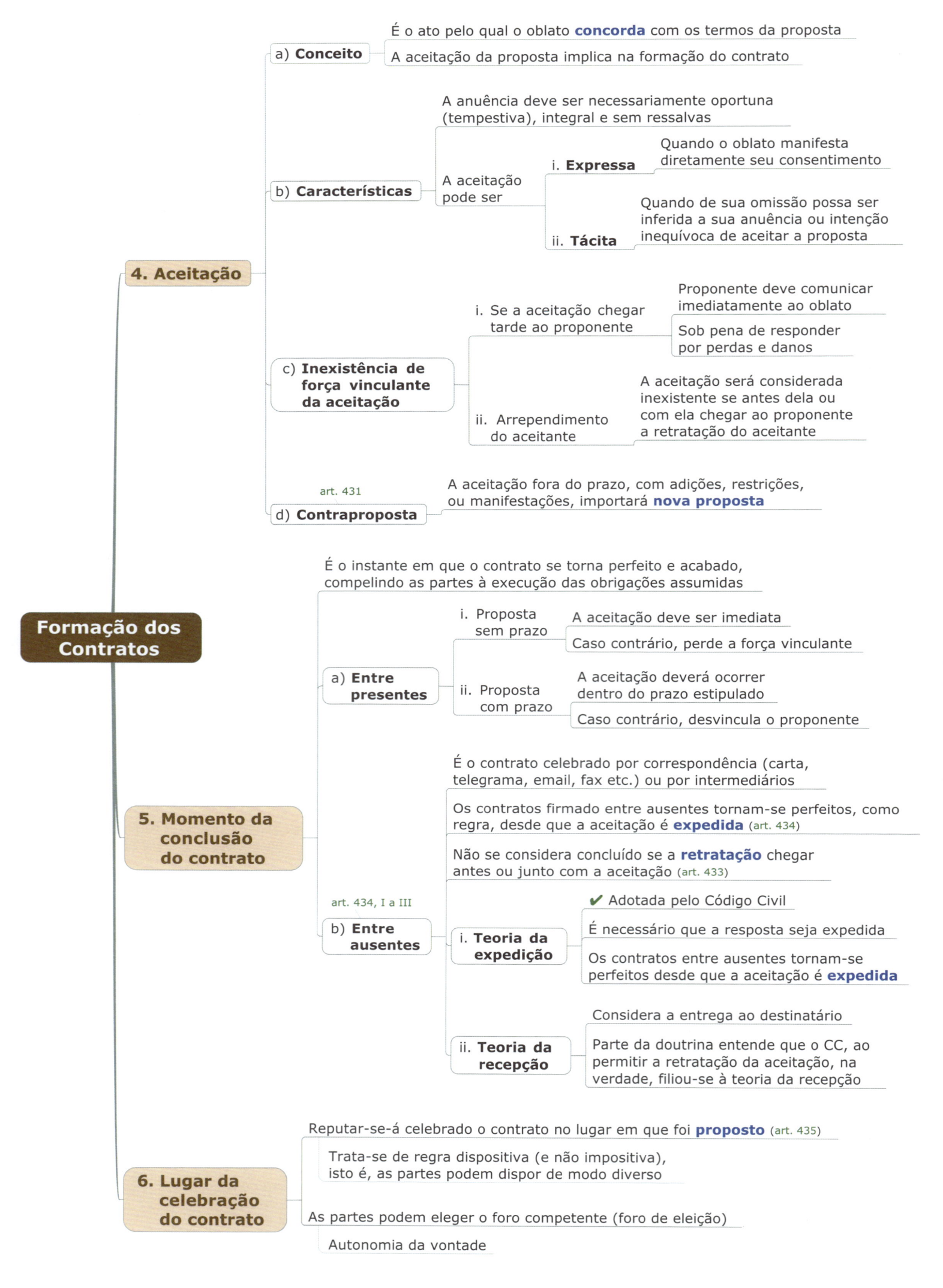

Formação dos Contratos

4. Aceitação

a) Conceito
- É o ato pelo qual o oblato **concorda** com os termos da proposta
- A aceitação da proposta implica na formação do contrato

b) Características
- A anuência deve ser necessariamente oportuna (tempestiva), integral e sem ressalvas
- A aceitação pode ser:
  - **i. Expressa**: Quando o oblato manifesta diretamente seu consentimento
  - **ii. Tácita**: Quando de sua omissão possa ser inferida a sua anuência ou intenção inequívoca de aceitar a proposta

c) Inexistência de força vinculante da aceitação
- **i. Se a aceitação chegar tarde ao proponente**
  - Proponente deve comunicar imediatamente ao oblato
  - Sob pena de responder por perdas e danos
- **ii. Arrependimento do aceitante**
  - A aceitação será considerada inexistente se antes dela ou com ela chegar ao proponente a retratação do aceitante

d) Contraproposta (art. 431)
- A aceitação fora do prazo, com adições, restrições, ou manifestações, importará **nova proposta**

5. Momento da conclusão do contrato

É o instante em que o contrato se torna perfeito e acabado, compelindo as partes à execução das obrigações assumidas

a) Entre presentes
- **i. Proposta sem prazo**
  - A aceitação deve ser imediata
  - Caso contrário, perde a força vinculante
- **ii. Proposta com prazo**
  - A aceitação deverá ocorrer dentro do prazo estipulado
  - Caso contrário, desvincula o proponente

b) Entre ausentes (art. 434, I a III)
- É o contrato celebrado por correspondência (carta, telegrama, email, fax etc.) ou por intermediários
- Os contratos firmado entre ausentes tornam-se perfeitos, como regra, desde que a aceitação é **expedida** (art. 434)
- Não se considera concluído se a **retratação** chegar antes ou junto com a aceitação (art. 433)
- **i. Teoria da expedição**
  - ✔ Adotada pelo Código Civil
  - É necessário que a resposta seja expedida
  - Os contratos entre ausentes tornam-se perfeitos desde que a aceitação é **expedida**
- **ii. Teoria da recepção**
  - Considera a entrega ao destinatário
  - Parte da doutrina entende que o CC, ao permitir a retratação da aceitação, na verdade, filiou-se à teoria da recepção

6. Lugar da celebração do contrato

- Reputar-se-á celebrado o contrato no lugar em que foi **proposto** (art. 435)
- Trata-se de regra dispositiva (e não impositiva), isto é, as partes podem dispor de modo diverso
- As partes podem eleger o foro competente (foro de eleição)
- Autonomia da vontade

CONTRATOS - DOS VÍCIOS REDIBITÓRIOS

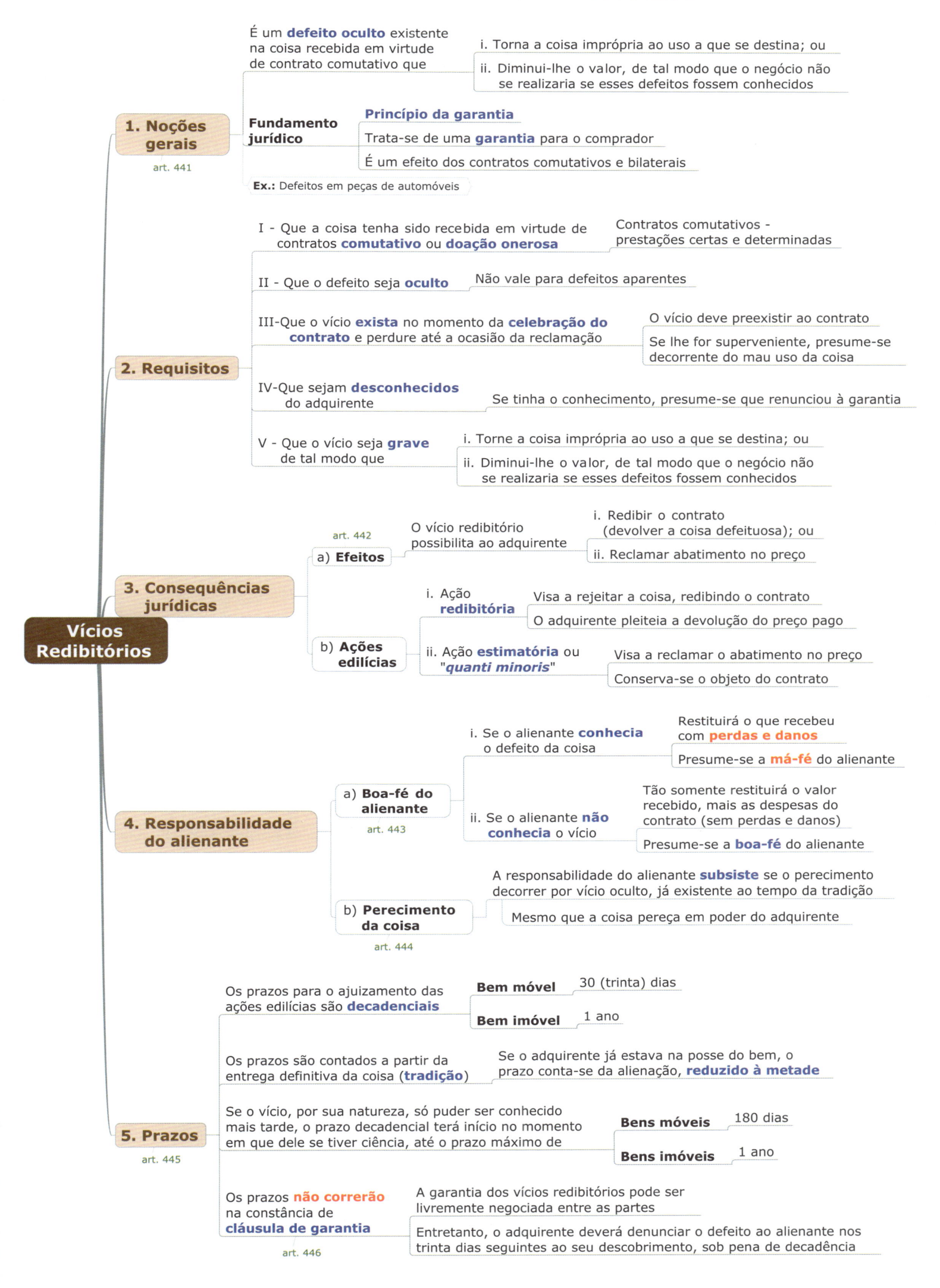

Vícios Redibitórios

1. Noções gerais
art. 441

- É um **defeito oculto** existente na coisa recebida em virtude de contrato comutativo que
  - i. Torna a coisa imprópria ao uso a que se destina; ou
  - ii. Diminui-lhe o valor, de tal modo que o negócio não se realizaria se esses defeitos fossem conhecidos
- **Fundamento jurídico**
  - **Princípio da garantia**
  - Trata-se de uma **garantia** para o comprador
  - É um efeito dos contratos comutativos e bilaterais
- **Ex.:** Defeitos em peças de automóveis

2. Requisitos

- I - Que a coisa tenha sido recebida em virtude de contratos **comutativo** ou **doação onerosa**
  - Contratos comutativos - prestações certas e determinadas
- II - Que o defeito seja **oculto**
  - Não vale para defeitos aparentes
- III - Que o vício **exista** no momento da **celebração do contrato** e perdure até a ocasião da reclamação
  - O vício deve preexistir ao contrato
  - Se lhe for superveniente, presume-se decorrente do mau uso da coisa
- IV - Que sejam **desconhecidos** do adquirente
  - Se tinha o conhecimento, presume-se que renunciou à garantia
- V - Que o vício seja **grave** de tal modo que
  - i. Torne a coisa imprópria ao uso a que se destina; ou
  - ii. Diminui-lhe o valor, de tal modo que o negócio não se realizaria se esses defeitos fossem conhecidos

3. Consequências jurídicas

- **a) Efeitos** — *art. 442*
  - O vício redibitório possibilita ao adquirente
    - i. Redibir o contrato (devolver a coisa defeituosa); ou
    - ii. Reclamar abatimento no preço
- **b) Ações edilícias**
  - i. Ação **redibitória**
    - Visa a rejeitar a coisa, redibindo o contrato
    - O adquirente pleiteia a devolução do preço pago
  - ii. Ação **estimatória** ou "*quanti minoris*"
    - Visa a reclamar o abatimento no preço
    - Conserva-se o objeto do contrato

4. Responsabilidade do alienante

- **a) Boa-fé do alienante** — *art. 443*
  - i. Se o alienante **conhecia** o defeito da coisa
    - Restituirá o que recebeu com **perdas e danos**
    - Presume-se a **má-fé** do alienante
  - ii. Se o alienante **não conhecia** o vício
    - Tão somente restituirá o valor recebido, mais as despesas do contrato (sem perdas e danos)
    - Presume-se a **boa-fé** do alienante
- **b) Perecimento da coisa** — *art. 444*
  - A responsabilidade do alienante **subsiste** se o perecimento decorrer por vício oculto, já existente ao tempo da tradição
  - Mesmo que a coisa pereça em poder do adquirente

5. Prazos
art. 445

- Os prazos para o ajuizamento das ações edilícias são **decadenciais**
  - **Bem móvel**: 30 (trinta) dias
  - **Bem imóvel**: 1 ano
- Os prazos são contados a partir da entrega definitiva da coisa (**tradição**)
  - Se o adquirente já estava na posse do bem, o prazo conta-se da alienação, **reduzido à metade**
- Se o vício, por sua natureza, só puder ser conhecido mais tarde, o prazo decadencial terá início no momento em que dele se tiver ciência, até o prazo máximo de
  - **Bens móveis**: 180 dias
  - **Bens imóveis**: 1 ano
- Os prazos **não correrão** na constância de **cláusula de garantia** — *art. 446*
  - A garantia dos vícios redibitórios pode ser livremente negociada entre as partes
  - Entretanto, o adquirente deverá denunciar o defeito ao alienante nos trinta dias seguintes ao seu descobrimento, sob pena de decadência

CONTRATOS - DA EVICÇÃO

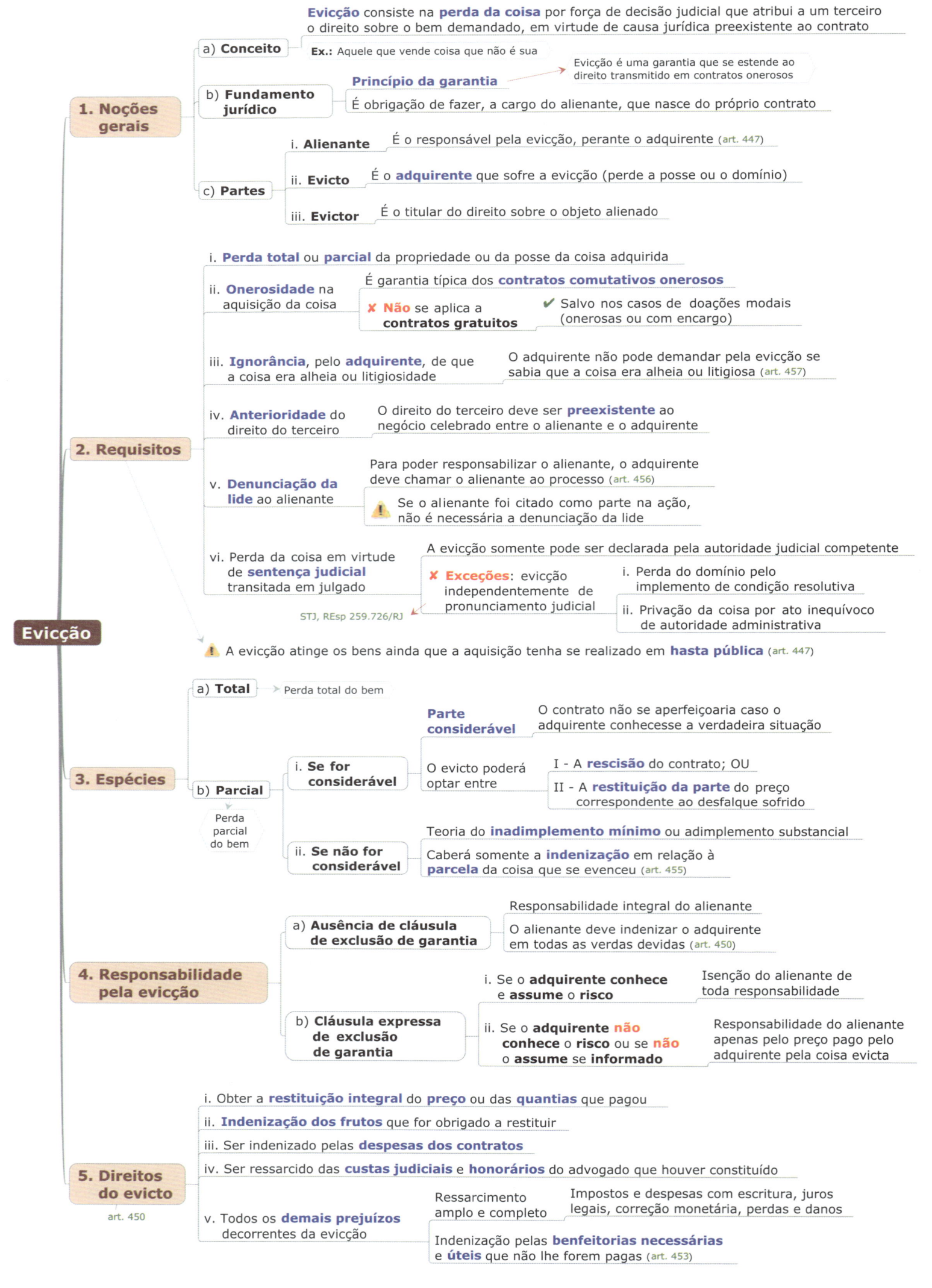

Evicção

1. Noções gerais

- **a) Conceito**: Evicção consiste na **perda da coisa** por força de decisão judicial que atribui a um terceiro o direito sobre o bem demandado, em virtude de causa jurídica preexistente ao contrato
  - Ex.: Aquele que vende coisa que não é sua
- **b) Fundamento jurídico**:
  - **Princípio da garantia** → Evicção é uma garantia que se estende ao direito transmitido em contratos onerosos
  - É obrigação de fazer, a cargo do alienante, que nasce do próprio contrato
- **c) Partes**:
  - i. **Alienante**: É o responsável pela evicção, perante o adquirente (art. 447)
  - ii. **Evicto**: É o **adquirente** que sofre a evicção (perde a posse ou o domínio)
  - iii. **Evictor**: É o titular do direito sobre o objeto alienado

2. Requisitos

- i. **Perda total** ou **parcial** da propriedade ou da posse da coisa adquirida
- ii. **Onerosidade** na aquisição da coisa
  - É garantia típica dos **contratos comutativos onerosos**
  - ✗ **Não** se aplica a **contratos gratuitos**
  - ✓ Salvo nos casos de doações modais (onerosas ou com encargo)
- iii. **Ignorância**, pelo **adquirente**, de que a coisa era alheia ou litigiosidade
  - O adquirente não pode demandar pela evicção se sabia que a coisa era alheia ou litigiosa (art. 457)
- iv. **Anterioridade** do direito do terceiro
  - O direito do terceiro deve ser **preexistente** ao negócio celebrado entre o alienante e o adquirente
- v. **Denunciação da lide** ao alienante
  - Para poder responsabilizar o alienante, o adquirente deve chamar o alienante ao processo (art. 456)
  - ⚠ Se o alienante foi citado como parte na ação, não é necessária a denunciação da lide
- vi. Perda da coisa em virtude de **sentença judicial** transitada em julgado
  - A evicção somente pode ser declarada pela autoridade judicial competente
  - ✗ **Exceções**: evicção independentemente de pronunciamento judicial
    - i. Perda do domínio pelo implemento de condição resolutiva
    - ii. Privação da coisa por ato inequívoco de autoridade administrativa
  - STJ, REsp 259.726/RJ

⚠ A evicção atinge os bens ainda que a aquisição tenha se realizado em **hasta pública** (art. 447)

3. Espécies

- **a) Total** → Perda total do bem
- **b) Parcial** → Perda parcial do bem
  - i. **Se for considerável**
    - **Parte considerável**: O contrato não se aperfeiçoaria caso o adquirente conhecesse a verdadeira situação
    - O evicto poderá optar entre:
      - I - A **rescisão** do contrato; OU
      - II - A **restituição da parte** do preço correspondente ao desfalque sofrido
  - ii. **Se não for considerável**
    - Teoria do **inadimplemento mínimo** ou adimplemento substancial
    - Caberá somente a **indenização** em relação à **parcela** da coisa que se evenceu (art. 455)

4. Responsabilidade pela evicção

- **a) Ausência de cláusula de exclusão de garantia**
  - Responsabilidade integral do alienante
  - O alienante deve indenizar o adquirente em todas as verdas devidas (art. 450)
- **b) Cláusula expressa de exclusão de garantia**
  - i. Se o **adquirente conhece** e **assume** o **risco**: Isenção do alienante de toda responsabilidade
  - ii. Se o **adquirente não conhece** o risco ou se **não** o **assume** se **informado**: Responsabilidade do alienante apenas pelo preço pago pelo adquirente pela coisa evicta

5. Direitos do evicto (art. 450)

- i. Obter a **restituição integral** do **preço** ou das **quantias** que pagou
- ii. **Indenização dos frutos** que for obrigado a restituir
- iii. Ser indenizado pelas **despesas dos contratos**
- iv. Ser ressarcido das **custas judiciais** e **honorários** do advogado que houver constituído
- v. Todos os **demais prejuízos** decorrentes da evicção
  - Ressarcimento amplo e completo: Impostos e despesas com escritura, juros legais, correção monetária, perdas e danos
  - Indenização pelas **benfeitorias necessárias** e **úteis** que não lhe forem pagas (art. 453)

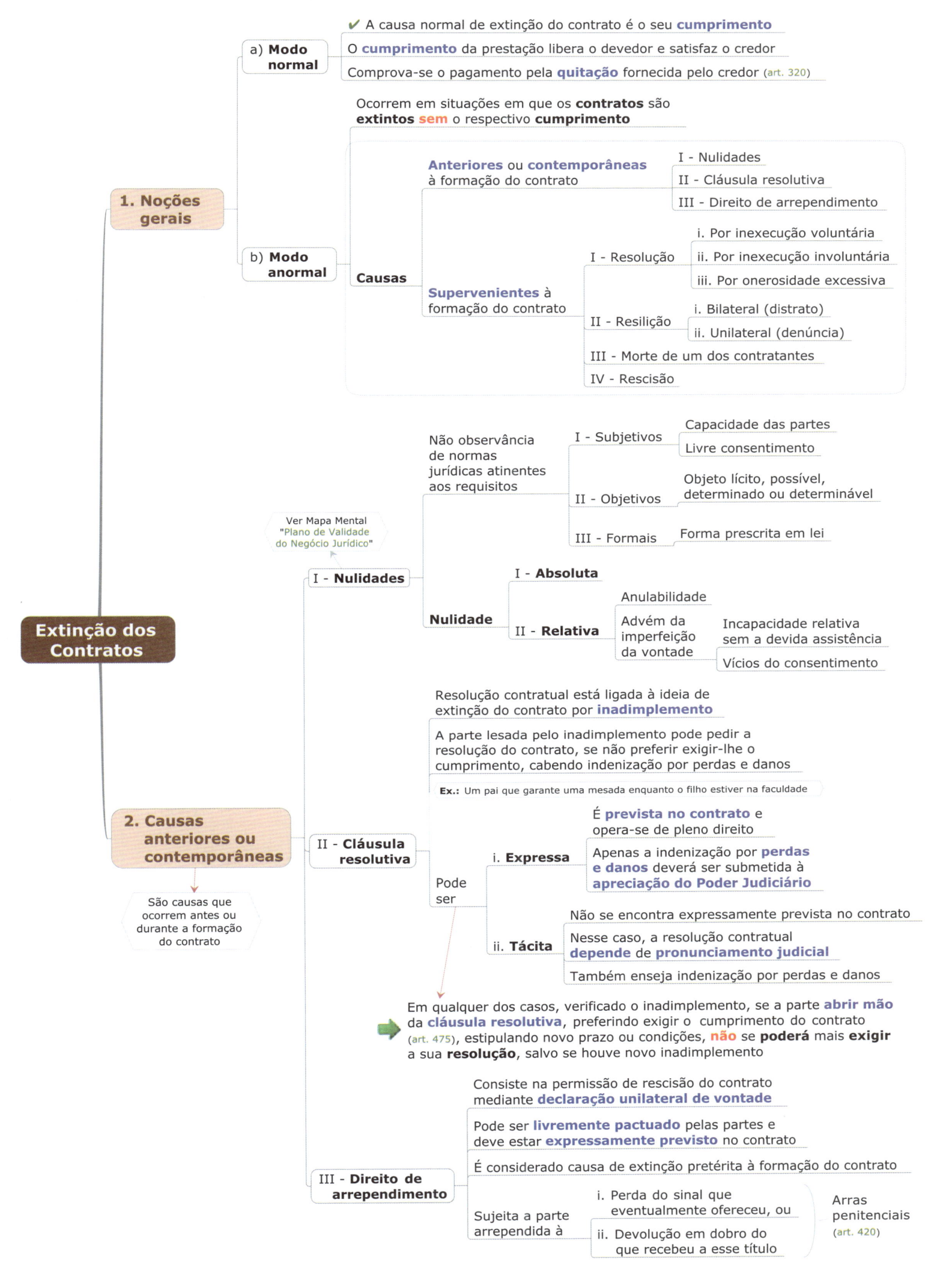

EXTINÇÃO DOS CONTRATOS I

Extinção dos Contratos

1. Noções gerais

a) Modo normal
- ✔ A causa normal de extinção do contrato é o seu **cumprimento**
- O **cumprimento** da prestação libera o devedor e satisfaz o credor
- Comprova-se o pagamento pela **quitação** fornecida pelo credor (art. 320)

b) Modo anormal
Ocorrem em situações em que os **contratos** são **extintos sem** o respectivo **cumprimento**

Causas:
- **Anteriores** ou **contemporâneas** à formação do contrato
  - I - Nulidades
  - II - Cláusula resolutiva
  - III - Direito de arrependimento
- **Supervenientes** à formação do contrato
  - I - Resolução
    - i. Por inexecução voluntária
    - ii. Por inexecução involuntária
    - iii. Por onerosidade excessiva
  - II - Resilição
    - i. Bilateral (distrato)
    - ii. Unilateral (denúncia)
  - III - Morte de um dos contratantes
  - IV - Rescisão

2. Causas anteriores ou contemporâneas

São causas que ocorrem antes ou durante a formação do contrato

I - Nulidades
Ver Mapa Mental "Plano de Validade do Negócio Jurídico"

Não observância de normas jurídicas atinentes aos requisitos:
- I - Subjetivos
  - Capacidade das partes
  - Livre consentimento
- II - Objetivos
  - Objeto lícito, possível, determinado ou determinável
- III - Formais
  - Forma prescrita em lei

Nulidade:
- I - Absoluta
- II - Relativa
  - Anulabilidade
  - Advém da imperfeição da vontade
    - Incapacidade relativa sem a devida assistência
    - Vícios do consentimento

II - Cláusula resolutiva

- Resolução contratual está ligada à ideia de extinção do contrato por **inadimplemento**
- A parte lesada pelo inadimplemento pode pedir a resolução do contrato, se não preferir exigir-lhe o cumprimento, cabendo indenização por perdas e danos
  - **Ex.:** Um pai que garante uma mesada enquanto o filho estiver na faculdade

Pode ser:
- **i. Expressa**
  - É **prevista no contrato** e opera-se de pleno direito
  - Apenas a indenização por **perdas e danos** deverá ser submetida à **apreciação do Poder Judiciário**
- **ii. Tácita**
  - Não se encontra expressamente prevista no contrato
  - Nesse caso, a resolução contratual **depende** de **pronunciamento judicial**
  - Também enseja indenização por perdas e danos

➡ Em qualquer dos casos, verificado o inadimplemento, se a parte **abrir mão** da **cláusula resolutiva**, preferindo exigir o cumprimento do contrato (art. 475), estipulando novo prazo ou condições, **não** se **poderá** mais **exigir** a sua **resolução**, salvo se houve novo inadimplemento

III - Direito de arrependimento

- Consiste na permissão de rescisão do contrato mediante **declaração unilateral de vontade**
- Pode ser **livremente pactuado** pelas partes e deve estar **expressamente previsto** no contrato
- É considerado causa de extinção pretérita à formação do contrato
- Sujeita a parte arrependida à:
  - i. Perda do sinal que eventualmente ofereceu, ou
  - ii. Devolução em dobro do que recebeu a esse título
  - → Arras penitenciais (art. 420)

EXTINÇÃO DOS CONTRATOS II - CAUSAS SUPERVENIENTES

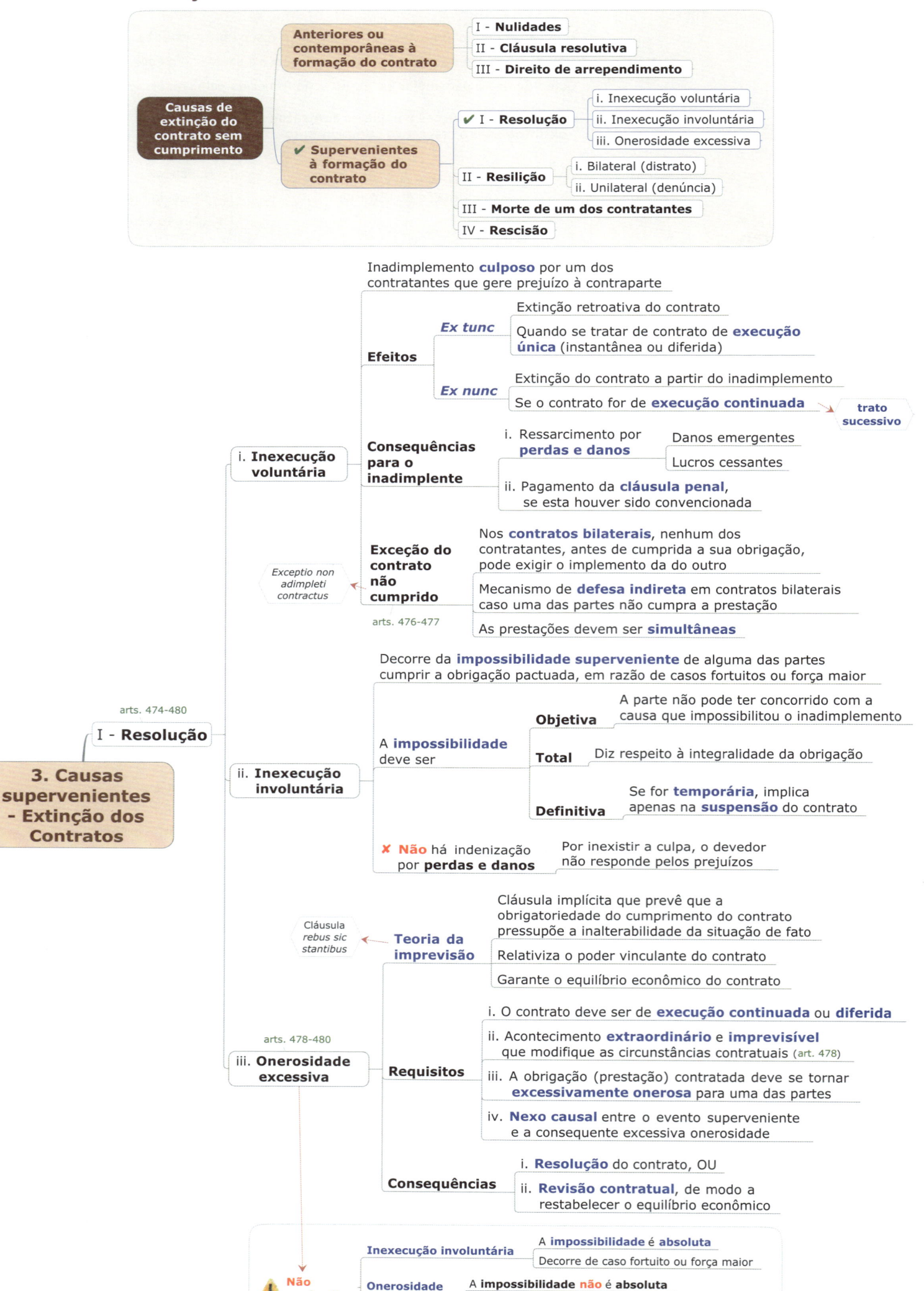

Causas de extinção do contrato sem cumprimento

- **Anteriores ou contemporâneas à formação do contrato**
  - I - Nulidades
  - II - Cláusula resolutiva
  - III - Direito de arrependimento

- ✓ **Supervenientes à formação do contrato**
  - ✓ I - Resolução
    - i. Inexecução voluntária
    - ii. Inexecução involuntária
    - iii. Onerosidade excessiva
  - II - Resilição
    - i. Bilateral (distrato)
    - ii. Unilateral (denúncia)
  - III - Morte de um dos contratantes
  - IV - Rescisão

3. Causas supervenientes - Extinção dos Contratos

I - Resolução (arts. 474-480)

i. Inexecução voluntária

Inadimplemento **culposo** por um dos contratantes que gere prejuízo à contraparte

- **Efeitos**
  - *Ex tunc*
    - Extinção retroativa do contrato
    - Quando se tratar de contrato de **execução única** (instantânea ou diferida)
  - *Ex nunc*
    - Extinção do contrato a partir do inadimplemento
    - Se o contrato for de **execução continuada** → trato sucessivo

- **Consequências para o inadimplente**
  - i. Ressarcimento por **perdas e danos**
    - Danos emergentes
    - Lucros cessantes
  - ii. Pagamento da **cláusula penal**, se esta houver sido convencionada

- **Exceção do contrato não cumprido** (*Exceptio non adimpleti contractus*) — arts. 476-477
  - Nos **contratos bilaterais**, nenhum dos contratantes, antes de cumprida a sua obrigação, pode exigir o implemento da do outro
  - Mecanismo de **defesa indireta** em contratos bilaterais caso uma das partes não cumpra a prestação
  - As prestações devem ser **simultâneas**

ii. Inexecução involuntária

Decorre da **impossibilidade superveniente** de alguma das partes cumprir a obrigação pactuada, em razão de casos fortuitos ou força maior

- A **impossibilidade** deve ser
  - **Objetiva** — A parte não pode ter concorrido com a causa que impossibilitou o inadimplemento
  - **Total** — Diz respeito à integralidade da obrigação
  - **Definitiva** — Se for **temporária**, implica apenas na **suspensão** do contrato

- ✗ **Não** há indenização por **perdas e danos** — Por inexistir a culpa, o devedor não responde pelos prejuízos

iii. Onerosidade excessiva (arts. 478-480)

- **Teoria da imprevisão** (Cláusula *rebus sic stantibus*)
  - Cláusula implícita que prevê que a obrigatoriedade do cumprimento do contrato pressupõe a inalterabilidade da situação de fato
  - Relativiza o poder vinculante do contrato
  - Garante o equilíbrio econômico do contrato

- **Requisitos**
  - i. O contrato deve ser de **execução continuada** ou **diferida**
  - ii. Acontecimento **extraordinário** e **imprevisível** que modifique as circunstâncias contratuais (art. 478)
  - iii. A obrigação (prestação) contratada deve se tornar **excessivamente onerosa** para uma das partes
  - iv. **Nexo causal** entre o evento superveniente e a consequente excessiva onerosidade

- **Consequências**
  - i. **Resolução** do contrato, OU
  - ii. **Revisão contratual**, de modo a restabelecer o equilíbrio econômico

⚠ **Não confundir**
- **Inexecução involuntária**
  - A **impossibilidade** é **absoluta**
  - Decorre de caso fortuito ou força maior
- **Onerosidade excessiva**
  - A **impossibilidade não** é **absoluta**
  - Ligada à ideia de **inviabilidade economica** do negócio, de modo a gerar um desequilíbrio contratual

EXTINÇÃO DOS CONTRATOS III - CAUSAS SUPERVENIENTES

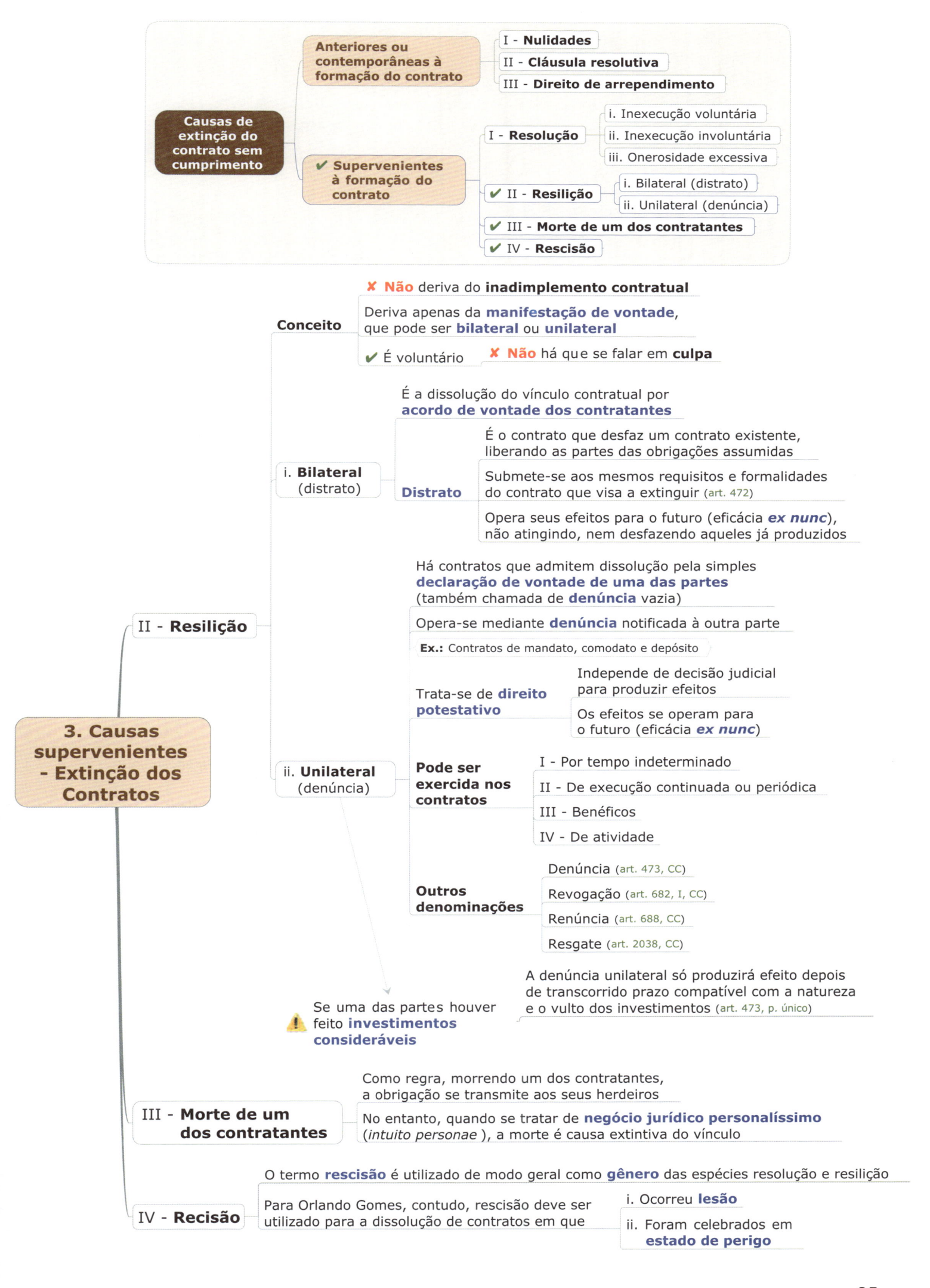

Causas de extinção do contrato sem cumprimento

- **Anteriores ou contemporâneas à formação do contrato**
  - I - **Nulidades**
  - II - **Cláusula resolutiva**
  - III - **Direito de arrependimento**

- ✔ **Supervenientes à formação do contrato**
  - I - **Resolução**
    - i. Inexecução voluntária
    - ii. Inexecução involuntária
    - iii. Onerosidade excessiva
  - ✔ II - **Resilição**
    - i. Bilateral (distrato)
    - ii. Unilateral (denúncia)
  - ✔ III - **Morte de um dos contratantes**
  - ✔ IV - **Rescisão**

---

3. Causas supervenientes - Extinção dos Contratos

II - Resilição

Conceito
- ✘ **Não** deriva do **inadimplemento contratual**
- Deriva apenas da **manifestação de vontade**, que pode ser **bilateral** ou **unilateral**
- ✔ É voluntário ✘ **Não** há que se falar em **culpa**

i. Bilateral (distrato)
- É a dissolução do vínculo contratual por **acordo de vontade dos contratantes**
- **Distrato**
  - É o contrato que desfaz um contrato existente, liberando as partes das obrigações assumidas
  - Submete-se aos mesmos requisitos e formalidades do contrato que visa a extinguir (art. 472)
  - Opera seus efeitos para o futuro (eficácia *ex nunc*), não atingindo, nem desfazendo aqueles já produzidos

ii. Unilateral (denúncia)
- Há contratos que admitem dissolução pela simples **declaração de vontade de uma das partes** (também chamada de **denúncia** vazia)
- Opera-se mediante **denúncia** notificada à outra parte
- **Ex.:** Contratos de mandato, comodato e depósito
- Trata-se de **direito potestativo**
  - Independe de decisão judicial para produzir efeitos
  - Os efeitos se operam para o futuro (eficácia *ex nunc*)
- **Pode ser exercida nos contratos**
  - I - Por tempo indeterminado
  - II - De execução continuada ou periódica
  - III - Benéficos
  - IV - De atividade
- **Outros denominações**
  - Denúncia (art. 473, CC)
  - Revogação (art. 682, I, CC)
  - Renúncia (art. 688, CC)
  - Resgate (art. 2038, CC)
- ⚠ Se uma das partes houver feito **investimentos consideráveis**: A denúncia unilateral só produzirá efeito depois de transcorrido prazo compatível com a natureza e o vulto dos investimentos (art. 473, p. único)

III - Morte de um dos contratantes
- Como regra, morrendo um dos contratantes, a obrigação se transmite aos seus herdeiros
- No entanto, quando se tratar de **negócio jurídico personalíssimo** (*intuito personae*), a morte é causa extintiva do vínculo

IV - Recisão
- O termo **rescisão** é utilizado de modo geral como **gênero** das espécies resolução e resilição
- Para Orlando Gomes, contudo, rescisão deve ser utilizado para a dissolução de contratos em que
  - i. Ocorreu **lesão**
  - ii. Foram celebrados em **estado de perigo**

Bibliografia

ALEXANDRINO, Marcelo; PAULO, Vicente. *Direito Administrativo Descomplicado*. 20ª Edição. São Paulo: Editora Método, 2012.

CAVALIERI FILHO, Sérgio. *Programa de Responsabilidade Civil*. 10ª Edição. São Paulo: Editora Atlas, 2012.

GAGLIANO, Pablo Stolze; PAMPLONA FILHO, Rodolfo. *Novo Curso de Direito Civil* – Parte Geral. 14ª Edição. São Paulo: Editora Saraiva, 2012.

GAGLIANO, Pablo Stolze; PAMPLONA FILHO, Rodolfo. *Novo Curso de Direito Civil* – Obrigações. 13ª Edição. São Paulo: Editora Saraiva, 2012.

GONÇALVES, Carlos Roberto. *Direito Civil 1 Esquematizado*. 3ª Edição. São Paulo: Editora Saraiva, 2013.

PEREIRA, Caio Mário da Silva. Instituições de Direito Civil. 25ª Edição. Rio de Janeiro: Editora Forense, 2012, v. I e v. III.

SANTOS, José Carlos Van Cleef de Almeida; Cascaldi, Luís de Carvalho. *Manual de Direito Civil*. São Paulo: Editora Revista dos Tribunais, 2011.

Anotações

Anotações

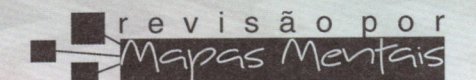

COLEÇÃO REVISÃO POR MAPAS MENTAIS

Coordenação **Carolina Teixeira**

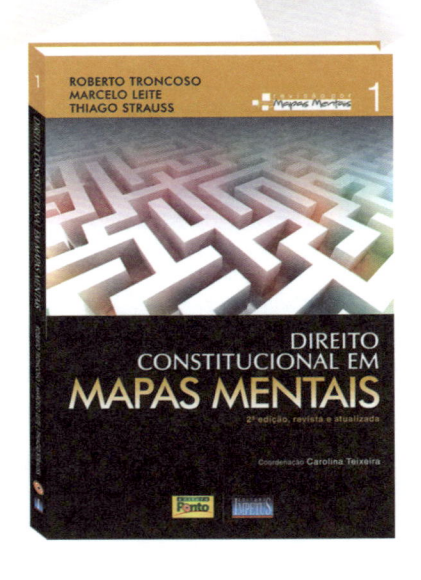

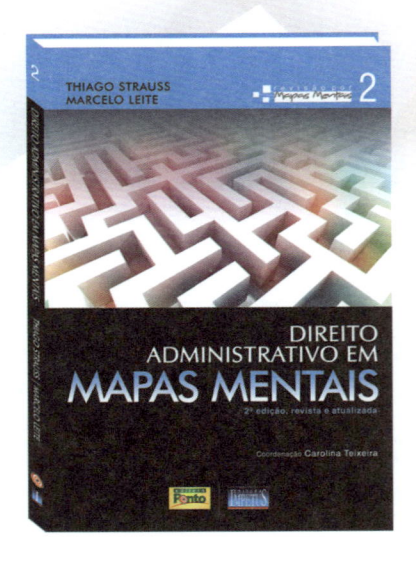

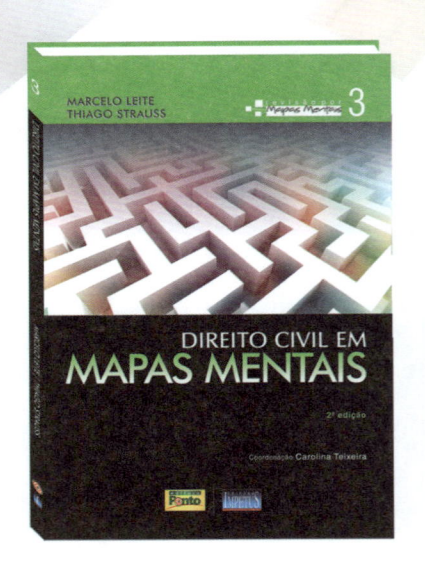

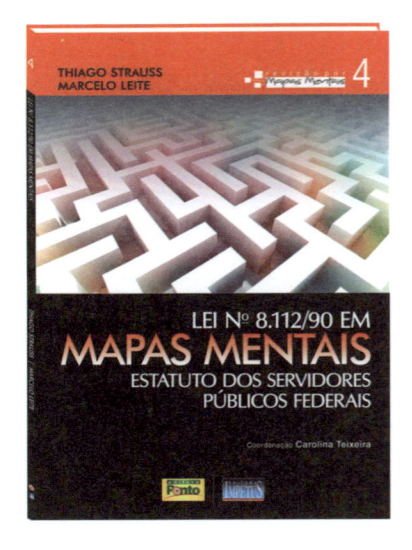

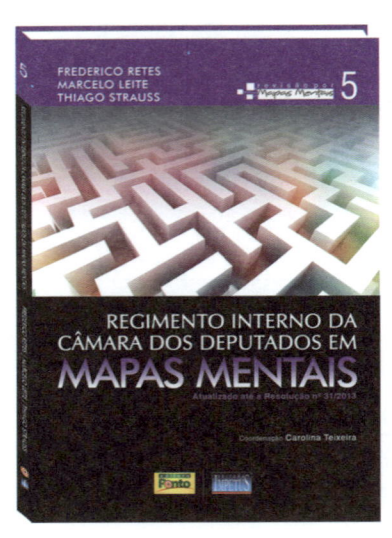

Esta obra foi impressa em papel offset 90g/m²